国家社科基金
后期资助项目

公共服务"租售不同权"与异质性居民空间分层的理论机制研究

The Theoretical Mechanism of the Impaction of "Public Services Enjoyed by Renters and Homebuyers are Different" on Spatial Sorting with Heterogeneous People

杨小忠 等 著

上海社会科学院出版社
SHANGHAI ACADEMY OF SOCIAL SCIENCES PRESS

图书在版编目（CIP）数据

公共服务"租售不同权"与异质性居民空间分层的理论机制研究／杨小忠等著. -- 上海：上海社会科学院出版社，2024. -- ISBN 978-7-5520-4576-5

Ⅰ.F299.233.5；X21

中国国家版本馆 CIP 数据核字第 2024NT2970 号

公共服务"租售不同权"与异质性居民空间分层的理论机制研究

著　　者：杨小忠　张　成　熊　鹰
责任编辑：应韶荃
封面设计：杨晨安
出版发行：上海社会科学院出版社
　　　　　上海顺昌路 622 号　邮编 200025
　　　　　电话总机 021-63315947　销售热线 021-53063735
　　　　　http://cbs.sass.org.cn　E-mail:sassp@sassp.cn
排　　版：南京展望文化发展有限公司
印　　刷：上海龙腾印务有限公司
开　　本：710 毫米×1010 毫米　1/16
印　　张：13.75
字　　数：249 千
版　　次：2024 年 11 月第 1 版　2024 年 11 月第 1 次印刷

ISBN 978-7-5520-4576-5/F·792　　　　　　　定价：70.00 元

版权所有　翻印必究

国家社科基金后期资助项目
出版说明

　　后期资助项目是国家社科基金设立的一类重要项目,旨在鼓励广大社科研究者潜心治学,支持基础研究多出优秀成果。它是经过严格评审,从接近完成的科研成果中遴选立项的。为扩大后期资助项目的影响,更好地推动学术发展,促进成果转化,全国哲学社会科学工作办公室按照"统一设计、统一标识、统一版式、形成系列"的总体要求,组织出版国家社科基金后期资助项目成果。

全国哲学社会科学工作办公室

序

居民的收入、技能、肤色、性别、文化、来源地或族裔等特征不同,所选择的居住地也不同。相同特征的居民往往聚集在同一地居住,并与其他居民形成一定程度的隔离,这就是空间分层。"物以类聚,人以群分",居住分层体现了地段的差异,以及与此相对应的公共服务、社会身份的差异。它既是城市居民异质性和居住模式多元化的特征,也是居民根据利益最大化"用脚投票"的结果,客观上能够引发不同社会阶层和利益群体之间的冲突。

最早的空间分层现象是城乡隔离。在私有产权和社会分工的基础上,机器大工业和资本主义蓬勃发展起来,大批农民失去生产资料而只能靠出卖劳动力谋生,他们与资本原始积累、生产一样,逐渐向城市集中。最终,农业社会的堡垒"农民"被消灭,城市战胜农村,形成城乡分离。恩格斯在《论住宅问题》中讨论了城市内部的空间分层现象,即进城贫困工人的聚居地与其他社会阶层相互隔离,进而造成他们在经济、政治和社会地位上的隔离。他以曼彻斯特为例,发现工人阶级、中产阶级、上层阶级、金钱贵族阶级聚居的地点不同,呈现明显的空间分层现象。马克思也发现城市内部不同收入居民的空间分层,"纯粹的工人区,像一条平均一英里半宽的带子把商业区围绕起来。在这个带形地区外面,住着高等的和中等的资产阶级。中等的资产阶级住在离工人区不远的整齐的街道上……高等的资产阶级住在郊外房屋或别墅里,或者住在空气流通的高地上,在新鲜的对健康有益的乡村空气里,在华丽舒适的住宅里。"①

现代社会的空间分层更加多元化。经济因素、教育、宗教信仰、文化、性别、年龄、肤色、职业、人口来源地等,都可以成为空间分层的依据。例如,在对"族群居住集聚"进行研究以探讨社会融合时,发现不少白人对少数族裔抱有偏见,一个社区居住的黑人超过一定比例会造成白人家庭搬离此社区,形成白人群飞(white flight)到郊区、黑人住在城区的空间分层;老年人喜欢

---

① 《马克思恩格斯全集》第3卷,人民出版社1995年版,第197页。

安静、绿化好的环境，他们宁愿住在郊区，而年轻人更倾向于居住在城区，因为他们喜欢热闹，且需要便利的通勤设施才能上班；低技能岗位对细心和温柔的素质要求更高，因而大城市中低技能女性的数量要高于男性。最新的研究，如盖涅（Gaigne）等在2022年发现，城市便利设施和通勤成本影响了不同收入家庭的空间分层，便利设施的多元化供给，有利于不同收入家庭混合居住在一起。

中国空间分层的现象也较为多见。在计划经济时期，城市和农村之间因为户口的划分和严格的人口流动管制而出现明显的城乡居住隔离；在城市，居民的住房往往根据工人的级别、工龄、家庭居住人口数、有无住房等进行分配，形成相同工作单位的工人聚集在一起生活的情形。到了20世纪80年代，随着人口流动管制的放松，农村人口流向城市打工，出于方言、文化和劳动力市场信息共享的便利，同一个地方的老乡往往在相同地点租房，形成了"浙江村""新疆村"等现象，因此最早关于空间分层的研究往往基于户籍和来源地的视角。以居住地选择为主要特征的空间分层机制真正形成，要等到1998年7月3日国务院颁布《关于进一步深化城镇住房制度改革，加快住房建设的通知》。中国自此停止了住房的实物分配，转向住房分配货币化，并实现了住房的自由买卖。空间分层的形式也呈现出多元化。例如，在上海，外地的蓝领工人与本地居民有较为明显的空间隔离，但外地的白领工人与本地居民却混合居住；在深圳，以南山区和福田区为中心向外扩散，居住的人口依次为深圳市内迁移人口、广东省内迁移人口和外省迁移人口，且他们的空间分布显著地受到住房因素的影响。

一地的房价、工作机会、公共服务水平、空气污染程度、犯罪率、政府廉洁程度、个人偏好等都可能影响空间分层的模式，其中公共服务的差异性是必不可少的考量因素。缺少公共服务的理论机制不能揭示人口流动的动因，也很难准确预测人口的空间分层。许多经济学家也从这个角度进行了理论上的阐述和实证上的检验。虽然从公共服务的角度研究空间分层在学术上较为常见，但从公共服务"租售不同权"的角度研究此类问题，具有开创性。这是因为：第一，目前中国空间分层的研究范式主要奠立在西方经济学的框架上。西方国家的社会环境、发展背景、社会认知等都被当成约定成俗的、显而易见的事实，是隐藏在经济理论假设中的外生变量，而国外公共服务的获取被分割成有房者和租房者的情形并不多见，这就导致他们并没有将公共服务的这种差异性分配考虑其中。第二，要在理论和模型构造上刻画出公共服务"租售不同权"及其对居民空间分层的影响，存在一定的难度。以往研究将住房面积直接纳入效用函数，住房成为一种"良性商品"，居民对住房面积的需求是收入的增函数。但是,"租售不同权"下住房还有一个功能:它是获得一部分公共服务的"入场券"。居民拥有一套住房的产权——哪怕面积再小——他都能获得所有的公共服务,而那些支付不起房地产市场上最小面积住房对价的居民,他们只能选择租房,不能获得捆绑在住房所有权上的公共服务。要将公共服务"租售不同权"理论化,就必须梳理清楚租房居民、拥有最小面积住房居民、拥有更大面积住房居民在公共服务以及住房居住舒适感方面的差异。

因此,本书一个重要的理论创新是利用了房屋产权的完整性这个事实。出于生理上的需要,居民对于房地产市场上出售的房子有最小面积的要求;法律上,政府层面的《住房设计规范》以及各地政府因地制宜的政策规定了最小的住房面积以保障居民的住房条件和功能质量。购房时,房子有最小面积限制,买房者一次性支付一大笔费用,这必须以其他非住宅消费品的减少为代价;租房时,租房者却可以合伙租房,以大幅度降低租房的费用。因此,在边际效用递减规律的作用下,产生了非住宅品消费的不连续性和居民对住房消费需求收入弹性为零的情形:租房居民会随着收入的变化而平衡租房面积与非住宅品消费的增长,而买房居民刚买完房后,如果再有收入的增长,他们不会将其用于扩充住房面积,而是全部用于增加非住宅消费品,或者计划迁往公共服务更良好的地区,也就是说,在某个收入阈值范围之内,居民对住房的需求保持不变;只有当收入进一步增加,能确保花费在住房面积和非住宅消费品上的边际效用相等时,人们才会随着收入的增长而同时增加这两者的需求。这也为空间分层的研究提供了另一种视角,即空间分层也可能是房地产市场上摩擦的结果,而不仅仅来源于劳动力市场的作用。

本书在总体上有如下几个特点:第一,坚持以马克思主义城市理论作为展开问题研究的理论基础。马克思主义城市理论中蕴含了大量关于空间分层的起因及其社会影响的思想,要求对城市空间中的不同群体进行分析时,不能仅仅将城市空间视为资本生产的外部环境,还须将其视为资本逻辑下的内生结果以及工人集体消费的生产关系的总和。在空间资本化的情况下,社会各阶级的权利通过空间得以实现,这涉及他们的居住区域,以及与此相关的资本空间生产、当地公共品供应以及劳动力的再生产,进而产生空间分层与空间隔离。其中,空间正义是社会正义在城市空间中的体现和价值判断,涉及城乡二元对立、城市贫民窟、少数族裔居住环境等,也涉及作者研究的公共服务"租售不同权"问题。空间正义将城市空间的剥夺与隔离、城市空间的物化和空间消费的异化等,以及城市权利和社会革命、社会制度危机等问题联系在一起讨论。马克思主义城市理论为本书研究公共服务"租售不同权"问题、异质性居民空间分层问题提供了方向上的指导。

  本书的第二个特点是方法论上的创新。人口空间分层涉及异质性人口的流动,他们对住房的需求呈现出不同的特征。为了说明这个特点,本书采用了结构模型的研究方法。在给予异质性特点一个分布函数后,利用"公共服务的价格资本化到房价中"这个特点,构建一个搜寻与匹配的梳理模型,"用脚投票"的过程中房价变动,而房价又影响人口迁移,两者达到均衡时,房价便反映了最终的空间分层与不同阶层的福利。利用结构模型还有一个好处,便是可用于反事实的政策分析,预测"租售同权"改革后的变化。广州是中国第一个颁布公共服务"租售同权"改革的城市。2017年7月颁布的《广州市加快发展住房租赁市场工作方案》允许承租子女在满足一定条件时享有就近入学的权益,这虽然为实证检验积累了一定的现实数据,但还不够充分,不仅不能说明公共服务"租售不同权"的作用机制、分析城市生产效率变化、土地供给等政策对空间分层和居民福利的影响,也不能比较公共服务"租售同权"改革前后的相应变化。因此,在本书中,一方面,作者借助一个空间一般均衡的结构模型,采用数值模拟的方法揭示空间分层的内在机制,并通过校准参数,测度出中国公共服务"租售不同权"程度的历史演变、地区间比较。这种方法有别于以往的主成分分析法和熵值法等,在学术上和实践应用上都属于首次。另一方面,作者尽量在有限的数据下,运用最小二乘法、固定效应等计量方法进行验证,保证理论模型结论的稳健性。

  本书的第三个特点是对中国经济发展和社会运行中现实问题的对策思考。习近平总书记在党的十九大报告中指出:"中国特色社会主义进入新时代,中国社会主要矛盾已经转化为人民日益增长的美好生活需要和不平衡不充分的发展之间的矛盾。"公共服务不均等便是"不平衡"发展的一个体现。公共服务均等化的要求,不仅指不同区域之间,也包括同一区域、不同人群之间,还要体现公共服务在租房居民和买房居民之间的平等分配。公共服务"租售不同权",一个后果便是空间分层和不同群体之间的隔离,造成资源的无效配置。作者选了三个视角:"租售不同权"会造成低技能居民在大城市分布不足,破坏了高—低技能间的互补,损害了生产效率和城市的发展;"租售不同权"造成租房的低技能女性和买房的高技能女性都比男性更愿意流向大城市,造成中国婚姻市场上的不匹配;城区公共服务的优势更吸引高收入居民,排斥和谐的混合分层,"租售同权"改革能缓解这种情形。因此,"租售同权"改革对促进中国机会均等、优化资源配置、实现共同富裕和公平公正,具有重要的意义。

当然，本书也存在一些美中不足和需要进一步推进的地方。第一，本书在研究公共服务的空间分层作用机理时，将公共服务视为一个独立于人口流动的外生变量。这实际上忽略了公共服务的供给，即政府可以针对涌入的人口进行征税为公共服务的供给融资，公共服务的质量也可能由于人口涌入产生的拥堵而受损。在学术上，允许为了凸显一个因素的作用而"控制"其他因素，但为了得到全面的分析和更加稳健的结论，对公共服务供给的考量必不可少。事实上，地方政府在为公共服务供给做财政预算时，是以当地的户籍人口而不是常住人口作为依据，后者为当地财政作出了贡献，也对公共服务的获得提出了要求，这容易造成公共服务供给短缺。"租售不同权"是迫不得已的选择。第二，本书选取了技能、性别、收入三个角度的空间分层论述"租售不同权"的作用，应该说具有初创性意义，但还不够深入和全面。作者应进一步加强实证研究，如结合南京、广州等城市的实际情况，对中国当今城市发展的内在规律和自身特色进行进一步的研究，将一个更具体、更详细的特征性事实展示给读者，让读者对此问题形成画面感。比如，采用案例分析法，以某一个城市为典型代表，详细介绍该城市的发展历程、空间分层的演变、城市不同群体利益的冲突与融合，以及基本公共服务"租售同权"改革在其中的作用。我相信作者能够在今后的科研实践中不断磨砺自己，积极拓展学术视野，将上述问题进一步改进和深化。

徐之顺
江苏省社会科学界联合会副主席、一级巡视员、研究员
2023 年 10 月 10 日

目 录

序 …………………………………………………………………………… 1

第一章　导论 ………………………………………………………………… 1
第一节　研究背景 ………………………………………………………… 1
一、公共服务均等化是新时代的要求 …………………………………… 1
二、"租售同权"是公共服务均等化的应有之义 ……………………… 4
第二节　研究意义 ………………………………………………………… 8
一、实践意义 ……………………………………………………………… 8
二、理论意义 ……………………………………………………………… 10
第三节　研究框架、主要内容和方法 …………………………………… 12
一、研究框架 ……………………………………………………………… 12
二、主要内容 ……………………………………………………………… 13
三、研究方法 ……………………………………………………………… 16
第四节　研究中的难点、创新和不足 …………………………………… 17
一、研究中的难点 ………………………………………………………… 17
二、研究中的创新 ………………………………………………………… 18
三、研究中的不足 ………………………………………………………… 18

第二章　马克思主义城市思想、公共服务"租售同权"改革与居住的空间分层 …………………………………………………………… 20
第一节　都市马克思主义的城市思想 …………………………………… 20
一、传统马克思主义的城市思想 ………………………………………… 20
二、都市马克思主义的兴起 ……………………………………………… 24
第二节　空间正义是都市马克思主义的政治起点 ……………………… 29
一、空间正义的内涵 ……………………………………………………… 30

二、空间分层对空间非正义的意义 …………………………………… 32
　　三、空间分层对社会关系再生产的作用 ……………………………… 34
　第三节　中国城市空间正义的缺失：租售不同权 ………………………… 36
　　一、提升城市空间正义是中国城市空间发展的方向 ………………… 37
　　二、公共服务"租售不同权"是中国城市空间非正义的主要表现 …… 39
　第四节　公共服务"租售同权"改革的逻辑 ……………………………… 41
　　一、空间正义观的逻辑 ………………………………………………… 41
　　二、多方主体协同作用的逻辑 ………………………………………… 43

第三章　"租售不同权"的原因、测度及影响空间分层的一般机制 ……… 46
　第一节　公共服务影响空间分层的机制 …………………………………… 46
　　一、空间分层的一般影响机制 ………………………………………… 46
　　二、公共服务对空间分层的影响机制 ………………………………… 49
　　三、对公共服务内涵的再剖析："租售不同权" …………………… 52
　第二节　中国公共服务"租售不同权"的原因 …………………………… 53
　　一、户籍制度的角度 …………………………………………………… 53
　　二、稀缺性公共服务的角度 …………………………………………… 55
　　三、税收制度的角度 …………………………………………………… 57
　第三节　"租售不同权"的测度：空间一般均衡的方法 ………………… 59
　　一、理论模型的建立 …………………………………………………… 59
　　二、对公共服务"租售不同权"的校准 ……………………………… 62
　第四节　"租售不同权"的测度：主成分分析法 ………………………… 66
　　一、公共服务"租售不同权"指标的选择 …………………………… 66
　　二、对"租售不同权"程度的测度 …………………………………… 68

第四章　"租售不同权"与城市间的人力资本空间分层 …………………… 72
　第一节　问题的提出 ………………………………………………………… 72
　第二节　本研究相对于以往研究的改进 …………………………………… 75
　第三节　模型的设定 ………………………………………………………… 77
　　一、经济环境 …………………………………………………………… 77
　　二、买房还是租房 ……………………………………………………… 79
　　三、房地产商 …………………………………………………………… 80
　　四、均衡分析 …………………………………………………………… 81

第四节 "租售不同权"对人力资本空间分层的影响 …………… 84
  一、不与购房挂钩的公共服务对空间分层的影响 …………… 84
  二、专属于有房者的公共服务对空间分层的影响 …………… 86
  三、"租售同权"改革后的变化预测 ………………………… 88
  四、"租售不同权"下的其他公共政策分析 ………………… 89
第五节 模型的延伸和拓展 …………………………………………… 92
  一、家庭财富对空间分层的影响 …………………………… 92
  二、租房市场内生下的空间分层 …………………………… 94
  三、对理论模型的总结 ……………………………………… 97
第六节 实证检验 …………………………………………………… 98
  一、数据来源及变量说明 …………………………………… 99
  二、实证分析 ………………………………………………… 102
第七节 本章小结 …………………………………………………… 109
附录 …………………………………………………………………… 111

第五章 "租售不同权"与不同性别者的空间分层 …………… 116
第一节 性别空间分层的现状与问题的提出 ……………………… 116
  一、性别空间分层问题的提出 ……………………………… 116
  二、典型事实 ………………………………………………… 119
第二节 本研究相对于以往研究的改进 …………………………… 124
第三节 模型的设定 ………………………………………………… 125
  一、婚姻匹配 ………………………………………………… 126
  二、居民的最优选择 ………………………………………… 127
  三、房地产开发商 …………………………………………… 128
  四、模型的均衡 ……………………………………………… 128
第四节 "租售不同权"的性别空间分层作用 …………………… 130
  一、性别认知的作用机制 …………………………………… 130
  二、"租售不同权"对性别空间分层的影响 ……………… 132
  三、其他公共政策对性别空间分层的影响 ………………… 135
  四、模型的延伸：性别比失衡 ……………………………… 137
第五节 实证检验 …………………………………………………… 139
  一、数据来源及变量说明 …………………………………… 139
  二、实证分析 ………………………………………………… 140

第六节　本章小结 ………………………………………………… 143

第六章　异质性收入者在同一城市、不同区域上的选择 …………… 145
　　第一节　空间分层现状及问题的提出 …………………………… 145
　　第二节　情形1：居民只可以消费本地的公共服务 …………… 149
　　　一、模型的设定 ………………………………………………… 149
　　　二、福利分析 …………………………………………………… 154
　　　三、公共政策对居住分层的影响 ……………………………… 155
　　第三节　情形2：跨区消费与居住的空间分层——兼论公共服务的
　　　　　　外部性 …………………………………………………… 159
　　　一、模型的设定 ………………………………………………… 160
　　　二、均衡 ………………………………………………………… 163
　　　三、居住分层 …………………………………………………… 165
　　　四、一个特殊例子 ……………………………………………… 168
　　第四节　模型的补充 ……………………………………………… 171
　　　一、公共服务内生于经济系统的情形 ………………………… 171
　　　二、通勤成本是收入函数的情形 ……………………………… 172
　　第五节　本章小结 ………………………………………………… 173
　　附录 ………………………………………………………………… 174

第七章　研究结论与对策建议 ………………………………………… 179
　　第一节　"租售不同权"影响空间分层理论机制的总结 ………… 179
　　　一、"租售不同权"影响空间分层的路径 ……………………… 179
　　　二、现有理论机制的不足及需要改进之处 …………………… 181
　　第二节　"租售同权"改革后可能的变化 ………………………… 182
　　　一、人力资本空间分层的变化 ………………………………… 182
　　　二、婚姻市场的变化 …………………………………………… 184
　　　三、城郊空间分层的变化 ……………………………………… 185
　　第三节　"租售同权"改革对策建议 ……………………………… 186
　　　一、完善相关法律法规，改革户籍制度 ……………………… 186
　　　二、增加公共资源供给，发挥市场力量 ……………………… 188
　　　三、合理划分财政事权，改革财政转移支付模式 …………… 190

参考文献 ……………………………………………………………… 193

第一章 导 论

第一节 研究背景

一、公共服务均等化是新时代的要求

2018年,习近平总书记在深刻掌握中国实际国情、了解新时代中国社会生产力和生产关系的矛盾、对马克思主义中国化取得重大理论创新的基础上,在党的十九大报告中提出了中国社会主要矛盾的表述:"中国特色社会主义进入新时代,我国社会主要矛盾已经转化为人民日益增长的美好生活需要和不平衡不充分的发展之间的矛盾。"基本公共服务均等化改革也是党处理好发展不平衡不充分问题的重要支撑,体现了党坚持以人民为中心、坚持底线思维保障民生、坚持发展为了人民的理念,是中国全面建成小康社会、实现共同富裕目标的基本内容。基本公共服务均等化不仅能托底欠发达地区的民生福祉和脱贫攻坚,也能为中国经济稳定健康的增长奠立厚实的基础。2021年,党的十九届六中全会通过了《中共中央关于党的百年奋斗重大成就和历史经验的决议》,文件中指出:"为了保障和改善民生,党按照坚守底线、突出重点、完善制度、引导预期的思路,在收入分配、就业、教育、社会保障、医疗卫生、住房保障等方面推出一系列重大举措,注重加强普惠性、基础性、兜底性民生建设,推进基本公共服务均等化。"

公共服务不均等在中国存在了较长的时间。作为一个发展中国家,中国各地区间的经济发展存在较大的不均衡。公共服务由当地的财政收入予以融资,导致各地的公共服务存在较大的不均等。如果在一个人口自由流动的国家,通过市场机制也能达到公共服务的均等化(Tiebout,1956)。但是,中国户籍制度的存在发挥着双重作用:一是限制了人口流动,使得劳动力市场机制被分割;二是公共服务的分配依照户籍所在地而不是工作所在地。因此,当外来人口流入经济发达地区,他们创造的劳动成果转化为当地

的财政收入,由当地政府按照户籍人口的数量分配给当地拥有户籍的居民,而这些外来人口并没有获得;反之,劳动人口流出的地区财政收入恶化,公共服务的数量和质量也更加恶化。这无疑加剧了基本公共服务地区间的不均等。

从公共服务均等化改革的历程看,也是基本沿袭着眼于完善财政转移支付制度、改革户籍以实现区域协调发展和国家可持续发展战略的角度。2005年10月,党的十六届五中全会强调,通过基本公共服务均等化战略,完善财政转移支付体制,缩小区域差距。《中共中央关于制定国民经济和社会发展第十一个五年规划的建议》指出:"按照公共服务均等化原则,加大国家对欠发达地区的支持力度,加快革命老区、民族地区、边疆地区和贫困地区经济社会发展。"这是党的文献中首次提出公共服务均等化的概念。2006年,《中华人民共和国国民经济和社会发展第十一个五年规划纲要》指出,"根据资源环境承载能力、发展基础和潜力,按照发挥比较优势、加强薄弱环节、享受均等化基本公共服务的要求,逐步形成主体功能定位清晰,东中西良性互动,公共服务和人民生活水平差距趋向缩小的区域协调发展格局。"当时的经济社会发展和体制改革重点在财政体制改革、转移支付制度和行政体制改革。"财政政策,要增加对限制开发区域、禁止开发区域用于公共服务和生态环境补偿的财政转移支付,逐步使当地居民享有均等化的基本公共服务。""完善中央和省级政府的财政转移支付制度,理顺省级以下财政管理体制,有条件的地方可实行省级直接对县的管理体制,逐步推进基本公共服务均等化。""根据公共财政服从和服务于公共政策的原则,按照公共财政配置的重点要转到为全体人民提供均等化基本公共服务的方向,合理划分政府间事权,合理界定财政支出范围。"

2010年10月出台的《中共中央关于制定国民经济和社会发展第十二个五年规划的建议》在强调完善财政体制的同时进一步将公共服务均等化的目标具体化,提出"要增加政府支出用于改善民生和社会事业比重,扩大社会保障制度覆盖面,逐步完善基本公共服务体系,形成良好的居民消费预期"。这也将公共服务的改善与刺激居民消费联系在一起,指出基本公共服务的均等化改革需要从公共服务的需求端发力,明确各类公共服务的性质、分类和供给主体,"推进非基本公共服务市场化改革,增强多层次供给能力,满足群众多样化需求"。对需要均等化改革的公共服务的内涵和范围也逐渐清晰和具体。2015年10月,《中共中央关于制定国民经济和社会发展第十三个五年规划的建议》将城乡之间公共服务的巨大差距,如就业、教育、文化、社保、医疗、住房等,作为亟待改革的对象,提出要实现城乡协调发展和城乡资源双向流动,就必须"健全城乡发展一体化体制机制,推进城乡要素平等交换、合理配置和基本公共服务均等化"。2020年10月发布的《中共中央关于制定国民经济和社会发展第十四个五年规划和二〇三五年远景目标的建议》则进一步将财政转移支付制度的完善、户籍制度的改革与区域协调发展的推进结合起来,提出实现基本公共服务在不同人群之间、不同地区之间的均等化,"中等收入群体显著扩大,基本公共服务实现均等化,城乡区域发展差距和居民生活水平差距显著缩小"。

2022年1月由国家发展和改革委员会等21个部门联合颁布的《"十四五"公共服务规划》,确立了中国2025年公共服务的指标和公共服务体系建设的目标,不仅将需要均等化改革的公共服务进一步明确化和具体化,还提出了改革的路径。这是对"十二五"规划中基本公共服务均等化实施方案的补充和完善。到2025年,中国将对幼有所育、学有所教、劳有所得、病有所医、老有所养、住有所居、弱有所扶和文体服务保障等基本公共服务进行全面的均等化改革,并建立更加完善的公共服务制度体系,公共服务供给格局将由政府保障基本、社会多元参与、全民共建共享三个层次构成。有理由相信,配套以一定的户籍改革或居住证制度、财政转移制度,能使不同地区或人群间的基本公共服务供给差距明显缩小,民生福祉达到新水平。

对基本公共服务均等化改革的实践和研究也如火如荼。学界采用了主成分法、熵值法、空间差异分解法等方法衡量中国公共服务均等化的程度以及改革效果。比如,董艳玲和李华(2022)从基本公共服务的社会性和经济性出发,将其分为安全、教育、基础设施、社保、科技、文化、环境和医疗等八个维度,在熵值法的基础上,运用基尼系数及其分解测度中国2006—2018年30个省份的基本公共服务均等化的变迁。结果发现,东部地区和西部地区之间的公共服务供给存在着巨大差异。这种地区间的不平衡主要由社保就业差异造成,其次是教育差异、科学技术差异和环境保护差异,由基础设施、医疗卫生和公共文化造成的不平衡最小。与此同时在中国政府多年的治理下,这种不平衡呈现逐渐减小的趋势。刘大帅和甘行琼(2013)利用2005—2010年省级数据和2010年县级数据得出了相反的结论。他们将公共服务均等化改革置于人口自由流动-分税制财政体制下,发现流动人口的税收留在流入地,公共服务却要由劳动力丧失的流出地提供,因此户籍制度和单一纵向转移支付模式的存在限制了中国的公共服务均等化,必须实施省级以下地区实现纵横结合的转移支付模式。丁元竹(2022)论证了基本公共服务均等化与中国实现共同富裕目标的理论逻辑。公共服务不仅是基本人权,也是社会权,关系到人民的基本生活和国家民族长期的发展战略。但由于政府缺乏对市场失灵的反应机制和历史欠账问题,基本公共服务供给参与主体的责任划分、内部的类型设置、城乡公共服务布局、资金来源等方面存在不足,需要政府从完善公共服务社区化服务网络、提高地方财政收入、实现城市高质量发展与乡村振兴战略的有机统一等方面入手。

二、"租售同权"是公共服务均等化的应有之义

基本公共服务不均等化还可能表现在:公共服务根据居民有无住房所有权实施差异性分配。居民拥有一套住房的所有权便可以获得当地的公共服务,然而,如果住户为承租人,其社会保障、养老和子女受义务教育的权利等公共服务便不能得到保障。尤为典型的是子女受义务教育的权利。由于只能在其父母房产所在地"就近入学",在教育资源存在地区间严重不平等的情形下,富裕居民必然竞争性地在学区内购买房产以争夺优质教育资源,而对于低收入的租房居民和中等收入的、只能在教育资源较差地区买房的居民来说,他们的利益受损。对于高技能人口来说,子女受义务教育的权利"租售不同权"影响了他们的迁徙决策,阻碍了人才的流动和人力资本在空间上的优化配置(韩峰和李玉双,2019);这也使得在婚姻市场上,拥有一套住房男性的地位大大提高(Fang et al., 2016),造成中国不同技能的男性和女性在农村和城市、在大城市和小城市等空间上存在错配,大城市高技能女性匹配到高技能男性的概率大大下降(Ge, 2017)。汤玉刚和刘亚南(2022)以济南市的义务教育为例,考察了不需要买房就能保障子女义务教育机会的政策如何影响人口的空间分层。结果发现,进行这种政策试点的地区会吸引更多外来流动人口的流入,但也导致当地学区房价格下降、原来房主逃离该社区,引发不同社会群体在学区房的居住隔离。因此,基本公共服务"租售同权"改革是基本公共服务均等化改革的应有之义。

"租售不同权"的原因首先可以追溯到户籍制度。户籍制度是中国特定生产阶段生产关系的表现。中华人民共和国成立后,百废待兴,为了优先发展工业,国家根据血缘关系和地理位置将居民分成不同的户口,并将一些重要的权益如就业、教育等公共福利附属在户口上,以限制农村人口迁徙、引导资源向城市集中。户籍制度是计划经济下的产物,改革开放后人口自由迁徙限制的突破使得居民工作地点和出生地点出现分离,产生了公共服务在不同空间、同一空间不同主体间的分裂。户籍制度的福利二元结构迫使外来人口所能获得的基本公共服务少于当地户籍的居民。外来人口要落户,往往以在当地拥有稳定工作和固定居住处作为先决条件。收入较高的外来居民选择买房以成为当地的户籍人口,而收入较低的劳动者则会租房成为常住人口,形成租、买公共福利上的差距。常住人口基本公共福利分配上的弱势地位,直到2014年的《国务院关于进一步推进户籍制度改革的意见》中才予以纠正:调整户口迁移政策,统一城乡户口登记制度,全面实施居住证制度,稳步推进义务教育、就业服务、基本养老、基本医疗卫生、住房保障等城镇基本公共服务覆盖全部常住人口。

其次,"租售不同权"与公共服务的稀缺性有关。从历史上看,很多城市中心的良好公共服务是在中央集权时代建立,围绕着权力中心,广场、纪念碑、便民设施等簇拥而立,而郊区的公共服务较差,形成公共服务随着与城区空间距离的增加而递减的单中心模式;从政府权力对资源配置的影响看,越靠近权力中心,公共资源的数量越多、质量越高,远离权力中心的地区优质公共资源则较少;从自然因素看,土地的优劣等级不同、地理位置不同,也会导致不同地区的公共服务不同。公共资源空间上的差异促使人口竞相流入资源较好的地区,提高当地的租房价格和买房价格,形成级差地租实体的超额利润。在优质公共资源供给数量有限并且其消费具有弱竞争性和弱排他性时,政府倾向于用市场机制筛选出一定数量的消费者以保障这些公共资源的质量,将资源的获取权与住房所有权捆绑是个可行的选择。

再次,"租售不同权"与中国税收制度改革及公共服务的融资模式有关。1994年的分税制改革使各城市的财权上交到中央,但其对地方上基础性公共服务的支出并没有减少。为了弥补这部分缺口,地方政府纷纷开始以"招拍挂"的方式出售住宅用地为公共服务融资。土地财政收入与土地的出售价格成正比,而土地的价格取决于建成后住宅的预期售价。因此,政府的理性选择便是有选择性地在不同地区进行公共基础设施投资,造成公共服务空间上分配的不平衡,并将一部分公共服务与房子所有权挂钩,以增加房子的交换价值。

最后,资本逻辑下,基本公共服务"租售不同权"得到强化。中国城市的发展也与社会生产方式的发展联系在一起,受到资本逻辑的影响:"租售不同权"的情况下,资本在城市不同空间有目的性地建设厂房、公园、娱乐场地等,在不同区域实现人口、生产工具、资本、享受和需求的集中,降低生产劳动力及其他商品的个别必要劳动时间;一些房地产开发商投资远郊时,会提供便利条件以吸引较好的学校搬迁至当地或在当地设立分校,甚至还会事先承办中小学等教育机构,以提高房价、增加利润。基本公共服务"租售不同权"形成了各种各样的利益团体,相关资本家、一些拥有房产的劳动者都会利用政策制定话语权的优势,确保"租售不同权"的政策得以继续严格执行。

需要注意的是,公共服务"租售不同权"不仅存在于劳动力跨城市流动带来的问题中,还涉及同一城市户籍相同的劳动人口。也就是说,公共服务附属在户籍制度上,使得没有买房的流动人口可能出现与本地居民公共服务不一致的情形。但是,即使户籍相同,本地的租房居民获得的公共服务仍低于买房居民。因此,基本公共服务"租售同权"改革具有促进房屋租赁市场发展、健全全国住房市场、为住房市场的发展提供长效机制的初衷。2016年6月发布的《国务院办公厅关于加快培育和发展住房租赁市场的若干意见》中指出,要发展住房租赁市场,促进租赁消费,健全住房租赁体系,实现购租并举,"非本地户籍承租人可按照《居住证暂行条例》等有关规定申领居住证,享受义务教育、医疗等国家规定的基本公共服务",这在事实上提出了"租售同权"改革的政策方向。正式的表述要等到2017年2月。住建部有关负责人在国新办召开的新闻发布会上提出"逐步使租房居民在基本公共服务方面与买房居民享有同等待遇",拉开了"租售同权"改革的序幕。为了推行基本公共服务"租售同权"改革,2017年7月,住建部会同国家发改委、公安部、国土资源部等八个部门联合印发了《关于在人口净流入的大中城市加快发展住房租赁市场的通知》,要求以大城市为试点,加快推行基本公共服务"租售同权"、发展住房租赁市场的改革。首批进入试点的城市有12个,包括广州、深圳、南京、杭州、厦门、武汉、成都、沈阳、合肥、郑州、佛山、肇庆。

这12个城市相继推出了推进基本公共服务"租售同权"改革的政府公文或方案。从各城市颁布的政府公文或方案中也能看出推进基本公共服务"租售同权"改革的大背景以及各城市希冀利用此政策达成的目标。广州是第一个进行基本公共服务"租售同权"改革的城市,首次提出将子女就近入学的权利与房子所有权脱离,"赋予符合条件的承租人子女享有就近入学等公共服务权益,保障租购同权"。其指导思想中除了构建租购并举的住房体系、发展住房租赁产业,还有催生新的经济增长极、助力经济长久发展的目的。武汉希望通过吸引人才流入、建立一线大城市,在《市人民政府关于开展培育和发展住房租赁市场试点工作的实施意见》中明确提出"加快推进百万大学生留汉创业就业计划,建立购租并举的住房制度"。成都市在《成都市人民政府关于印发成都市开展住房租赁试点工作实施方案的通知》的"总体目标"中明确提出,此文件实施的总体目标是"以满足新市民住房需求、吸引优秀人才安居为主要出发点,以建立完善购租并举的住房制度为主要方向,促进房地产市场平稳健康发展"。上海则以抑制房价过热为目标,提出"全面贯彻党的十八大和十八届三中、四中、五中、六中全会以及习近平总书记系列重要讲话精神,坚持'房子是用来住的、不是用来炒的'的定位,以满足住房需求为出发点、以建立购租并举的住房制度为主要方向,以市场为主满足多层次需求,以政府为主提供基本保障"。与上海类似,北京每年有大量人口涌入,但高涨的房价成为制约人才进一步流入的障碍。因此,北京市"坚持以人民为中心,坚持房子是用来住的、不是用来炒的定位,突出住房的民生属性,加快发展保障性租赁住房,建立以公租房、保障性租赁住房和共有产权住房为主体的住房保障体系,进一步提高住房保障水平"。

表1-1列举了几个代表性试点城市实施"租售同权"改革的文件名称、发布时间、发布单位及部分政策内容,包括广州、南京、成都、北京、上海、武汉。可以看出,公共服务"租售同权"改革既符合中央提出的平衡社会各利益体的利益、促进住房市场健康发展的目标,也符合地方城市的利益。表1-1中,各城市公共服务"租售同权"改革的政策都表明了两大目标,即:既要建立购租并举的住房制度,给予土地供给上的支持;又给予满足一定条件的承租人以子女入学的权利,增强自身城市的健康发展和吸引力。关于这两大目标的研究,叶菁菁等(2022)利用广州市住房800米半径范围内所有学校的学位数量以及二手房租房和住房市场的数据,将公共服务"租售同权"改革与房地产市场联系起来。研究发现,教育资源的获取使得"租售同权"改革后,住房交易价格下降2.2%,租金水平则上升1%—2%。他们着重解决的是第一目标问题。本研究将重点放在第二个问题上,即"租售同权"改革如何影响各城市对劳动者的吸引,尤其是对不同技能的劳动者的吸引。本研究建立了公共服务"租售不同权"的测度,测量包括租房者在内的所有居民可以得到的公共服务与专属于有房居民的公共服务对不同技能、不同收入、不同性别的劳动者的吸引,具有较强的开创性。

表1-1 部分"租售同权"改革试点城市相关政策

城市	发布时间	文件名称	发布单位	部分政策内容
广州	2017年7月	《广州市加快发展住房租赁市场工作方案》	广州市人民政府	从商改租、税收减免、入学、水电、土地供应等对住房租赁予以扶持;允许满足条件的承租子女享有就近入学等权益
南京	2017年8月	《南京市住房租赁试点工作方案》	南京市人民政府	建立承租人权利清单,符合条件的承租人享有与本地居民同等的基本公共服务,包括义务教育、医疗、计划生育、公共卫生、健康促进、基本养老、就业服务、社会保障、社区事务、科技申报、住房保障和公积金提取等

(续表)

城市	发布时间	文件名称	发布单位	部分政策内容
成都	2017年8月	《关于印发成都市开展住房租赁试点工作实施方案的通知》	成都市人民政府	提供住房租赁金融服务、税收优惠政策、住房租赁服务体系等，符合申领居住证条件的居民凭房屋租赁合同备案凭证可申请办理居住证，按规定享受公积金、义务教育、医疗卫生等基本公共服务
北京	2017年9月	《关于加快发展和规范管理本市住房租赁市场的通知》	北京市住房和城乡建设委员会	承租人为北京户籍且无房的，可以按照相关规定享受子女义务教育"就近入学"的权利；非本地户籍的承租人，可以申请并凭借居住登记卡获得相应公共服务
上海	2017年9月	《关于加快培育和发展本市住房租赁市场的实施意见》	上海市人民政府	承租人只要依法办理租赁合同登记备案，就可以通过与居住证、积分制度以及人户分离登记制度的衔接，享有子女义务教育、公共卫生、社会保险、缴存使用住房公积金、证照办理等基本公共服务
武汉	2017年9月	《市人民政府关于开展培育和发展住房租赁市场试点工作的实施意见》	武汉市人民政府	承租人申领居住证后，可按有关规定享受义务教育、基本公共就业服务、基本公共卫生服务和计划生育服务等公共服务；适时研究出台符合条件的承租人子女就近入学等基本公共服务政策措施

需要注意的是，表1-1中各城市的"租售同权"并不是无条件的。承租人需要有居住登记卡（北京），需要租赁合同登记备案以与居住证、积分制度以及人户分离登记制度衔接（上海），建立承租人权利清单（南京），这无疑增加了一道承租人获取同等公共服务的门槛。

第二节 研究意义

一、实践意义

公共服务"租售不同权"下，公共服务根据居民是否拥有住房所有权进行歧视性分配，既体现了不同收入居民之间的福利差距，又将劳动者按照户籍的不同进行利益剥夺,即外地人口流入本地时需要买房落户才能获得同等待遇。因此,对基本公共服务进行"租售同权"改革,有助于解决中国人民日益增长的美好生活需要和公共服务不平衡的分配之间的矛盾,关系到中国经济发展的目的,体现了党和政府全面建成小康社会、实现共同富裕的目标。

本研究聚焦公共服务"租售不同权"对异质性居民空间分层的影响,具有重要的现实意义。空间分层(sorting)或者居住隔离(segregation)概念最早产生于社会学研究,表示相同特征(如肤色、教育水平、职业、来源地等)的居民居住在一起,与其他不同类型特征的居民生活的社区彼此分割,形成隔离。最早的隔离也许是移民通过亲缘、朋友或文化信仰进行联结,形成与周边社区相对隔离的"飞地","族裔集聚经济理论"是其中的典型(曾东林等,2021)。文化适应能维系居民内部的团结,并使他们与当地主流文化区分开,形成独立的居住地选择(Sam and Berry,2010)。这两者并不是截然分开的,西方国家白人和黑人的居住分层或隔离往往是族裔和文化共同作用的结果。白人偏好的社会互动能产生极端隔离,即当地社区的少数族裔超过倾覆点(tipping point),剩下的白人会纷纷离开这个社区(Schelling,1971);卡德等(Card et al.,2008)利用美国1970—2000年的人口普查数据测试了邻群种族组成的动态不连续性,发现大多数城市的白人社区都存在倾覆点,一般在5%—20%之间。

国内空间分层或居住隔离的原因要复杂得多,研究也相对滞后。在中国,相同特点的人聚集在一起生活,既有政治原因也有经济原因。计划经济时代,居民住房通常是根据单位性质和个人工作年限、资历进行分配。即使是1998年住房市场化改革后,在相当长的一段时间内,政府机关和企事业单位还会委托房地产开发商建房,以低于市场的价格出售给单位职工,造成相同单位和同等收入的居民居住在一起,构成中国城市居民的居住分层(边燕杰和刘勇利,2005)。户籍制度也被认为是造成居住分层的重要因素(Lu and Wang,2013)。户籍居住分异指数(index of segregation)在城区最低,镇区次之,乡镇最高(李志刚等,2006;Massey et al.,2009;陈杰和郝前进,2014)。早期的农民工迁往城市时往往以老乡的形式聚集在同一处租房生活,形成以来源地命名的"城中村"现象,如"浙江村""新疆村"等(项飚,1998;王汉生和杨圣敏,2008)。然而,本研究更强调从经济的视角分析空间分层产生的原因和机制,毕竟户籍制度的作用应该体现在外来移民能否获得与当地居民同等的社会福利。外来人如果有足够的收入,他们也会在本地人聚集的社区买房,降低居住隔离。孙秀林(2021)认为,外来人与上海本地人的居住隔离主要体现在蓝领工人,外来白领工人的居住空间并没有表现出与本地人的隔离。因此,本书的空间分层或居住隔离主要还是空间经济学的范畴,是空间同化理论,而不是人类生态学和都市人类学的视角。

城市的发展是不同类型社会群体的融合(assimilation),而居住隔离则阻碍了这种融合。居住隔离使居民的收入低于主流社会,无法与其他群体建立良好的社会关系,加剧了不同群体之间的社会排斥(沈洁,2016)。被动集聚生活的居民在心理上能感受到疏离和不受欢迎,其社会融合程度要低于本地居民,难以进入当地主流社会,降低了他们的身份认同(张文宏和刘琳,2015),限制了他们的就业机会或者提高语言能力,造成集中贫困(Friedrichs,2013)。研究表明,空间分层和居住隔离会深刻影响城市结构(Cortés,2021)、社会阶层的流动(Chetty et al.,2014)、私家车拥有数量(Schouten,2021)、经济机会的不平等性(Ananat,2011;Zenou,2009)及收入隔离(Reardon et al.,2011),甚至不同社会阶层之间的权利冲突和社会的不稳定(Gaigne et al.,2017;Harloe,2001)。"对于一个社会来说,最大的潜在动荡因素是来自社会内部各个阶层之间的隔阂、不信任、抵触和冲突。通过对社会成员基本权利和基本尊严的保证,通过必要的社会调节和调剂,社会各阶层之间的隔阂可以得到最大限度的消除,至少可以缓解,进而可以减少社会潜在的动荡因素。"① 马克思和恩格斯对工人和资本家的居住分层以及他们福利上的巨大差异提出了批判:"纯粹的工人区,像一条平均一英里半宽的带子把商业区围绕起来。在这个带形地区外面,住着高等的和中等的资产阶级。中等的资产阶级住在离工人区不远的整齐的街道上……高等的资产阶级住在郊外房屋或别墅里,或者住在空气流通的高地上,在新鲜的对健康有益的乡村空气里,在华丽舒适的住宅里。"② 这进一步表明,不同社会阶层和利益群体可能会产生社会隔离、空间剥夺和利益冲突。

二、理论意义

空间分层是一门交叉学科,既是关系到不同人口特征空间集聚的社会学,也是体现一个族群与其他族群出于效用最大化"用脚投票"的经济学,还是阶层冲突由生产线逐步向城市运动和城市空间扩散的马克思主义政治经济学。黄怡(2004)将居住隔离的研究分为三个学派:第一个是人类生态学,探讨城市的空间社会环境,主要是从文化融合、歧视的角度;第二个是都

---

① 吴忠民:《社会公正论》,山东人民出版社 2004 年版,第 2 页。
② 《马克思恩格斯全集》第 3 卷,人民出版社 1995 年版,第 197 页。

市人类学,研究工业化和城市化进程中居住隔离带来的贫困、阶层对立、少数族裔的受损等问题;第三个空间经济学,侧重从成本收益的视角分析居民"用脚投票"的结果如何形成不同社会阶层的空间分层和居住隔离,探讨其机制并进行福利分析。但是,笔者认为,这几个研究方向和研究方法不是截然分开的。笔者试图证明:马克思主义城市思想的批判精神也能和西方经济学的数理模型、实证方法结合在一起,很好地解释中国公共服务"租售不同权"影响居民空间分层的机制,以及"租售同权"改革可能造成的分层影响和福利效果。这打通了不同学科之间的障碍,在一个房价—人口流动互相影响的空间一般均衡模型中研究公共服务"租售不同权"对不同类型人群的吸力—拉力作用,无疑有助于拓宽研究的深度,对政治经济学、空间经济学、搜寻与匹配理论等相关学科的发展都有较大的促进作用。

为了刻画公共服务"租售不同权",笔者注意到房地产市场上的摩擦:房子在出售时有最小面积的限制。人们只有购买了最小面积的住宅,才能获得全部公共服务,而更大面积的住宅只是良性商品"多多益善"的特征,符合边际效用递减的原则。因此,拥有一套住房既能获得公共服务,又能给居民带来居住效用;租房则只能获得一部分公共服务,当然,也具有居住功能。为了刻画这个特点,首先,本研究采用了拟线性效用函数表示买房的情形 $[u(c,h)+B+E]$ 和租房效用 $[u(c,l)+E]$,这就将专属于有房者的公共服务 B 刻画出来。其次,从学理上描绘了房地产市场上住房有最小面积限制。以往研究在求解最优房子面积需求时往往运用一阶最优条件,这必须假设房子面积是一个从零开始的连续变量。但房子面积最小值的存在(比如不能小于34平方米)使人们的买房行为是一个人对住房的需求从零(租房)一下子跳跃到至少34平方米,必然造成角点解和非住宅消费品的不连续性。如果说居民住房和非住宅消费品的支出与收入的关系为一个增函数,那么买房行为必然导致他们在住房上突然有笔大额的支出,使非住宅消费品的消费下降。如果再有收入的增长,他们必然将收入用于边际效用比较大的非住宅消费品,而不是继续增加住房面积。只有当单位货币花在非住宅消费品和住房面积上的边际效用相同时,居民才会同时增加两者的需求。这一方面告诉我们,以往研究直接运用一阶最优条件,实际上只考虑了非住宅消费品和住房面积的边际效用相同的情形,忽略了另一种可能。另一方面表明,当收入处于一定区间时,居民对住房的需求保持不变,尤其是住房需求收入弹性为零的刚性需求者;当收入超过某个阈值,他才是住房需求收入弹性为正的改善性需求者。

第三节　研究框架、主要内容和方法

一、研究框架

本研究的逻辑框架图如图 1-1 所示。

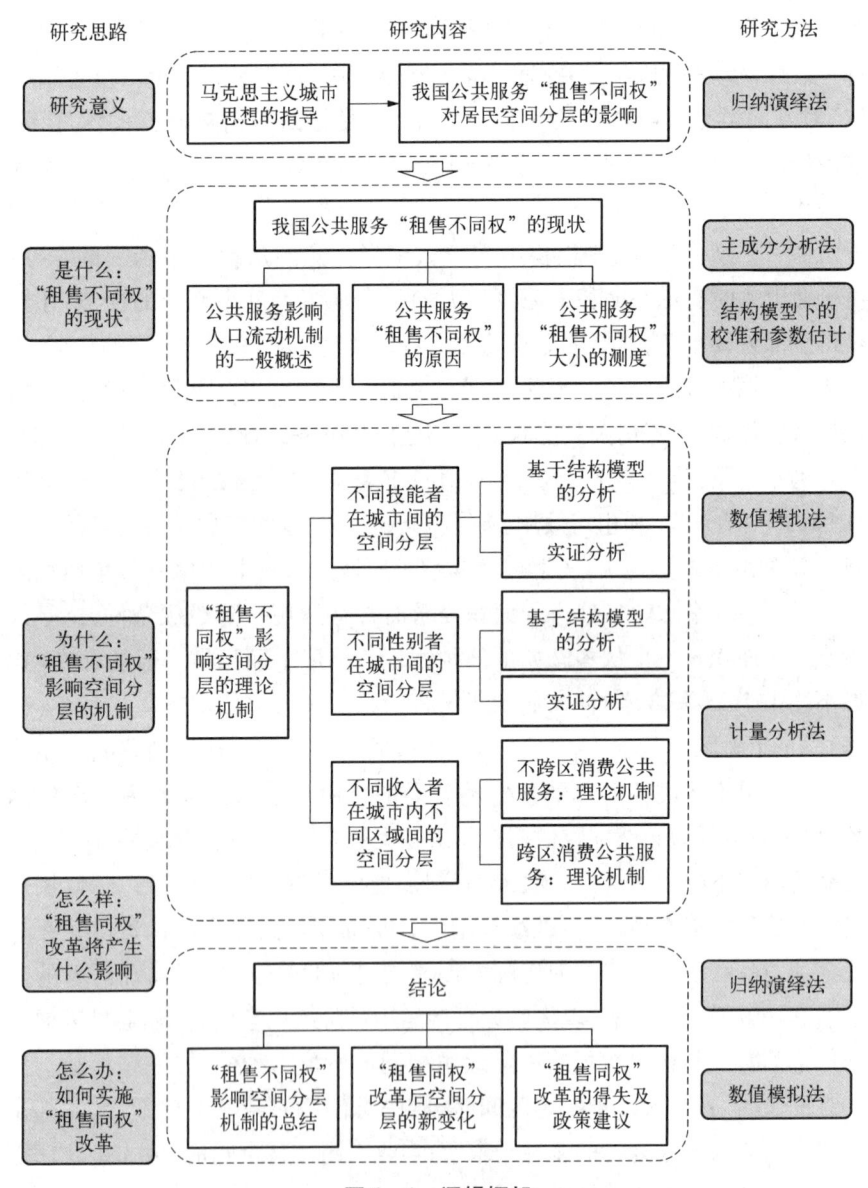

图 1-1　逻辑框架

二、主要内容

首先是导论,主要介绍选题的现实背景、实践意义和理论意义、研究框架、主要内容和方法,并对研究中的难点、创新和不足进行了阐述。主要内容包括以下六个部分:

第一部分,论述马克思主义城市思想在城市空间建设、空间剥夺、不同社会阶层居住隔离及社会制度危机上的贡献,指出中国的城市建设、公共服务"租售同权"改革和空间分层同样需要马克思主义城市思想的指导。这部分包括四个方面的内容:第一,介绍马克思、恩格斯思想中城市产生的根源、城市对物质资料生产方式及居民空间分层的影响;第二,指出适应当代城市发展新变化而产生的都市马克思主义学派,对传统马克思主义城市思想进行了继承和创新,成为城市空间建设的重要指南;第三,强调空间正义观在都市马克思主义学派中的地位,分析空间正义与空间分层的关系,指出马克思主义空间正义观与中国公共服务"租售同权"改革的理念高度契合;第四,指出中国的空间分层现象和公共服务"租售同权"改革也需要马克思主义城市思想的指导。

第二部分,介绍中国公共服务"租售不同权"的现状,建立对"租售不同权"直观的认知。主要内容包括三个部分:首先,介绍公共服务影响居民空间分层的一般机制,指出以往研究忽略了对公共服务可能"租售不同权"的考察,为笔者所研究的公共服务影响空间分层的机制指明新的研究方向;其次,从历史的成因、公共服务的稀缺性、公共服务的融资方式三个方面介绍中国公共服务"租售不同权"的原因;最后,对中国目前"租售不同权"程度的大小进行测度。本研究主要采用两种测度方法,一种是根据公共服务是否与住房或当地的户籍捆绑,将公共服务项目细分成多项小类,采用传统的主成分分析法进行估计;第二种是采用具有特色的空间一般均衡模型进行参数校准,利用真实的空间分层数据将专属于有房者的公共服务、包括租房者在内的所有当地居民都可获得的公共服务校准出来。

第三部分,考察"租售不同权"对不同技能者在不同城市间空间分层的影响。首先,在对以往城市间技能空间分层文献进行综述的基础上,提出本研究针对公共服务"租售不同权"的新视角,强调"租售不同权"的实质是购买了最小面积住房的居民和租房居民所得公共服务的差异,从具有市场摩擦性质的角度构建一个包括异质性技能的居民、异质性公共服务、异质性居住地点的空间一般均衡模型,对"租售不同权"影响空间分层的机制进行分析,并预测公共政策的作用。其次,基于第五次人口普查(2000年)、第六次人口普查(2010年)数据与城市层面数据的匹配,利用最小二乘法(OLS)、固定效应(FE)等计量方法,实证检验模型的结论。结果表明,"租售同权"改革有利于低技能人口流入大城市,并通过与高技能工人的互补促进生产效率的提升。

第四部分,考察"租售不同权"对不同性别的居民在城市间空间分层的影响。第一步,对中国不同性别者的数量、人力资本水平在空间上不匹配的现状进行考察,发现大龄未婚女性一般在大城市,且人力资本水平较高,"剩男"主要集中在农村或小城市,人力资本水平较低。第二步,结合社会普遍存在结婚时由男性买房的性别认知和公共服务"租售不同权",构建技能和性别都异质的居民如何选择居住地的空间一般均衡模型,解释不同性别者的空间分层。第三步,研究"租售不同权"程度变化时性别空间分层的变化,并对一些公共政策的效果进行预测,对福利变化进行考察。第四步,利用CGSS2015数据和logit模型,给予数理模型所阐明的机制以实证支持。结果表明,"租售同权"改革和稳定房价预期有利于解决婚姻市场上不同性别者数量、人力资本结构的不匹配。

第五部分,将注意力转移到城市内部,考察"租售不同权"对不同收入居民在同一城市、不同区域间分层的影响。同一城市、不同区域的空间分层,其特殊性在于:第一,"租售不同权"在理论上会产生住房消费不随收入变动而变动的住房面积刚性需求者;第二,公共服务不与住房捆绑时,一地居民可以跨区消费另一地的公共服务。因此,本部分在分析了城市内部不同区域的空间分层现状、"租售不同权"在学术上产生的新变化后,分为两大块内容:第一块是当地公共服务与住房捆绑的情形。笔者建立理论模型,讨论完全分层和混合分层两种空间分层模式,分析它们成立的条件,以及公共政策变动时空间分层和居民福利的变化。第二块是当地公共服务不与住房捆绑、居民可以跨区消费的情形。笔者建立理论机制,分析公共服务的邻群效应,对跨区次数、空间分层模式多重性进行讨论,并研究公共服务对空间分层的影响。发现的政策含义包括两重:一是"租售不同权"下产生住房面积刚性需求者,他们居住地选择受公共服务的影响机制不同于其他居民;二是空间分层模式在一定条件下会相互转化,政府需根据不同区域间的公共服务比,因地、因时制定不同的政策。

第六部分,对如何实施公共服务"租售不同权"提出政策建议。这包括三个方面的内容:首先,对"租售不同权"影响空间分层的机制进行归纳总结,分析现有模型的不足和需要改进之处;其次,预测"租售同权"改革后,房价、居民福利、空间分层将出现怎样的变化,鉴于本研究的主要工作是理论研究,可判断出定性上的变动趋势;最后,结合中国目前的户籍制度、租房市场改革、已有基本公共服务"租售同权"改革的政策得失,提出"租售同权"改革的路径。

本研究得到了国家社会科学基金后期资助项目"公共服务'租售不同权'与异质性居民空间分层的理论机制研究"(项目号:21FJYB057)的资助。在博士论文"'北漂'还是返乡? 不同能力者的城市选择与分层:一个基于房价的理论"的基础上,笔者进行了大幅度的修改并以此申请了国家社会科学基金后期项目的资助。修改主要包括:第一,研究视角的修改。博士论文从房价角度考察不同能力者的空间分层。本研究将视角转向公共服务的异质性:租售不同权。博士论文的第三章和第四章与本研究的一部分内容相似,但是研究的角度和观点不同。首先,博士论文第三章是一篇学理性文章,阐述"买房时房子有最小面积"这个现象能产生大城市的技能分布厚尾,笔者没有像一般文献那样从技能互补的角度出发,而是从土地政策的角度表明从"买房时房子有最小面积"这个视角得出的结论与现实更加符合。本研究主要从公共服务"租售不同权"的角度考察不同技能者的空间分层,预测"租售同权"改革后空间分层的变化,提出"租售同权"改革的政策建议。其次,博士论文第四章从居民是否可以跨区消费公共服务阐述空间分层;本研究则引入一个机制:公共服务"租售不同权"下,会产生住房面积需求弹性为零的住房刚性需求者,由此从"以房定人"的角度解释买得起房的异质性收入居民的空间分层。

第二,研究内容的修改。博士论文中仅有第三章(对应本研究的第三部分)和第四章(对应本研究的第五部分)在本研究中得到体现。为了完整地描述公共服务"租售不同权"与居民空间分层的关系,本书第一部分从宏观的角度、用马克思主义空间正义观解释了"租售同权"改革的必要性以及其对空间分层的意义;第二部分对公共服务"租售不同权"的成因进行分析,并测度了公共服务"租售不同权"程度的大小;第三部分是"租售不同权"对不同技能者城市间空间分层的影响,理论部分与博士论文第三章类似,但补充了实证分析,将微观数据与城市数据进行匹配,采用计量方法验证了模型结论的稳健性;第四部分也是博士论文所没有的内容,将居民的异质性扩展到性别,分析"租售不同权"对不同性别居民的空间分层的影响;第五部分分析"租售不同权"对居民在城市内部不同区域的空间分层产生的影响;第六部分则是结合对"租售同权"改革后空间分层、福利的预测以及目前中国基本公共服务"租售同权"改革的得失,探讨"租售同权"的改革措施。因此,本研究六个部分中,第一、第二、第三部分中的实证分析,第四、第六部分的内容,都是博士论文所没有的。

第三,结构的修改。博士论文的结构是:导论、文献综述、不同技能者城市间的选择、城市内部的选择、城乡之间选择、总结。之所以编排这样的结构,是因为前两部分空间分层是基于静态分析的方法,而城乡间分层是基于动态分析。本书删去了博士论文中城乡之间的空间分层,因为农村人口要迁往城市是一个显而易见的结论,不足以成为支撑本研究所要探讨的"租售不同权"影响空间分层的理论机制(相反,实证证明"租售不同权"影响了城镇化百分之多少则是有意义的)。本研究的结构完全围绕着"租售不同权"及其影响空间分层的理论机制展开:第一部分,从马克思主义城市思想出发强调研究主题的意义;第二部分,描述"租售不同权"的原因及大小等现状;第三部分,探讨"租售不同权"对不同技能者城市间空间分层的影响;第四部分,探讨"租售不同权"对不同性别者城市间空间分层的影响;第五部分,讨论"租售不同权"对不同收入者城市内部空间分层的影响;第六部分,总结并提出政策建议。

第四,研究方法的修改。博士论文采用的方法主要是空间一般均衡法及动态一般均衡分析法。本研究删去了动态一般均衡分析法,采用了其他新的方法:(1)归纳演绎法。借助归纳演绎法,用马克思主义城市思想研究公共服务"租售不同权"对城市空间剥夺、空间分层的影响及不同社会阶层的反应。(2)参数校准的方法。为了测度"租售不同权"的大小,利用现实的空间分层数据对参数进行校准。(3)主成分分析法。测度"租售不同权"的大小时,将相关公共服务分成多项小类,采用主成分分析法。(4)计量分析法。将微观数据与城市数据相匹配,采用OLS、FE等计量方法,对"租售不同权"空间分层的路径进行实证检验。

第五,数据和参考文献进行了更新。博士论文为纯理论文章。为了保证结论的稳健性,本研究力求从数学推导、参数变化或模型假设的放松等角度进行论证。在本研究中,我们利用各统计年鉴和微观调查数据进行了计量分析,如OLS、FE等。此外,参考文献一直更新到了2023年。

三、研究方法

第一,归纳演绎法。借助归纳演绎法,用马克思主义城市思想研究公共"租售不同权"对城市空间剥夺、空间分层的影响及不同社会阶层的反应。

第二,空间一般均衡分析法。为了研究不同类型的居民面对不同性质的公共服务如何选择不同的居住地,构建房价—人口流动互相影响的空间一般均衡模型。

第三,数值模拟法。通过数值模拟刻画公共服务"租售不同权"的程度变化对居民空间分层、福利的影响,以及"租售同权"改革后的新变化。

第四,计量分析法。将微观数据与城市数据相匹配,采用 OLS、FE 等计量方法,实证检验公共服务"租售不同权"影响不同类型居民迁移的路径。

第四节 研究中的难点、创新和不足

一、研究中的难点

本研究首先探索"租售同权"改革的逻辑,认为公共服务"租售同权"改革建立在城市空间建设、空间剥夺、空间隔离中涉及的多元主体的联动反应上。它是一个系统性工程,需要发挥包括普通居民在内的社会各个主体的合力。其次,分析"租售不同权"对城市间不同技能者空间分层的影响,认为公共服务"租售不同权"会破坏大城市的技能分布厚尾,造成大城市吸引低技能人口不足,不利于技能间的互补和生产率的提高,会加深高技能人口对房价的敏感度。再次,分析"租售不同权"对城市间不同性别者空间分层的影响,认为"租售不同权"使低技能女性和高技能女性更愿意迁往大城市、中等技能男性迁往小城市,造成男性和女性的数目、人力资本水平在空间上不匹配。第四,考察"租售不同权"对城市内不同区域间空间分层的影响,认为"租售不同权"能产生住房面积需求不随收入变化而变化的刚性需求者和新的空间分层模式:较低收入者和较高收入者居住在郊区、中等收入者居住在城区的混合分层。混合分层下,给予郊区低收入者通勤补贴不仅不会吸引刚性需求者迁往郊区,反而会使他们迁往城区的意愿增强。

马克思主义空间正义视域下基本公共服务"租售不同权"影响不同社会阶层居民居住空间的机制和理论分析是本研究的重点。同时,"租售同权"后可能产生的居民居住空间分布的新变化及其带来的新影响也是本研究要重点解决的问题。那么,如何建立一个空间均衡模型,以避免公共服务与户籍人口、房价相互影响产生的内生性便是难点之一。本研究拟在实证中通过工具变量予以解决,大部分时候将通过结构模型和数值模拟、数学推导的方式予以解决。不同技能、收入等社会阶层的划分也是本课题的难点之一,本研究同样从两方面入手予以解决:用已有文献的方式,如埃克豪特等(Eeckhout et al.,2014)刻画技能,但由于本研究的主要贡献是理论方面,大部分时候将在结构模型中纳入不同特征居民的分布函数或密度函数,通过数值模拟、数学推导的方式论证结论的可靠性。

二、研究中的创新

首先,学术思想方面的特色和创新。本课题通过研究,试图证明以下创新思想:中国基本公共服务"租售不同权"通过一定的机理和机制造成相同特征的居民居住空间集聚,并与其他居民隔离,形成既定利益团体间的利益冲突,而"租售同权"改革是对居住空间、城市利益、空间政治运动重新建构的过程。

其次,学术观点方面的特色和创新。围绕以上学术思想创新,本书试图证明以下假说:(1)基本公共服务"租售不同权"提高了地租和房价,加剧了不同收入居民的居住隔离和城市权利的冲突。(2)"租售不同权"阻碍了低收入居民在大城市定居,"租售同权"后房价普遍下降,且在大城市的低收入居民和高收入居民都随之增加。城区—郊区的居住分布类似。(3)"租售不同权"使高技能女性和低技能女性都比相应技能的男性更愿意在大城市定居,造成婚姻市场上空间和技能的不匹配。

最后,研究方法方面的特色和创新。笔者将具有行为主体选择的微观机制引入都市马克思主义,实现西方经济学的实证思想与政治经济学的批判思想跨学科结合;采用均衡分析法、反事实分析法等前沿方法分析"租售同权"后的居住空间分布、城市利益格局和空间生产;结合国内外历史数据,采用计量经济学的方法,研究公共服务在人口流动中的作用。尤其值得一提的是,本研究在一个房价—人口流动互相影响的一般均衡模型中引入房地产市场上出售的房子有最小面积这个市场摩擦,发现了住房需求收入弹性为零的居民,得到了不同于以往研究的分层模式。

三、研究中的不足

首先,本研究的理论机制没有将劳动力市场纳入进来。已有的空间分层理论往往从劳动力市场出发,如极端技能互补理论、岗位极化理论等,而本研究的出发点是公共服务,尤其是公共服务根据居民买房和租房而有所不同。因此,在研究公共服务对人口空间分层的作用时,笔者把除了公共服务以外的其他变量当成外生。这虽然符合经济学的研究方法,但是忽略了劳动力市场和就业机会也是影响人口迁移的重要因素,可能会对结论造成一定的影响。后续的研究中,将通过一个搜寻与匹配模型,将劳动力市场纳入进来。

其次,本研究缺乏公共服务的外部性对人口空间分层的影响。优质的公共服务虽然可以吸引人口流入,但过多的消费会降低公共服务的质量,从而限定人口空间分层的边界。在研究异质性收入居民在同一城市、不同区域的空间分层时,笔者认识到,公共服务存在拥堵效应和集聚效应,在公共服务可以跨区消费的情况下,可以给居民空间分层带来新的影响。但是,由于缺乏唯一的均衡,本研究并没有深入进行下去。后续的研究中,将通过一个更加可行的模型将公共服务质量与人口流入互相影响的机制纳入分析中。

第二章 马克思主义城市思想、公共服务"租售同权"改革与居住的空间分层

在城市成为资本主义物质生产方式和生产关系的重点场所后,马克思主义城市思想逐渐成为指导社会生产、剖析社会结构的重要工具。早期的马克思主义城市思想散见于马克思、恩格斯的各种著作,体现了历史唯物主义关于社会结构和社会发展的整体统一的逻辑体系。但是,在马克思、恩格斯所处的时代,资本增殖的主要方式是以"时间消灭空间",马克思主义城市理论框架并没有得到系统化和显性化。20年代70年代后,空间开始超越时间成为资本增殖的重要方式,城市不再仅仅是物质生产方式和生产关系的"器皿",还成为剩余价值最大化下的资本产物,推动了资本主义生产方式的变革。以卡斯泰尔斯(Castells)、列斐伏尔(Lefebvre)、哈维(Harvey)等人为代表的都市马克思主义学派,在生产的空间维度将马克思主义城市思想发扬光大,并将马克思生产正义的观念扩展到了涉及不同群体间公平正义的空间正义问题。自此,马克思主义城市思想得以深入挖掘,成为探究资本主义制度长期存在的原因、研究资本主义危机、预测资本主义制度最终命运的指导思想。马克思主义城市思想中的空间发展、城市社会运动与空间正义内容也成为现代城市建设和发展的指导。中国的城市空间也是资本投入的对象和资本积累的载体,受到资本逻辑的影响。因此,中国的城镇化进程、城市群发展以及城市空间再生产中出现的问题,也需要马克思主义城市思想的指导。

第一节 都市马克思主义的城市思想

一、传统马克思主义的城市思想

城市的形成是人类社会生产力发展到一定阶段的产物。马克思认为,

从社会分工的角度可以理解城市的形成与发展。"一个民族内部的分工,首先引起工商业劳动同农业劳动的分离,从而也引起城乡的分离和城乡利益的对立。"①在原始的部落社会,分工并不发达,也没有形成城市;在古典时代,开始出现公社公有制或国家所有制,这使得自然形成的分工得到突破,加强了社会各群体之间聚集在一地、以分工形成联系的社会形态,促进了城市的产生。"这种所有制首先是由几个部落通过契约或征服联合为一个城市而产生的。"②分工和科技的发展也使得社会进入中世纪。此时农业技术得到普及,分散居住的乡村生活成为社会形态的主导形式,以土地依附为特征的封建制度取代了完全人身依附的农奴制社会关系。这解放了农奴,使得劳动力一定程度上能进行流通和买卖,促进了城市的发展,"在中世纪,有一些城市不是从前期历史中现成地继承下来的,而是由获得自由的农奴重新建立起来的"③。城市的出现也使得城市和农村的对立开始出现。"古代的起点是城市及狭小的领域,中世纪的起点则是乡村"④,因为农村的生产多以自给自足为主,生产、生活和居住呈现碎片化的形态,城市则强调分工和协作,生活的文明程度、生产的资源集中程度都远远高于农村。这两种生产方式本质上是矛盾和冲突的。"一切发达的、以商品交换为中介的分工的基础,都是城乡分离。可以说,社会的全部经济史,都概括为这种对立的运动。"⑤尽管如此,在封建时代,现代意义的城市仍然没有出现,城市间和城市内的社会分工不够发达和充分,处于不同生产商品、不同生产链条的居民没有在物理上和生产环节上紧密联系起来。直到工业革命爆发和资本主义制度逐渐建立,自然力替代人力,才形成城市间社会分工的细致化与生产规模扩大化的良性循环。可以说,"不同城市之间的分工的直接后果就是工场手工业的产生"⑥。进入机器大工业时代后,城市最终占据了社会生活中最重要的位置,现代大工业成为先进生产力的代名词。"建立了现代的大工业城市——它们的出现如雨后春笋——来替代自然形成的城市……它使城市最终战胜了乡村。"⑦在社会由封建制度转向资本主义制度的过程中,大量农村劳动力按照资本的逻辑被安排到各个城市的工厂中,人口的城镇化使农村摆脱了愚昧和落后。"资产阶级使农村屈服于城市的统治。它创立了

---

① 《马克思恩格斯文集》第1卷,人民出版社2009年版,第520页。
② 《马克思恩格斯文集》第1卷,人民出版社2009年版,第521页。
③ 《马克思恩格斯文集》第1卷,人民出版社2009年版,第557页。
④ 《马克思恩格斯文集》第1卷,人民出版社2009年版,第522页。
⑤ 《马克思恩格斯文集》第5卷,人民出版社2009年版,第408页。
⑥ 《马克思恩格斯文集》第1卷,人民出版社2009年版,第562页。
⑦ 《马克思恩格斯文集》第1卷,人民出版社2009年版,第566页。

巨大的城市,使城市人口比农村人口大大增加起来,因而使很大一部分居民脱离了农村生活的愚昧状态。"①

社会分工是城市空间发展的关键因素,促进了所有制形式的更替和社会制度的进步。因为"分工与私有制是同义语"②,在私有制下,掌握了生产资料的阶级会按照自己的意愿组织生产,形成独具当地特征和时代特征的城市生产空间、物理景观和不同阶级的空间分布。在欧洲,人类历史上第一批出现的城市是作为"非生产性的全职的专业人士(僧侣、官员、服务人员)的存在,足够规模和密度的人口;独特的艺术;使用文字和数字计算;科学工作、集中剩余产品的税收系统、国家机构、公共建筑;对外贸易、社会阶级的存在"。③ 封建时代的城市与工场手工业所有制相关,生产资料私有制和对劳动力创造价值的占有处于萌芽状态,围绕着物质资料生产形成了新的社会关系集合。其中既包括交换和分配关系,也包括能反映社会制度的文化、政治、宗教等上层建筑,"城市不再是生产活动所在地,而成为行政和统治的中心,与政治行政管理机器居于社会的首位"④。资本主义大工业城市则与资本主义生产关系的建立联系在一起,在这一阶段生产力得到前所未有的释放,对生产资料和劳动力价值的占有也达到巅峰,社会被分为资产阶级和无产阶级两大对立的社会阶层,通过资本在空间中飞速积累和扩张,城市空间得以最终形成和发展。可以说,城市发展的逻辑就是资本的逻辑。资本家要获得超额利润,关键便在于想方设法降低生产商品的个别必要劳动时间。一种方法是在空间上保持资本以货币资本、生产资本和商品资本三种形态并存,并能无缝衔接以降低生产时间和流通时间。城市的作用正在于此:城市将生产资料和劳动力在空间上集中起来从事生产和交换,既符合由生产规模扩大产生分工精细化的"斯密定理",又可以利用靠近原材料产地或者消费市场的便利,减少在劳动力和生产资料购买上的劳动消耗,迅速进行商品生产和销售,提高资本周转速度,实现资本的增殖。

根据马克思、恩格斯的主要城市思想,空间在资本主义生产中的作用贯穿于以时间为主的分析中。城市空间是以资本主义物质资料再生产和生产关系再生产的"器皿"和场所而出现,其主要目的是提高资本周转速度,节约

---

① 《马克思恩格斯文集》第2卷,人民出版社2009年版,第36页。
② 《马克思恩格斯全集》第3卷,人民出版社1956年版,第25页。
③ Manuel Castells. *The Urban Question: A Marxist Approach*, Translated by Alan Sheridan, Cambridge, Mass: MIT Press, 1977, p.12.
④ Manuel Castells. *The Urban Question: A Marxist Approach*, Translated by Alan Sheridan, Cambridge, Mass: MIT Press, 1977, p.12.

商品生产的个别必要劳动时间。也就是说,传统马克思主义理论对资本的生产过程、流通过程和资本主义生产总过程的分析都是以时间为基础,资本增殖的主要方式是以"时间消灭空间",空间的分析只是依附于时间,它在资本生产中的作用是次要的、隐性的(陈建华,2018)。

这是由当时的历史背景和社会生产力条件所决定。在马克思所处的时代,以机器大工业为主要生产方式的资本主义制度刚刚建立,社会分工还不够发达,城市的功能和作用仍处于发展之中,规模以上城市的外部空间扩张、城市内部更新所推动的空间再生产等都没有发育健全。所以当时对城市重要性的研究只能建立在空间对资本主义生产的单向作用中,并隐藏在以"时间消灭空间"的维度中。时代赋予马克思历史唯物主义的主要任务是通过对历史发展规律的总结,探求人类社会所处的阶段,剖析资本增殖动机下资本主义制度的长期历史命运,并指明社会制度的发展路径以实现人的全面自由发展。因此,传统马克思主义城市思想强调以时间因素为主线构建资本的逻辑,其研究的重点包括:第一,城市化进程与生产方式的变革。社会分工和产业革命带来的技术变革使劳动力和生产资料向城市流动,城市工厂和居民区的数量增加,城市外部规模和城市内部不断扩张,城市开始将所有主要的生产和交换活动纳入自身系统以实现资本增殖。而城乡问题只是资本主义生产方式在空间生产上的重塑和重组,是工业化进程和城市化进程的另一面。"大工业的首要前提,是把农村整个地纳入不是使用价值而是交换价值的生产"①。社会性分工"使城市最终战胜了乡村"②,"使农村屈服于城市的统治"③。但生产力的发展、社会强制性分工的消亡和人自由在工业和农业中转换的能力增强后,产业和人口在空间上的分布会更加趋于平均,城乡之间的对立也会逐渐消亡,城市最终也会消失。第二,城乡发展不平衡和劳动力在城乡间的流动。城市化进程是资本逻辑下分工和生产方式变革的产物,这个过程中农村劳动者和城市小生产者的生产资料被剥夺,转向在城市中集聚以成为资本主义生产的螺丝钉,城乡对立和城乡发展不平衡加剧。城市成为文明的中心,城市内部不同地区间的交往范围扩大,工人的社会属性得到了极大的丰富。而农村的生产方式和生活方式处于一种散裂、有限度联系的状态,劳动者的教育、营养、医疗和住房等社会基础服务也明显落后于城市,城乡间社会基础服务体系的发展极不平衡(林

---

① 《马克思恩格斯文集》第8卷,人民出版社2009年版,第165页。
② 《马克思恩格斯文集》第1卷,人民出版社2009年版,第566页。
③ 《马克思恩格斯文集》第2卷,人民出版社2009年版,第36页。

密,2020)。劳动者"用脚投票"向城市流动,形成城镇化进程,而农村逐渐被边缘化,农村人口成为产业发展的"后备军"和城市廉价劳动力供给的蓄水池。"城市已经表明了人口、生产工具、资本、享受和需求的集中这个事实;而在乡村则是完全相反的情况。"①第三,城市社会运动和阶级斗争。资本主导下的分工将劳动者分割成生产线上单一的碎片化个体,但细化的分工对工人的劳动素养、社会属性也提出要求,需要工人超越工作职责在不同部门之间进行合作交流。因此,城市空间逐渐孕育了工人的阶级意识和阶级力量的联合,为工人阶级抵抗资本主义生产方式的压迫创造了社会行动性和历史能动性(林密,2020)。

传统马克思主义城市思想的意义在于,马克思和恩格斯从资本不停增殖的逻辑出发,将城市的发展置于资本主义生产方式的框架中讨论,并以历史唯物主义关于社会结构和社会发展的理论将其构成一个完整的体系,形成马克思哲学思想不可或缺的部分(庄友刚,2019)。马克思主义城市思想是分析资本主义物质生产方式和社会关系的根本出发点:在物质资料的生产上,城市成为主要资本积累空间和生产场所,"城市已经表明了人口、生产工具、资本、享受和需求的集中这个事实"②;城市构成了新的人和人之间的社会关系和社会结构,因为城市"必然要有行政机关、警察、赋税等等,一句话,必然要有公共的政治机构,从而也就必然要有一般政治"③。

但是,在马克思和恩格斯的时代,资本主义作为一种新兴的生产方式,促进社会生产力巨大进步的同时也给社会带来一系列问题。马克思、恩格斯的主要任务是对资本主义生产方式、资本主义生产关系进行考察,以研究资本主义的兴起、发展及最终历史命运。城市本身并不是他们研究的主题,它只是马克思、恩格斯研究这些问题的外部环境。因此,限于历史的局限性,马克思、恩格斯的城市思想散见于《英国工人阶级状况》《反杜林论》《共产党宣言》等著作中,并没有形成以城市空间为主题的系统化、显性化的理论体系。对马克思的城市思想加以整理和挖掘,要等到20世纪70年代后。

二、都市马克思主义的兴起

资本扩大再生产到一定阶段,要求打破空间上限制其增殖的障碍。"资本按其本性来说,力求突破超越一切空间界限"④,"资本越发展,从而资本

---

① 《马克思恩格斯文集》第5卷,人民出版社2009年版,第566页。
② 《马克思恩格斯文集》第5卷,人民出版社2009年版,第566页。
③ 《马克思恩格斯文集》第5卷,人民出版社2009年版,第566页。
④ 《马克思恩格斯全集》第30卷,人民出版社1995年版,第521页。

借以流通的市场,构成资本流通空间道路的市场越扩大,资本同时也越是力求在空间上更加扩大市场。"①资本空间流动的目的是获取最大利润,这既是资本增殖的要求,又重塑了城市的规模和结构。一些城市被工业资本青睐所以规模不断扩大、功能不断齐全,另一些城市则由于资本流出而衰落。城市空间的生产还引发利益受损者和受益者的复杂化,使城市社会运动的性质、社会制度的特征发生变化(谢菲,2012)。因此,城市空间日益成为研究资本主义生产关系再生产和资本主义社会关系重要的切入点。另一方面,20世纪60年代后,围绕资本主义生产力发展的突飞猛进,人口在不同地区、城市、国家之间的迁移范围和速度进一步扩大,城市空间出现了一系列新的问题,如城市贫困、教育不公、空间非正义等。因此需要在传统马克思理论的基础上进行细化和深化,发展出一套新的理论予以解释和指导。在这样的背景下,以卡斯泰尔斯、列斐伏尔、哈维等人为代表的一些学者转向马克思主义的理论和方法,重新思考城市的本质和城市社会的发展变迁,带来了都市马克思主义学派的兴起。

都市马克思主义兴起的标志是1968年列斐伏尔《城市的权利》一书出版。列斐伏尔将资本主义发展的历史过程和城市空间的发展结合在一起讨论,揭示城市空间的规划、组织和重构如何受到资本主义生产方式的影响、如何服务于资本主义生产的目的,提出城市空间和城市的实现不能简单地被视为生产和消费的场所,还应是政治符号和生产方式的一部分。卡斯泰尔斯不再将城市局限于城乡在空间和文化方面的区分,而将城市视为空间和集体消费的关系,从劳动力的生产、公共品的供应、生产力再生产的角度研究了资本主义城市问题和制度危机。戴维·哈维是都市马克思主义学派的另一位理论集大成者,他从历史唯物主义视角研究资本主义生产方式的变迁,将空间生产、社会正义融入城市空间发展,并将空间现象融合到资本和阶级问题中。此时城市空间不仅是自身发展的逻辑,还体现了资本主义工业生产的目的,在城市空间对社会产品以及剩余价值的占有、分配都要体现资本主义生产的目的。下面将分为三个部分展开论述:

第一,都市马克思主义适应了社会生产系统和社会结构的新变化。都市马克思主义学派认为,空间是当代资本主义社会中资本的重要载体,也是资本逻辑的产物,空间已经超越时间成为资本增殖的主要方式。资本在增殖过程中,随着生产力的进步和市场竞争的加剧,资本家不断采用新设备、新技术降低个别产品的劳动时间,并将利润用于扩大再生产,导致生产相对

---

① 《马克思恩格斯文集》第8卷,人民出版社1980年版,第169页。

过剩。利用空间进行工业品的同质化生产和数量扩张,可以缓解需求相对不足带来的生产危机,也便于在空间上协调生产以节约时间。此时空间作为一种资本家投资的外生环境,是资本积累和循环的载体,这就是资本的空间化。资本空间化是资本主义缓解危机的重要方式,是资本循环的空间修复。"资本主义正进行着一次大规模的'空间修复'过程,表现为资本时空转移的趋势明显增强,跨国企业转移资本过度积累的方式,已经从简单地扩大生产规模,转向投资于跨国建成环境领域。"①当空间生产的对象涉及产品再生产的外部条件、城市环境、长期固定资本项目等未来消费品时,相当于对资本主义生产和消费重新进行调整以节约个别劳动时间,这在空间的基础上带来了时间性。地理扩张离不开长期物质性和社会性基础设施的投资,形成的资本循环体系能将许多不发达国家和地区也纳入其中,将其变成资本主义过剩产品的倾销地(张凤超,2010)。这些长期物质性和社会性基础设施、生产条件或者被称为长期固定资本项目,包括城市的空间环境,如道路交通、娱乐设施、高楼大厦等。相对于其他产品,空间环境有更高和更持久的利润率。在资本逻辑的作用下,大量资本涌入空间环境的投资中,对城市空间进行占有和重构。换句话说,此时的城市空间不再是资本积累和扩张的外生环境,它内生于资本增殖的目的和过程中,是资本作用的结果。在生产发展的过程中,对生产的分析已经由空间中心事物的生产转向空间本身的生产。当代资本主义就是不停地将更多空间进行细分并将其纳入资本主义生产系统、使其资本化的过程,这便是空间资本化。陈建华(2018)认为,资本增殖的压力迫使资本分别采取了经济资本化、资本空间化和空间资本化的生产方式,其中空间资本化是都市马克思主义的主要研究内容,是现代经济发展的产物。

空间资本化下,资本主义的生产系统和社会结构的关系也发生了变化。20世纪70年代以前,对城市社会的分析是将其作为一个客观存在的独立单位,进而分析城市的变迁如何适应人口、社会组织、环境及技术之间的均衡发展。70年代后,经济学界逐渐认识到,城市空间不是客观存在的,它也是资本控制和作用的结果。城市空间的一系列物质景观,如商场、办公楼、公共交通设施、污水处理系统、公园等,无不是资本发展以适应其增殖目的而体现出来的人文景观,是人类作用于自然界以丰富物质和精神的结果(Pickvance,1997)。城市不仅仅是资本生产过程得以完成的空间和场所,

---

① 〔法〕亨利·列斐伏尔:《空间:社会产物与使用价值》,载包亚明主编《现代性与空间的生产》,上海教育出版社2003年版,第47页。

也是资本生产的产物,体现了资本主义生产和资本主义体系的有机衔接,能够反映资本主义的基本矛盾。城市空间组织和资本主义体系密不可分,当资本主义被再生产时,城市空间就会被生产;当资本主义经济结构调整时,城市空间结构就会调整,并制约资本主义经济结构的调整。当代资本主义越来越依靠城市空间布局,城市空间结构界定了资本主义的组成成分,使得社会结构中剥削与被剥削关系、中心与外围关系辩证统一于资本主义生产关系,城市空间和资本主义体系相互影响、相互塑造(Zukin,1980)。资本主义在适合的城市空间中便能兴盛发展,如果城市空间调整滞后、不能适应生产力的高速发展,资本主义便消亡。当代资本主义正是利用了城市空间以缓解资本有机构成不断提高和利润率下降的危机,从而使资本主义制度并没有如传统马克思主义者预言的那样很快出现危机和制度崩溃,反而出现方兴未艾的势头。

第二,都市马克思主义对城市意义的重新挖掘。首先,城市在劳动力再生产中的作用日渐凸显。城市虽然不作为一种生产要素直接应用于生产过程,却是劳动力再生产的场所和条件,是生产过程的再生产(Gottdiener,1990)。资本主义危机的一个根源是生产的无限扩大和消费的有限性之间的矛盾,前者构成了劳动力再生产所需要的物质、文化等生活资料。工人对生活资料的消费构成了劳动力的再生产,包括劳动力水平的提升、维系劳动力本身及其后代的再创造。在当代资本主义社会,这些生活资料越来越体现在城市中工人的居住环境、较好质量的学校和培训机构、充分的医疗卫生设施、多样的娱乐设施等空间环境。空间环境根据利润最大化的原则提供,是资本增殖的产物,与居民的实际需要会产生一定的矛盾。以法国住房的供给为例,工业资本需要廉价的劳动力,希望城市能够提供低价住房以降低劳动力再生产的成本,工人也有价格低廉住房的需要。但房地产资本却因为低价商品房无利可图而不愿意投资,造成劳动力再生产无法实现,并形成巨大的消费空白(Pickvance,1997)。一些空间环境还可能由于投资周期长、利润实现缓慢,且具有集体消费的特点和较强的正向外溢性,单个资本不愿意提供或不能充分供给。为了弥补供给缺口、维护资本主义体系的稳定,需要政府逐渐取代单个资本,成为城市中社会必要消费品的主要供给负责人。政府对集体消费品的提供会导致财政危机和通货膨胀,而通过征税进行融资的方式会加速资本逃离城市,造成城市衰落、居民收入下降,产生工人对政府、资本的博弈和反抗,使城市生活泛政治化(蔡禾和何艳玲,2004)。尤其是,资本倾向于投资利润率较高的城市空间而不是工业产品部门,会通过对劳动力再生产的作用巩固发达资本主义国家中金融和房地产业在国民经济中的支柱地位,加剧产业进一步空心化。外资也容易青睐发展中国家的城市建设而不是工业生产部门,使得与发展中国家的城市化进程相比,其工业化进程相对滞后①。

第三,资本主义矛盾和阶级斗争的形式发生了变化。在马克思所处的时代,资本主义生产的矛盾主要集中在工业资本生产中的资本过度积累和消费不足。阶级斗争主要发生在工厂车间,生产过程中资本对劳动的支配、生产后资本家对劳动成果的占有都激起了工人的反抗。但是,当资本投资于城市空间以避免有效需求不足,通过创建学校、道路、娱乐中心等使资本运转更加有效,阶级斗争也超越工作场所而涉及城市空间的使用。城市空间成为资本主义生产关系生产和再生产的场所,资本通过城市空间对工人劳动进行占有,阶级斗争的重心转向对城市空间的反抗、解放和重构。首先,从工人与资本家的冲突来说,城市空间本身就是资本按照一定逻辑建设出来的,资本家关注城市空间的超额利润,工人则将城市空间视为劳动力再生产的条件,工人向城市索取居住权、教育权、娱乐权,势必会参与到城市空间的建设中,确定空间利益的合理分配准则,构建城市环境的质量标准,使劳动者对城市空间使用价值的关注和资本家对利润的索取之间的矛盾不停扩张;其次,从居民与政府的关系看,资本对城市空间中的集体消费品供给不足,迫使政府对其供给承担无限责任,所带来的城市生活泛政治化加剧了居民与政府的矛盾;再次,工人和工人之间也会存在冲突和斗争,因为城市空间在重新建构时会使一部分工人受益,一部分工人被边缘化,任何在城市空间化过程中利益受损的、被边缘化的居民都会斗争(曹海军和孙允铖,2014)。而且为了分割劳动者之间的联盟,资本家还会有意在城市空间上实施公共福利的不公平分配,通过鼓励房产私有等措施分化有房工人和无房工人②。戈特迪纳(Gottdiener,1987)将城市的阶级斗争分解为:租房者与承租者关于租金的冲突,有重大污染等公共设施的选址与当地社区之间的斗争,建筑成本和房价过高带来的矛盾,年久失修的公共交通等基础设施带来的矛盾,社区缺少就业机会带来的矛盾,以及社区更新时带来的有关生活质量和审美之间的矛盾。因此,城市多元群体在空间资本化中受到价值剥削,迫使他们积极投入到城市运动和阶级斗争中,这也为资本主义制度终将被抛弃的命运提供了科学依据。

第四,对都市马克思主义城市思想的价值定位。与马克思主义城市理

---

① 陆晓文、郁鸿胜:《城市发展的理念——和谐与可持续》,上海三联书店2008年版,第10—11页。

② D. Harvey, *Consciousness and the Urban Experience*, Oxford: Basil Blackwell, 1985, pp.42 - 43.

论一致,都市马克思主义城市理论也从物质资料的生产方式和社会结构的剖析出发,在生产力的变迁和发展过程中讨论城市空间的重新构建以及在城市环境中的资本主义生产方式、社会冲突、城市危机和资本主义危机。都市马克思主义城市理论虽然有对传统马克思城市思想的偏离,但在分析方法和思想方面是对马克思主义思想的继承和发展,在城市这个空间中考察资本主义社会的矛盾①。因此,都市马克思主义以资本主义为对象展开对资本主义社会制度的批判,对传统马克思主义城市思想的理论缺陷进行修补,对理论边界和应用范围进行了拓展,更深入地研究了城市问题。

都市马克思主义城市理论中的居住隔离、城市不同阶层斗争方式等思想也为中国学者接受,并逐渐用于对中国城市空间发展新变化的分析中。刘莉(2019)认为,都市马克思主义理论在中国的研究路向有四个方面:第一是对都市马克思主义理论的内容和理论特点进行介绍、解读;第二是对都市马克思主义城市思想和传统马克思主义城市思想之间的关系进行分析,考察前者对后者的继承、修正和发展;第三是利用都市马克思主义城市思想研究资本主义世界的城市发展、资本主义生产关系;第四则是将都市马克思主义城市思想应用于中国城市发展中出现的现实问题。本研究认为,中国的城市化和城市化进程同样受到资本逻辑的作用。中国城市发展中的公共服务歧视性分配、住房供给不足、城市本土文化的消融或发展、城市社会关系形态变迁以及农民进城等问题,都可以用都市马克思主义城市思想作为指导。

第二节 空间正义是都市马克思主义的政治起点

空间正义是都市马克思主义最具批判性的武器。城市空间作为当代资本主义政治经济学分析的起点,权利和正义在城市空间上的分配决定了资本主义矛盾产生的根源、阶级斗争的形式以及资本主义制度的历史命运。资本出于增殖的目的,对不同空间加以重塑、建构和改造,改变了不同利益群体在空间上的城市权利的可获得性,空间成为政治权力和社会运动的场所。社会各阶级的权力通过空间来实现,权力上的不平等表现为空间上的不平等,因此权力在城市空间中的来源、运作机制和结果成为马克思主义城市经济学研究的焦点(曹海军和孙允铖,2014)。温权(2020)结合当代资本主义的政治经济形态和人文地理布局,指明空间资本化如何通过资本主义

---

① 刘莉:《马克思主义城市空间发展论》,人民出版社2019年版,第13页。

关系的生产和再生产缓解资本主义的危机,并从空间正义的视角指出都市马克思主义的其他两个研究领域:第一,通过刻画资本地理上的集中、生产地理上的分工研究经济的不平衡发展,探讨空间正义对资本主义生产和社会制度危机的作用;第二,研究空间非正义带来的价值剥削机制和政治秩序,探讨社会多元群体的城市斗争运动和阶级斗争,从而为资本主义制度最终被抛弃的命运提供科学依据。

一、空间正义的内涵

正义是人类社会基于美好生活向往的一种公平、公正的价值判断,而空间正义就是社会正义在城市空间的反映。马克思不提倡探讨虚无缥缈的价值观,他秉持着生产正义的观念,认为"只要与生产方式相适应、相一致,就是正义的;只要与生产方式相矛盾,就是非正义的"[1]。因此,传统马克思主义城市理论主要将空间非正义集中在生产力和生产方式的城乡二元对立上,即城乡不平衡发展的生成机制、历史必然性、城乡超越的主客观条件(林密,2020)。这与都市马克思主义城市思想不同。都市马克思主义更强调城市空间的剥夺与隔离、城市空间的物化和空间消费的异化等(张翠,2018)。列斐伏尔则将城市权利、城市革命、空间与政治等问题联系在一起讨论,认为城市权利的着眼点应基于城市居民在生产和生活中遇到的一系列损害自身权利的行为,各方主体参与建设的正义、民主和平等的城市结构和空间关系可以消除这种危害[2]。人们对权利的维护是一个"哭诉和需求"的过程。权利被损害会哭诉,进而产生对空间正义的需求,引发包括对城市空间建设、政策制定以及资源分配的知情权、享用权和参与权在内的城市权利抗争和城市革命(Wagner,2011;Marcuse,2009)。空间正义的实质内容是城市权利。城市由人组成,应维护人的权利,任何人的权利和义务都平等,不能为了大多数人的利益而剥夺少部分人的权利(魏强和庄友刚,2019)。扬(Young,2011)将空间正义聚焦于城市中不同社会主体、不同社会关系的和谐性,即异质性收入、种族、地位的居民自由聚集在同一地区生活,相互联系、互相作用,不会因为某一群体权力较为强大而剥夺其他群体的话语权,迫使弱势群体奋起抗争[3]。这实际上要求对城市资源在空间上公平、合理地分配,因为对空间的占有、利用和争夺,也是获取利益和引发阶层冲突的

---

[1] 《马克思恩格斯文集》第7卷,人民出版社2009年版,第379页。
[2] 〔法〕亨利·列斐伏尔:《空间的生产》,刘怀玉等译,商务印书馆2021年版,第46页。
[3] Young I. M. *Justice and the Politics of Difference*, Princeton: Princeton University Press, 2011, p.227.

原因(邓智团,2015)。

哈维将社会正义和城市发展结合在一起,提出"领域正义"的概念。哈维的正义观不仅注重分配结果,还注重分配程序的公平合理。"社会资本以正义的方式实现公正的地理分配,不仅关注分配的结果,而且强调公正的地理分配的过程。"[1]哈维关注与城市生活相关的各种公共政策的规划和制定,强调在城市空间环境的规划、公共政策的制定、重大民生工程的建设中需要各种各样的利益相关者平等参与。比如,在城市制定政策方面,政府掌握了政策制定权、新闻媒体等部门,如果在进行旧城改造、历史文化保护时屈服于经济利益,政府会很容易推行其目标,而大众居民的需求无从表达(邓智团,2015)。经济情况较好的成员话语权更强、有更多的途径表达意愿、更多的知识结构,而弱势群体的作用微乎其微(李建华和袁超,2014)。此时,需要强调那些被剥夺话语权的社会主体在城市空间建设中享有一定的参与权。

哈维奠立了空间正义的理论基础,后续的经济学家在哈维的基础上加以总结、归纳和延伸,得出了关于空间正义的各种表述。索亚(Soja)将空间正义所涉及的对象拓展到各种类型的人群,如性别、阶级、种族等,提出空间正义是"正被日渐空间化了的一些概念,这些概念包括社会正义、参与式民主以及市民权利和责任"[2]。冯鹏志(2004)则将空间正义推广到包括全球生态平衡和资源持续利用问题在内的不同社会、不同国家之间的协调发展上。陈忠(2010)强调,空间正义要有一定的伦理精神,不同社会主体能够平等地获取、消费各种公共服务,空间上的生产也要公平、平等。李建华和袁超(2014)从城市空间的属人性、平等性和多样性三个方面解释了空间正义的诉求:城市空间不仅仅是盛放物质内容的地理概念,也是体现人的生活方式、思想理念的社会关系的集合,正义的空间要有"以人为本"的人文关怀价值,为人的全面自由发展服务;居民平等地享有空间产品的消费和生产,任何居民都不会因自己的经济地位、文化背景、肤色等差异而受到不公正的待遇;城市空间的多样性是由需求的多样性和异质性决定,如果丧失多样性,城市空间便丧失了活力。高春花和孙希磊(2011)则将城市居民的基本权利分解成空间权利的平等、空间机会的平等以及空间结果的平等。

---

[1] 〔英〕大卫·哈维:《正义、自然和差异地理学》,胡大平译,上海人民出版社2010年版,第13页。

[2] Soja, E. W. *Seeking Spatial Justice*. Minnesota: The University of Minnesota Press, 2010, pp.491-492.

二、空间分层对空间非正义的意义

空间非正义的一个表现是不同社会阶层居住的城市空间的隔离以及由此造成的社会福利的巨大差异。在马克思、恩格斯的思想中，已经出现了人口居住分层的情形：以农村隶属城市为特征，城市居民和农村居民在居住空间上出现了隔离。马克思在利用城市的发展对资本主义进行批判时，注意到资产阶级迫使农村屈服于城市，城市成为文明和繁荣的符号，农村则代表着落后与愚昧，势必造成城乡对立。"城乡之间的对立是随着野蛮向文明的过渡、部落制度向国家的过渡、地方局限性向民族的过渡而开始的"[1]。优质的公共服务资源、较高的收入集中在城市，农村的生产方式、生活方式依附于城市，反过来又加深了农村对城市的敌意[2]。城乡对立和人口在城乡之间的居住分层是生产力发展和社会分工的结果，"大工业在农业领域内所起的最革命的作用，是消灭旧社会的堡垒'农民'，并代之以雇佣工人"[3]。在资本主义生产方式下，形成了以城市为中心、以农村为外围的两个截然不同的生产和生活领域。"最陈旧和最不合理的经营，被科学在工业上的自觉应用代替了。农业和工场手工业的原始家庭纽带，也就是把二者早期未发展形式联结在一起的那种纽带，都被资本主义生产方式撕断了"[4]。

马克思、恩格斯同时注意到了城市内部、不同生活空间上居民居住分层的现象。"纯粹的工人区，像一条平均一英里半宽的带子把商业区围绕起来。在这个带形地区外面，住着高等的和中等的资产阶级。中等的资产阶级住在离工人区不远的整齐的街道上……高等的资产阶级住在郊外房屋或别墅里，或者住在空气流通的高地上，在新鲜的对健康有益的乡村空气里，在华丽舒适的住宅里。"[5]由此产生了社会的居住隔离，"由于无意识的默契，也由于完全明确的有意识的打算，工人区和资产阶级所占的区域是极严格地分开的。"[6]在对英国工人阶级的状况进行考察时，恩格斯以曼彻斯特为例，发现城市空间分成富裕地区和贫穷地区，居民根据社会地位和拥有财富的不同分为工人阶级、中产阶级、上层阶级、金钱贵族阶级，他们居住的区域相互隔离且有严格的界限。这种城市空间和居住分层受到资产阶级力量

---

[1] 《马克思恩格斯全集》第3卷，人民出版社1958年版，第68页。
[2] 〔美〕塞缪尔·亨廷顿：《变革社会中的政治秩序》，李盛平等译，华夏出版社1988年版，第71—72页。
[3] 《马克思恩格斯全集》第23卷，人民出版社1972年版，第551页。
[4] 《马克思恩格斯全集》第23卷，人民出版社1972年版，第551页。
[5] 《马克思恩格斯全集》第3卷，人民出版社1995年版，第197页。
[6] 《马克思恩格斯全集》第3卷，人民出版社1995年版，第197页。

和政府规划的影响,造成弱势群体的福利受损,引发社会阶级对抗和城市发展危机。

随着生产力的突飞猛进,马克思、恩格斯揭示的居住分层和居住隔离问题不仅没有得到解决,反而呈现复杂化、隐蔽化的趋势。首先,农村生产日益被纳入现代城市的生产体系中,农民生活受到城市生活方式的影响。交通和通信工具的发展降低了城乡之间的隔离,而城市土地价格的过快上涨又加深了农民迁往城市成为当地市民的难度。然而,对于不同技能、不同性别、不同地区的农民来讲,他们迁往城市的能力或意愿并不相同。其次,城市中的贫民窟与富人区隔离、少数民族聚集区与种族隔离的现象加剧。无论是经济条件较好的中产阶级迁往郊区还是21世纪后美国中产阶级开始迁往城区,他们的居住区域都和低收入阶级的居住区域隔离。贫民窟和少数民族聚集区一般住房供给不足、社会功能短缺、医疗资源和教育资源贫瘠,居民受到其他人的歧视。这种隔离使不同种族、收入的居民聚集在一起形成新的社会阶层、有新的权利诉求,他们可能不是劳动剥削和工人阶级政治组织的产物,却有着共同被剥削的阶级特征。为了争取被剥夺的权利、文化、风俗习惯等,他们采取各种各样的斗争,导致城市阶级斗争分析的复杂化。再次,不同特征的居民呈现出不同的居住特征。老年人愿意去空气较好的郊区,年轻人倾向于居住在公共交通发达的城区;进入城市的时间先后使外地居民围绕着公共服务良好的行政中心呈圈式居住模式;女性比男性更能够在生产力较发达、公共服务较好的大城市居住。这些都表明了不同居民在空间权利分配上的不均等,他们聚集在一起形成不同的利益共同体,有共同的利益诉求,他们在城市建构中的行为动机也将一致。

居住分层可以源于经济发展在地理空间上的不平衡,但空间非正义同样可以导致居住分层。源于空间非正义的居住分层本质上是城市权利被剥夺,受到经济力量和政治力量的共同作用。广义的城市权利囊括社会主体的各种权利,包括居住权、发展权,以及获得这些权利的主体资格等。狭义的城市权利特指与城市发展相关的权利,如城市管理与城市生活权等。城市权利被剥夺,人就不能在建设城市的过程中获得现实收益、得到未来全面自由的发展。居住隔离是一种阶级现象,是阶级力量的结果。资本在增殖过程中需要对空间进行重塑。为了给资本积累的空间让路,需要按照资本的逻辑,围绕着工人阶级的生活和权利构成,将工人与资本家之间以及不同特征工人之间的居住隔离开来:资本主义需要城市空间缓解无限扩大的生产能力与人民有效需求相对不足之间的矛盾,城市的发展就应该与资本主义发展内在联系起来。为了剩余产品更好地在地理空间上的生产、聚集和分配,资本家有意将城市权利在不同空间、不同人群中不平等地分配,创造出适应需要的、相同特征工人聚集性居住的模式。换言之,城市的规划体现了资产阶级的意志,广大的无产阶级在空间上被隔离。

哈维指出城市权利不平等有几种来源:(1)可到达和接近性:城市空间影响家庭获取城市权利的代价,改变了收入在不同城市家庭间的分布以及城市权利到达家庭的可能性;(2)客观性:城市体系中的元素被创造出来后,会通过外部性影响家庭的收入或其他福利;(3)工作和住房地域的改变:城市中的居住环境、就业机会、生活福利、收入状况都与工作地点和居住地点紧密联系,无产阶级往往居住在公共福利较差和工作机会较少的区域,富人则通过居住区域的选择获取更大利益;(4)土地财产权和土地价值的改变。城市空间上的资本主义经济活动带来不同空间上地租和土地价值的差异化,通过房地产市场实现不同收入阶层、不同特征工人的居住分层和居住隔离。

因此,空间正义是都市经济学分析经济发展和社会结构的一把钥匙,贯穿于城市外部规模的扩张、城市内部空间的更新改造和城市更新所推动的城市空间再生产的始终。它不仅体现了空间上权利的分布和劳动者的生存境况,也体现了各阶级和各阶层权力的来源、社会制度的运作机制及结果。空间正义的批判视角具有普适性,不仅适用于当代西方资本主义国家,对其他国家、社会、城市也有指导意义。中国的城市同样受到资本逻辑的影响,城市发展过程中出现的问题也需要马克思主义城市思想空间正义的指导。

三、空间分层对社会关系再生产的作用

城市权利空间不正义导致的居住分层是当代城市发展中出现的重要问题,会影响社会关系的再生产。相同的社会群体有相似的收入和消费习惯,居住分层意味着消费群体在空间上的差异和分布,形成当地独具特色的消费市场、劳动力市场、房地产市场等。资本增殖的逻辑使资本主义生产中心、娱乐中心、消费中心在空间上的分布也要符合居民空间居住的特征。这需要资本一方面将城市空间当成产品生产出来以服从剩余价值最大化的目的;另一方面将资本在空间上进行优化配置,利用空间协同生产、节约产品的个别劳动时间、进行过剩产品的空间转移,缓和资本主义的危机。因此,空间分层是工业资本家、房地产开发商、商业资本家、银行资本家的重要参考。以美国为例,在富裕阶层倾向于居住在郊区、穷人住在城区的空间分层模式中,消费中心、娱乐中心也逐渐在郊区建立起来,表明了居住分层与资本空间化、空间资本化之间相互影响的关系。

空间分层影响资本对劳动力的控制。劳动力再生产需要工资能够维持劳动者自身生存的需要、人力资本的投资以及后代的抚养，因此，劳动力的再生产需要当地的公共服务、娱乐设施、公园等城市环境。这些设施消费时具有较强的非排他性，且成本较大，单个资本家提供的愿望受到抑制。"为了维持劳动力再生产成本最小化，作为一个整体的资产阶级可能会寻求集体的手段，在投资和分配的过程中，在建成环境中对劳动力进行干预。"[1]资产阶级政府利用针对工人城市空间上的空间分层差异化提供这些城市景观和公共服务，降低工人的集体消费，减少了劳动力再生产的成本。另一方面，居住分层带来资本家地租对工人工资的侵蚀，地租和工资之间的关系很容易引发资本和劳动之间的斗争。居民在不同地区聚集，产生对住房的需求，影响地租和房子的价值。而工人对私有房产的拥有不仅受到房子价值的影响，还在购房中通过抵押融资产生债务链条。为了维护房子的价值，金融资本与房地产资本结合在一起，将工人阶级变成家庭业主或租户。富裕阶层的居民利用居住隔离提高自身资产的价值、增加消费，无产阶级只能维持基本的生存，并希望通过增加劳动时间、提高劳动强度维持对房子的购买和正常的家庭开支。资产阶级也会对地租进行干预，使工资率的上升与商品生产联系起来，保证工人工资能够一定程度上消费过剩的商品；工人阶级参与城市环境的生产、治理与管理，通过各种渠道对社会服务和福利提出要求。

空间分层影响阶级斗争和城市危机的形式。空间分层提供了社会交互的环境，形成了不同地区独特的意识形态和多样性文化。在阶层之间的流动和交流日益受到限制时，使不同地区居民的分化程度加深，各种不同利益群体之间的关系日益复杂，社会矛盾不断加深。虽然资产阶级不断创造城市空间以维持资本主义的稳定，但这个创造过程和维持过程本身越来越不稳定，造成城市生产危机和社会危机。阶级剥削不再局限于工厂里，房地产资本、金融资本、产业资本、商业资本等根据工人阶级的空间分层隐蔽地获取工人的剩余价值和最大化资本积累；阶级斗争也不再局限于工厂里，城市权利受损的个体可以在不同空间组织起来，对资本主义生产体系的建构、发展发挥各自的作用。因此，阶级斗争和城市社会运动也具有典型的地理特征，取决于工人生活的空间分层、生产和商品流通中心的变更。19 世纪的巴黎公社运动、20 世纪 60 年代的美国城市暴动、布拉格之春、马德里街区协

---

[1] David Harvey, *Consciousness and the Urban Experience — Studies in the History and Theory of Capitalist Urbanization*, Maryland: The John Hopkins University Press, 1985, p.44.

会都是从城市中心产生,而到了21世纪,西雅图、华尔街的城市示威活动则以网络蔓延的方式表现出来。

第三节 中国城市空间正义的缺失:租售不同权

虽然空间正义的概念产生于资本主义的语境,而中国实行的是社会主义制度,但马克思主义城市思想、空间正义观同样适用于中国城市发展的指导。首先,中国城市空间的形成也需要投入大量的资本。私有资本和国外资本在追逐利润的过程中将城市进行切割和塑造,实现不同城市、不同区域人口集中和资本集中的双重中心化,资本逻辑也深刻影响了中国城市空间的发展;在经济因素和社会、历史因素的共同作用下,中国城市空间的不平衡发展使社会分裂成不同的局部空间和不同的群体。为了获得空间重构的主导权,资本会对不同地区和人群实施差异化的城市权利分配,而不同的人空间上的居住分层又带来他们福利上的差异,促使他们投入空间重构主导权的争夺中,产生一系列的社会问题。其次,公共服务"租售不同权"及居民居住空间选择实际上是中国生产力和生产关系矛盾的产物:在新中国成立初期的很长一段时间内,国内的主要矛盾是人民群众日益增长的物质文化需求同落后的社会生产力之间的矛盾,正义与否的判断标准应该是政策的施行是否提高了中国的生产力发展水平和居民生活水平。再次,进入中国特色社会主义新时代后,中国社会主要矛盾已经转化为人民日益增长的美好生活需要和不平衡不充分的发展之间的矛盾,这就需要重视不同地区、不同类别的群众,关注他们不同的利益诉求。因此,中国城市空间的建构、产生的问题以及对居住分层和社会生产力的影响,同样可以用马克思主义城市思想和空间正义观予以指导。

改革开放后,中国城镇化进程和产业升级都较为迅速。城镇化率从1978年的17.92%上升到2023年的66.16%,农业占国内生产总值的比重也由17.69%降为7.1%。中国千万级人口规模的城市不断涌现,中小城市蓬勃发展,并且城市内部的功能日益齐全,各种人造环境、市政建设繁多,城市空间在物质生产的资料和生产关系的建构中占据着越来越重要的地位。但是,中国城市发展过程中,空间正义存在严重的缺失。主要体现在公共空间的过度资本化,弱势群体无法享受到公平的教育、医疗等基本公共服务,不同社会阶层间居住隔离、城市空间剥夺严重。闫帅(2017)从城市化、邻避冲突、城市治理和城市功能区四个角度阐述了中国城市空间正义的缺乏,认为其中一个重要的成因是基本公共服务没有按照正义的原则公平分配,居民平等享有的权利没有得到保障。因此,考察目前中国城市空间的一个基本事实——基本公共服务根据居民有无住房实施歧视性分配(即"租售不同权")——便具有重要的现实意义和理论意义。

一、提升城市空间正义是中国城市空间发展的方向

"我国城市化道路怎么走?关键是要把人民生命安全和身体健康作为城市发展的基础目标"[1]。作为生产力发展和社会分工的结果,城市空间应服务于人类全面自由的发展,实现社会关系的正义,而不是成为资本剥削劳动的工具。中国作为社会主义国家,经济发展的成果归全体劳动者公平享有,经济发展过程中也能利用各方面的协力解决资本主义制度不能解决的问题,从而利用制度优势实施城市的公平正义发展,完善以人为核心的城镇化。

公平正义是马克思主义者关注的目标,也是中国城市发展和经济工作的主要方向。无论1956年党的八大,还是1981年党的十一届六中全会,都明确提出,当时中国的主要任务是大力发展社会生产力,增加物质文化的供给以满足人民的需要。这对应了中国社会生产力处于不发达阶段、物质资料贫乏的时代,正义与否的重要衡量标准是是否适合生产力的发展,这也是马克思生产正义所提出的。伴随着改革开放后40年的高速发展,中国经济发展水平得到了极大的提高,物质文化资料丰富,满足了居民的基本需求。此时社会的主要矛盾也发生了改变,地区、不同人群、当代与未来、经济与环境等方面的矛盾逐渐凸显。在对现实进行正确把脉的情况下,党和政府适时调整了战略,提出要"在发展中补齐民生短板、促进社会公平正义,在幼有所育、学有所教、劳有所得、病有所医、老有所养、住有所居、弱有所扶上不断取得新进展"[2]。这实际上体现了发展理念向空间正义理念的转变。

提升城市空间正义成为中国城市空间发展的方向。城市是人民的城市,城市建设的目标应以人民的利益为导向。"无论是城市规划还是城市建设,无论是新城区建设还是老城区改造,都要坚持以人民为中心,聚焦人民群众的需求,合理安排生产、生活、生态空间,走内涵式、集约型、绿色化的高质量发展路子,努力创造宜业、宜居、宜乐、宜游的良好环境,让人民有更多

---

[1] 习近平总书记在2015年12月20日中央城市工作会议上的讲话。
[2] 习近平:《决胜全面建成小康社会 夺取新时代中国特色社会主义伟大胜利》,人民出版社2017年版,第23页。

获得感,为人民创造更加幸福的美好生活"①。因此,城市发展的目标应该是:第一,人的全面发展中空间关系的和谐。以人为本的城市发展思想体现了人在城市空间全面和自由的发展,这需要各种相关主体平等地介入城市空间的建构、城市政治权力的划分、城市景观的设计和城市生活治理中。城市空间的权力为大众所拥有,弱势群体的话语权和利益不会被强势群体剥夺,人们民主协商有关事宜。第二,城市权利空间上的和谐。资本主义城市的一个重要特征是根据资本逻辑对城市空间进行重构,城市权利空间上的歧视性分配是资本逻辑的结果。中国在城市建设过程中意识到城市权利也是人民美好生活需要的一部分,应避免城市权利在空间上发展不平衡不充分,避免城市权利根据人民的收入、房产、肤色、性别、工作岗位等实施不平等分配。因此,政府需出台政策保障教育、养老、医院、住房、绿地、公园等公共产品在空间上的公平分配。第三,人和自然空间上的和谐。城市人文景观和自然景观的合理平衡能够使居民感到和谐和安全,为了经济利益而导致环境污染、生态系统退化,必将导致居民难以获得干净的水源和空气,造成食品安全得不到保障、疾病高发等问题。因此,必须把保护城市生态环境摆在更加突出的位置,科学规划城市生态环境和居民生活环境,不能为了资本的生产危害人民的根本利益。习近平在2020年的中央财经委员会第七次会议上指出:"城市发展不能只考虑规模经济效益,必须把生态和安全放在更加突出的位置,统筹城市布局的经济需要、生活需要、生态需要、安全需要。"第四,城市现代化与历史文化遗存空间上的和谐。利用现代科技打造时代感十足的城市景观和治理智能化的城市生态系统,与保护历史文化遗存并不矛盾。一方面,历史文化遗存是一个城市发展历史上人类生产和生活的痕迹,体现了城市在满足人的精神、彰显城市内涵方面的独特作用。"注重延续城市历史文脉,像对待'老人'一样尊重和善待城市中的老建筑,保留城市历史文化记忆,让人们记得住历史、记得住乡愁,坚定文化自信,增强家国情怀。"②另一方面,历史上的文化古迹也会影响当今居民的空间分层。在欧洲和东亚的城市,富人倾向于住在城区、穷人住在郊区,主要是因为它们在历史上较早地形成集权制中央政府,纪念碑、图书馆、文化建筑等较好的公共服务设施围绕权力中心而建,吸引了富人,并导致当地地租和房价的上涨。而美国作为一个大一统的国家成立较晚,也缺少强有力的中央政府,城市的居住模式则相反(Brueckner et al.,1999)。第五,主流文化与其

---

① 2019年11月2日习近平总书记在上海考察时的讲话。
② 2019年11月2日习近平总书记在上海考察时的讲话。

他文化空间上的和谐。正义的城市应允许各种文化、习俗、理念、方言、生活方式等共同存在和发展,居民在多元化文化中感受到包容和和谐;不同文化和理念共存于同一个空间,不会影响他们的城市权利、工作机会、收入和社会福利。如果非主流文化的居民受到话语权较强的优势群体的打压和歧视,他们只能生活在城市的边缘,不仅不能与其他居民进行文化、科技和政治上的交流,还会造成族群的割裂和仇视。因此,政府应通过建立文化博物馆和非物质文化遗产中心对濒临灭绝的非主流文化进行记录和保护。从这方面来说,历史文化遗存的存在能增加城市文化的多元性,给城市空间的设计、城市可意象性的文化内涵带来不一样的特色,加深城市的可辨识度,达到各种文化和谐共存于同一个空间中的空间正义要求。

为了提高中国城市发展中的空间正义,需建立"共治共建共享"的城市建设机制,把城市资源、管理的权力下放到基层,利用党委、政府、社区的力量,在法律的指导下将普通民众、外来人口融入城市的空间建设和空间治理中,形成城市空间建设的动员力、组织力和凝聚力。"共治",是将多元化主体纳入城市的治理,使他们认识到城市建设与自身切身利益相关,提高其主人翁精神和参与到城市空间建设、空间治理中的积极性,体现了中国城市发展以人为本的导向;"共建",是拓宽城市建设中的主体,所有利益相关者群策群力,建设更健康、更安全、更宜居的城市;"共享",表明了城市建设的目的是人全面自由的发展,城市权利应该公平合理地分配给不同空间、不同类型的居民,实现公平正义的社会主义价值观。

二、公共服务"租售不同权"是中国城市空间非正义的主要表现

公共服务"租售不同权"的一个直接影响是居民买房需求的增加和租房需求的下降。买房不仅能得到房子的居住权,还能得到公共服务的获取权,而租房只具有居住的功效。这增加了拥有住房的居民的福利,吸引居民涌入买房市场,而那些原先租房的居民福利下降,其中收入相对较高的一部分人不再租房,而是节制其他方面的消费,买房以增加福利。一方面,这导致2015年中国城镇居民住房自有率高达78.99%,而通过住房租赁市场获得住房的只有20.41%,远远低于发达国家30%—70%的租房率;另一方面,加剧了买房价格的上涨和租房价格的下跌,导致房子租售比失衡。如2009年北京、上海等一线大城市的出售价格与月租金的比达到500以上,考虑到中国住房平均寿命只有30—40年,这个租售比是相当高的(吕江林,2010)。

租售比过高导致房子作为一项金融资产的保险功能进一步丧失。一般情形下,居民将一部分收入用于买房,出租以获取稳定的现金流,这降低了

收入的波动,有利于居民在不同时期平滑消费,增加福利。如果住房的租售比过高,会造成出租的收入过低,且由于拥有一套住房还是公共服务获取权的凭证,租房市场便会萎缩。居民买房的目的只剩下一种:继续抬高价格卖给另一位居民。尤其是当优质公共资源较少、住房供给有限的情况下,更有利于卖方提价,容易产生"房子不是用来住的,而是用来炒的"不正常现象,加剧住房金融化。住房金融化的背后是稀缺公共服务的资本化。高昂的房价降低了高收入者的福利,因为他们要承受更高的房价;一些原先能买得起房的中等收入居民再也买不起房,不仅损失了房子的居住权,还丧失了公共服务的获取权;低收入居民虽然获得了房租降低的好处,但是是以公共服务的损失为代价,他们的福利也下降。尤其严重的是,居民为了支付高昂的房价不得不减少消费、增加储蓄,甚至通过亲朋好友或金融机构进行借贷。这不仅会造成除房地产和金融行业以外的产业需求不足,经济脱实向虚,也酝酿了债务危机和金融不稳定性的风险。

房价过高导致居民买不起房的住宅缺失问题是中国城市空间正义缺失的重要表现,产生了城市对居民的异化,破坏了城市空间居住隔离、贫富空间分层的合理性(高春花和孙希磊,2011)。"租售不同权"造成了不同社会阶层之间的居住隔离,富裕家庭逐渐占据公共服务较好的地区,贫穷家庭则被排斥到较差的地区,形成城市空间的乡绅化进程(gentrification)(Wolch et al.,2014)。具体表现在三个层面:第一,城乡关系上,与许多发展中国家城市化进程快于工业化进程相反,中国存在高速产业结构升级与低速城镇化进程之谜(Garriga et al.,2017)。城镇化率取决于城镇常住人口和户籍人口之和占全国人口的比重,但是农民在城市落户往往需要其有能力在城市买房,而"租售不同权"导致的房价上涨提高了他们进入城市的障碍;即使通过租房成为当地的常住人口,公共服务上的歧视也降低了他们的福利和进入城市的意愿。第二,从城市间的人力资本结构看,经济规律作用下,人力资本的积累和知识的外溢会随着城市规模的增加而增加。低技能工人和高技能工人之间能形成技能互补,促进双方收入增长、生产率提升,从而导致高、低技能工人倾向居住在大城市,而中等技能的居民则主要聚集在小城市(Eeckhout et al.,2014;陆铭,2017)。但是,中国大城市吸引低技能工人不如吸引高技能工人明显,也没有美国大城市吸引低技能工人明显。一个原因是户籍制度的存在,各城市对高技能工人的户籍会有某些放松,却对低技能工人有严格限制(梁文泉和陆铭,2015)。追根溯源,还是在于"租售不同权":低技能者在大城市买不起房,只能获得不附属在房子所有权上的公共服务,大城市对他们的吸引力相对有限;而在小城市买房则要容易些,更能获得包括子女教育等公共服务在内的所有公共服务。第三,从城市内部看,中国的居住隔离指数较高,表明相似收入的居民也呈聚集居住的趋势。上海本地人收入较高,一般居住在房价较高的外环以内,而外地人收入一般较低,住在外环以外(陈钊 等,2012)。深圳市的本地居民住在公共服务较好的行政中心,外地居民的居住空间则以行政区域为中心呈现递减的圈层结构特征(钟奕纯和冯健,2017)。较高的居住隔离产生不同社会阶层之间的矛盾,"对一个社会来说,最大的潜在动荡因素是来自社会内部各个阶层之间的隔阂、不信任、抵触和冲突。通过对社会成员基本权利和基本尊严的保证,以及必要的社会调节和调剂,社会各阶层之间的隔阂可以得到最大限度的消除,至少可以缓解,进而减少社会潜在的动荡因素。"[①]

第四节　公共服务"租售同权"改革的逻辑

一、空间正义观的逻辑

中国对"租售同权"的改革与对户籍制度、租房市场的改革结合在一起。2016 年 5 月,《国务院办公厅关于加快培育和发展住房租赁市场的若干意见》中指出"非本地户籍承租人可按照《居住证暂行条例》等有关规定申领居住证,享受义务教育、医疗等国家规定的基本公共服务"。2017 年 2 月,住建部有关负责人在国新办召开的新闻发布会上提出"逐步使租房居民在基本公共服务方面与买房居民享有同等待遇",正式拉开了"租售同权"改革的序幕。租房市场的改革也几乎是在同一时间段开始推行:党的十九大报告提出"加快建立多主体供给、多渠道保障、租购并举的住房制度";住建部 2017 年 7 月 18 日会同国家发改委、公安部、国土资源部等八个部门联合印发了《关于在人口净流入的大中城市加快发展住房租赁市场的通知》,要求在人口净流入的大中城市加快发展住房租赁市场。"租售同权"逐渐在一些作为改革试点的城市展开。2017 年 7 月 20 日,广州市作为公共服务"租售同权"改革的城市,在《广州市加快发展住房租赁市场工作方案》中明文规定"赋予符合条件的承租人子女享有就近入学等公共服务权益,保障租购同权";南京市紧随其后,发布了《南京市住房租赁试点工作方案》,规定承租居民享有与买房居民同等的子女义务教育、基本医疗、养老等多项基本公

[①]　吴忠民:《社会公正论》,山东人民出版社 2004 年版,第 2 页。

共服务。

因此,公共服务"租售同权"改革的逻辑建立在城市空间建设、城市空间剥夺、城市空间隔离中所涉及的多元主体的联动反应上。它是一个系统性工程,关系到中国生产力新的释放和生产关系的重构,需要发挥包括普通居民在内的社会各个部门的合力。公共服务"租售同权"改革的目的是推进"以人为本"的新型城镇化,体现了城市发展的目的是维护空间正义、保障每个居民的美好生活和自由发展。如果说职业代表劳动力市场上的平等,住房则影响生活机会的平等。房子差异构成中国社会阶层的分层与隔离,除了因为房子有财富再分配的作用,还因为房子产权差异影响居民对自身社会阶层地位的主观认知和向上流动的感知,进而影响居民的幸福感(魏万青和高伟,2020)。公共服务"租售同权"改革将公共福利归还给租房工人,而不损害买房工人的公共福利,能够增加租房工人的福利,提高居民对租房的需求,从而使租房价格上升、买房价格下跌,能买得起房的居民数量也必然增加。在新的均衡中,不管是租房工人还是买房工人,所有人的福利都得到了增长。

关于居住的分层和隔离,陈杰和吴义东(2019)担心"租售同权"改革后房租的提高会迫使原来可以租到学区房的居民撤离,从而导致该地区的阶层替代加速、租户福利下降。本研究持不同的观点。"租售不同权"下,学区房大多用来出售而不是出租,因此其租房市场较小,租户规模有限;"租售同权"后,高收入居民不再必须购买学区房,他们将迁出该地区,导致学区房价格下跌和其他地区的房价上升。其他地区买不起房的居民将增加,对他们来说,显然,迁往原来学区房所在地更加有利可图,因为学区房所在地的教育资源更好。这时,学区房所在地的租户规模增加,他们的总体福利是增长的。这个原理同样适用于不同的城市之间。公共服务"租售同权"改革后,公共服务良好的大城市将是更多租房居民青睐的地区。这不仅有利于提高城市的集聚程度和工人的生产率,加速中国的城市化进程和都市化进程,减少不同阶层居民的隔离程度,还有利于打破城市空间壁垒,提升城市的丰富性、多样性和平等性。

必须认识到,空间正义要求"租售同权"的改革是消除买房工人对租房工人在公共福利上的人为优势,保障两者享有平等的基本公共服务权利,这并不代表租房工人和买房工人之间的福利差距完全消失。一些优质、稀缺的公共资源具有俱乐部产品的特征,只能采用市场或行政力量限制其使用数量。比如,"租售同权"只能确保租房工人获得本地基本的子女义务教育权,而不代表获得租房所在地的优质教育。另一些福利专属于买房者是经济力量作用的结果：买房代表拥有住房的完整产权，对房子的使用具有长期的稳定性，而租房需要和房东签订契约，使用上具有一定年限且不稳定；房主可以在金融市场上对房子进行质押和抵押，享受资产增值的权利，而租房者没有这样的福利（He et al.,2015）；在男性数量严重多于女性的国家，男性拥有一套住房能提高在婚姻市场中的竞争地位（Wei and Zhang,2011）。这些福利差距更有利于异质性居民根据自身特征选择福利最优的行为，并不违背社会正义。毕竟，不能"根据处在某一地位的人们的较大利益超过了处在另一地位的人们的损失额而证明收入或权力方面的差别是正义的"。[1]

综上所述，马克思主义城市思想为中国城市发展的实践和城市理论的研究提供了理论指导和思想来源。空间正义作为城市发展的优先价值，彰显了城市化的目的、公民的权利以及社会制度的稳定性。中国城市空间正义的缺乏很大程度上体现在公共服务分配的不平等。一些基础性公共服务如医疗、子女义务教育等根据居民有无住房实施歧视性分配，造成房价过高、不同社会阶层居住隔离严重、居民幸福感下降等一系列城市空间剥离和空间冲突的问题。中央适时提出基本公共服务"租售同权"改革，便是针对这一问题的解决。

二、多方主体协同作用的逻辑

基本公共服务"租售同权"改革是公共服务均等化要求的应有之义，只不过是把研究的重心放在租房居民和买房居民身上。国家提出"租售同权"改革，初衷是促进房屋租赁市场的发展，建立购租并举的住房制度，健全全国住房市场，从而为住房市场的健康发展提供长效机制。这就将公共服务与住房市场联系起来，为"租售同权"改革指明了方向。然而，仅仅研究"租售同权"改革可能对人口流动以及对当地买房和租房的需求、房地产资本的流动以及政府的扶助政策产生的影响，是不够的。"租售同权"改革涉及居民居住地点的选择，以及造成不同社会阶层居住隔离、公民福利空间剥夺和发展不平衡等空间不正义现象，"租售同权"改革要成功，需要考虑多方利益主体，发挥多方主体协同作用。

"租售同权"改革应从以下几个方面发挥协同作用：首先，改革中国的户籍制度，有计划、逐步地将公共福利的获取权与户籍制度脱钩，使个人的权利和义务不因出生地和身份差异而有所不同；地方政府对公共服务供给

---

[1] 〔美〕约翰·罗尔斯：《正义论》，何怀宏等译，中国社会科学出版社1988年版，第61—62页。

时不能依据当地户籍人口的数量,而是应该遵循公平和效率的原则,考虑到流动人口的需求,在可能的情况下科学计算出公共服务可能产生的人口吸收效应以及由此对公共服务质量的影响。即使户籍制度改革不能一蹴而就,也要分时间、分地区逐步推行公共服务供给的均等化。比如,在人口流入较多的东部城市,应更有倾向地提供所需公共服务,如农民工随迁子女的教育、社会保障、保障房等。第二,改革财政转移支付模式,增加公共服务的供给。目前,中国公共服务的支出占财政收入的比重并不高,并且呈现经济发达地区与不发达地区间的不均等、不匹配特征。这需要在中央和省级政府之间进行财政转移支付时,采用一般性转移支付和专项转移支付相结合的方式。一般性转移支付能在对各省份外来人口流动估算的基础上预测公共服务的财政支出;专项转移支付则重点关注人口流入或流出较大的地区,及时给予人口流入较大的地区以配套资金,同时兼顾人口流出地区的学前教育、新农保等。在省级以下,采用纵横交错的转移支付模式,提高县级地区间的财政协调,加强基层政府提供公共服务的积极性。第三,为了防止经济上处于优势地位的居民利用较强的话语权和支配权影响空间资源的分配,必须在资源分配的顶层设计中利用法律法规保障弱势群体,确保各种多元化的社会主体能以平等的身份参与到城市空间发展和城市资源的分配过程中,引导弱势群体合法争取他们的利益,避免弱势群体的边缘化和城市空间的乡绅化进程;在政策制定和执行中,做到公开、公正和透明,在关系到租房人口的重大公共福利时,事先收集他们的诉求、征询他们的意见、了解他们行为背后的影响因素,利用大数据做到科学决策。第四,在政府对资本的治理上,须意识到城市空间是资本积累的载体和资本逻辑的产物,公共服务"租售不同权"也是私人资本或公共资本塑造的结果。因此,应加强对私人资本的引导,对于政府无力提供的稀缺性公共服务,适当利用市场机制由私人资本提供。如兴办民间小学解决一部分农民工随迁子女的教育问题,而国际学校又可满足富裕人群对于高质量教育的需求,缓解对学区房的过度追求。但是,私人资本是把双刃剑,在解决一部分政府力量缺失造成的"租售不同权"问题时,也会对不同收入人群实现价格歧视和市场细分,加强"租售不同权"。因此政府应适当加强监管的权力,采用国家干预的社会化控制方法以限制城市空间中资本的力量、替代资本的逻辑和资本在不同部门间的无序竞争,维持城市空间正义[1],形成社会各治理部门对"租售同权"改革的合力。

---

[1] D. Harvey, *Consciousness and the Urban Experience*, Oxford: Basil Blackwell, 1985, pp.42–43.

《"十三五"推进基本公共服务均等化规划》中指出,基本公共服务均等化对中国全面建成小康社会、促进人民福祉和实现中华民族伟大复兴具有重要意义。然而,现有文献对中国目前"租售同权"程度的大小、"租售同权"对居民居住空间的影响机制及其改革后的可能变化研究不足。尤其需要注意的是,"租售同权"改革下,政策评判标准不再是传统经济学的帕累托最优原则,而应是强调弱势群体资源分配中平等地位的马克思主义空间正义观。这需要带着公平正义、机会均等价值批判的方式研究、看待居住分层这种经济现象和社会现象。在马克思主义空间正义观的指导下,结合政治经济学批判思想和西方经济学分析方法研究"租售同权"改革对居民居住空间的影响,能够为"租售同权"改革、地方政府社会治理和各城市的"抢人大战"提供政策建议。

第三章 "租售不同权"的原因、测度及影响空间分层的一般机制

第一节 公共服务影响空间分层的机制

一、空间分层的一般影响机制

要讨论不同特征人口的空间分层,我们首先应该意识到,不同地区的人口结构是人们根据自身的技能、收入、性别等特征"用脚投票"的结果,是最大化其效用的理性行为。人口的空间分层受到很多因素的影响。克拉克和迪勒曼(Clark and Dieleman,1996)用居住流动性的生命过程范式强调了家庭构成和职业选择如何经验性地与房子、人口流动相关。弗利斯特等(Vlist et al.,2002)详细介绍了影响人口流动的因素,包括工作选择、家庭生命周期状态、失业、婚姻状况、家庭规模、收入、教育。他们认为高收入和高教育者的流动性很强,但生命周期因素(如家庭规模的改变)是影响家庭流动最显著的因素。赫尔德曼(Helderman,2007)认为,在影响居民租住的诸多因素中,离婚或分手是人口流动的最大因素,其次是年纪和健康,而工作相关的动机很少。其他一些学者从就业机会、收入、文化、医疗等其他公共服务以及气候等其他宜居条件阐述了引起人口流动的因素(Tiebout,1956;Roback,1982;Pissarides and McMaster,1990;夏怡然和陆铭,2015)。

另一个影响人口空间分层不可忽略的因素是当地的生产效率、工作机会和收入。城市生产率相对于其规模弹性每扩大1%,在城市运营的企业或个人的劳动生产率会提高2%—10%(Melo et al.,2009;Combes,2012)。大城市高效的生产效率来源于生产的集聚效应和竞争产生的选择效应:大城市庞大的市场规模有利于企业销售,而大量生产效率高的企业集中在这个市场会产生"集聚效应"。劳动力市场、产出共享与知识外溢构成了大城市经济外部性的微观基础,罗森塔尔和斯特兰奇(Rosenthal and Strange,2004)

从大城市的工业化、地理特征和经济集聚的时间范围这三个角度论证了大城市的集聚效应。迪朗东和普加（Duranton and Puga，2004；2015）认为城市集聚效应是通过分享、匹配和学习制度这三种微观机制起作用。选择效应来源于大城市激烈市场竞争中的逆向选择，最终能够在大城市市场中存活的都是竞争力较强的企业。鲍德温和大久保（Baldwin and Okubo，2006）将异质性公司的垄断竞争与新经济地理模型结合在一起，以"分类效应"代替集聚效应，发现区域政策会促使最高生产力的公司向核心地区转移，最低生产率的公司转移到外围。中国大城市效率高，集聚效应起到了主导作用。余壮雄和杨扬（2014）利用格点搜索的非线性回归方法代替分位数回归，得出经济活动的高度集聚是中国大城市生产效率比小城市更具优势的原因。范剑勇（2006，2010）认为，城市劳动生产率的提高是因为非农产业在该地区形成规模效应，产生大量产业集聚。

作为居民安家落户的成本，房价也是人口流动的重要影响因素之一。许多国外的研究发现房价对劳动力的流动产生影响（Cameron and Muellbauer，1998；Brakman et al.，2002；Murphy et al.，2006；Rabe and Taylor 2010）。普兰丁格等（Plantinga et al.，2013）用拟线性效用函数表示住宅特征与计价品，重新核算了住房成本，得出住房成本越高的城市居民越不会选择居住的结论。穆萨等（Mussa et al.，2017）认为移民不仅和一个城市的房租和房价有关，而且还会通过空间效应影响邻近城市的房价，因为高房价迫使居民迁往另外一个城市，带动当地房价上涨，造成房价城市间联动的"波纹效应"（ripple effect）。国内学者高波等（2012）将房价纳入新经济地理学，研究城市间房价相对差异对人口流动、进而对产业结构升级的影响；张莉等（2017）认为房价的上涨对高技能人才移民的影响比对低技能人口的影响大。反过来，人口迁移也会对房价产生影响。1979—1981年古巴偷渡移民增加了外来移民总量的9%，迈阿密房价立刻增长了8%—11%（Saiz，2003）。德根和费希尔（Degen and Fischer，2017）利用瑞士2001—2006年的数据发现，外来人口增加每达到本地人口的1%，房价将上升2.7%；莫斯和斯卡布尔斯基斯（Moos and Skaburskis，2010）的发现表明，温哥华外来技术移民和财富移民数量增加导致当地房价上涨；萨（Sá，2015）发现英国虽有移民进入，但移出的居民却是工资处于顶端的，这种收入的副作用使得房价下跌；陆铭等（2014）研究了中国外来移民占比和城市房价的正相关关系，发现2000—2005年移民占比每增加10%，2005年的房价就会增加16.17%；徐建炜等（2012）以人口抚养比为切入口，研究居民年龄构成对房价的影响；刘学良等（2016）认为适婚年龄人口的外生冲击是2004年以来中国住房市场需求持续增加和住房价格上涨的重要原因之一。

也就是说,房价和人口空间分层是互相影响的。房价是人口流动的内生化结果,人口流动又影响房价的变动,所以应该在房价——人口流动的一般均衡模型中考虑。这对政策分析有深远的影响,比如,为了调节大城市人口的数量和结构,我们可能需要讨论土地供应政策。这时不仅要考虑土地政策对大城市房价的直接影响,还要考虑到它对大城市人口数量和城市间人口分布的间接影响。公共政策对房价和空间分层的作用,也应当借助这个包含住房需求与多个城市居住地选择的空间均衡模型来分析。

空间均衡模型能解释不同人力资本在房价——人口流动互相影响时的空间分层现象。一种经典的空间均衡模型为单中心模型(monocentric model),主要用以解释同一个城市、不同技能或收入居民的空间居住分层。距离市中心的距离产生的工作上的通勤费用是郊区居民的不利因素,但郊区便宜的房价和对大面积住宅的追求又吸引了不同收入的阶层。早期的单中心模型中,阿隆索(Alonso,1964)、贝克尔(Becker,1965)、穆斯(Muth,1968)认为只要居民对土地需求的收入弹性大于每公里交通成本的收入弹性,穷人就会居住城区,富人居住郊区,否则相反。但是实际土地需求的收入弹性仅为0.1—0.5之间,数值太小以致不能解释这种收入空间上的分层。穷人住在城区很可能是因为他们支付不起住郊区需要的汽车等交通工具,公共运输的重要性是土地需求收入弹性的2—3倍(Glaeser et al.,2008)。勒鲁瓦和桑斯特利(LeRoy and Sonstelie,1983)认为通勤的边际成本对穷人和富人是不一样的,它随收入的增加而下降,有钱人的边际成本比较低(如他们使用汽车)。布鲁克纳等(Brueckner et al.,1999)把住房价格当成通勤成本和公共服务的函数,是否为超模函数便是判断居住模式为巴黎模式还是底特律模式的标准。马达里亚加等(Madariaga et al.,2014)利用巴塞罗那的数据检验了通勤成本固定时和随各阶层收入而变动时两种情况,结论是居住分层模式取决于通勤边际成本的收入弹性与住宅面积的收入弹性之间的对比,前者大时,富人倾向于住在城区,反之富人则住在郊区。英格尔(Yinger,2015)允许家庭异质、公共服务多样,建立起社区间家庭竞价和居住分层的包络函数,产生享乐主义模型回归的范式,并检验了分层存在的假设。不同于住房存量异质性的角度和家庭偏好异质性的角度,奥塔洛和雷迪(Ortalo and Rady,2008)提出了一个动态随机模型决定居民的居住位置和持有房屋的时间。一开始家庭居住位置相同,只有收入不同,模型强调了随着时间不同如何产生家庭间收入的异质性和对房子的需求冲击,表明了时间信息在分层均衡中对家庭支付意愿的重要性。

埃克豪特等(Eeckhout et al.,2014)对空间均衡模型的研究取得了新的突破。城市规模分布的经验性规律中,一般认为城市的比例性增长和规模分布呈 Zipf 规则(上尾帕累托分布),但其样本并没有考虑到小城镇。埃克豪特等(Eeckhout et al.,2014)则把样本覆盖到所有规模的城市,用一个融入了生产率随机分布的人口自由流动的一般均衡模型说明,城市规模分布是对数正态分布(lognormal),符合 Gibra 规则,且其与城市的比例性增长并存。埃克豪特等(2014)不仅提供了空间分层的经验证据,还构建了一个新的空间均衡模型来解释这一现象。该模型包含高中低三档人力资本的人口和两个城市,其关键假设是：高人力资本的劳动力和低人力资本的劳动力在生产过程中具有互补性。低人力资本的劳动力更倾向于和高人力资本的劳动力一起工作,因为他们会得到更高的工资加成——即使这意味着更高的房价或房租;而中等人力资本的劳动力因为在大城市得不到技能互补所带来的工资加成,更愿意去房价更低的小城市。陆铭(2017)也支持埃克豪特等(Eeckhout et al.,2014)关于人口技能空间分层的理论解释,并从劳动力分工、人力资本外部性和消费外部性三个角度解释大城市技能互补的来源。他认为,城市中的人力资本、创新和企业家精神是现代经济增长的重要源泉,并从城市发展的理论基础与实证依据、区域发展中的政治经济学及其影响、规模经济与市场分割的作用以及其对国家发展的影响等四个方面进行了阐释。

二、公共服务对空间分层的影响机制

本研究对空间分层的解释并没有从劳动力市场出发,而是认为引起居民空间分层另一个重要的、必不可少的因素是当地不可移动、不可贸易的公共服务。盖涅等(Gaigne,2017)并不认为就业的便利就可导致异质性收入的家庭在空间上的居住分层,相反,他们表明没有公共便利设施的标准单中心模型不能准确预测城市社会结构。拜尔等(Bayer et al.,2016)用一个动态模型分析了居民愿意为非市场的便利设施、污染、犯罪的标价,并将其与静态模型进行比较。鲍姆·斯诺(Baum-Snow,2016)也认为城区便利设施的增加是中心城市中产阶级化的重要动力。公共服务对居民居住选择的影响得益于其直接带来的效用影响,也得益于其对生产率的影响。安德松和福斯里德(Andersson and Forslid,2003)用新古典模型研究了税收和公共品对人口地区集聚的影响,提出产品不同、市场垄断竞争的两个国家间,用于公共品融资的税收会影响流动人口集聚的力量。张等(Zhang et al.,2020)建立了一个包括工业品部门和公共品部门的多区域模型,认为公共品的改善有利于企业和人口空间上的集聚。

良好的公共服务能直接影响居民的效用。莱文和格申森(Levine and Gershenson,2014)将城市服务请求概念化为与地方政府直接的、有计划的联系,城市服务请求不仅能改变公共物品在地理上的分布,且通过地方政府期望的社区差异影响了移民在不同区域间的选择。盖涅等(2017)以荷兰为例,在 Stone-Geary 偏好的基础上,引入工作距离和交通等公共服务的可获得性,发现两者相互作用决定了不同收入居民在空间上的居住分层,富裕家庭会选择便利设施充足的地方。布鲁克纳和罗森塔尔(Brueckner and Rosenthal,2009)认为富人对住房服务的需求更高,他们更愿意住新房子,但由于城市发展的历史原因,良好的公共服务一般位于城区,而新房则位于郊区。阿尔布伊和卢(Albouy and Lue,2015)调查了美国 2 071 个地区的租金、工资水平、通勤成本、家庭特点和城市的便利设施,强调了房租随通勤成本增加而下降,用家庭对房子愿意标价的指数衡量家庭的生活质量,发现阳光充足、安全、有娱乐设施且有好的教育的郊区幸福指数较高。卡顿尔和汉德拜瑞(Couture and Handbury,2020)用 2000—2010 年的数据发现受过良好教育的年轻人在城市中心聚集,年老的或教育层次比较低的人则倾向于选择郊区。这首先是因为城区有便利的工作地点和服务设施;其次是因为这些受过高等教育的年轻人相对于他们的前辈来说,对公共服务设施的偏好增加了;第三个重要的原因是城区这些便利的不可贸易性对受过教育的年轻人起到了完全不同的效应,比起其他人他们更加不愿意跨区消费。这些年轻人的家庭结构和收入构成也是造成这种情况的另一个重要因素。

相对于城市间的空间分层,公共服务影响人口在同一个城市、不同区域的机制略有不同。由于公共服务的不可移动性,在不同城市间,一般会假设公共服务专属于当地的居民,生活在当地才能获得相应的教育资源、公共交通、图书馆、博物馆、公园、空气、水资源等。但是在同一城市的不同地区,由于空间距离较短,居民只需要付出一定的通勤成本就可以跨区消费一些公共服务,如商业设施、娱乐设施等(在中国,教育资源专属于当地居民,不同地区的居民不能跨区获得)。允许居民跨区消费公共服务并将消费次数纳入收入和偏好都异质的竞争均衡模型,可以解决蒂布特(Tiebout,1956)提出的房价—移民内生决定问题(Peng and Wang,2005)。另一方面,跨区消费公共服务也会对当地的公共服务质量产生影响,既可能扩大一些公共服务的消费规模、降低平均成本,也可能导致交通拥堵、污染等城市病,影响其他人的居住决策和分层模式,带来邻群效应(neighborhood effects)。埃普尔和罗曼诺(Epple and Romano,2011)建立了同伴效应起核心作用的教育供给模型,讨论了估计同伴效应的识别问题和用于解决这些问题的策略。奥道

(Oddou,2016)分析了公共服务的溢出效应和拥堵效应对居住选择的影响和社区的形成,居民居住在一起形成社区以消费拥堵的当地公共服务。

公共服务对人口空间分层的作用机制也可从房地产市场的研究着手。蒂布特(Tiebout,1956)第一次考虑了居民根据不同社区间的公共服务和税收选择居住地的问题。之前单方程估计家庭对公共品需求时,以收入作为单一解释变量忽略了公共品对不同收入者选择居住地的影响,这种自选择会产生计量上的选择性偏离,即 Tiebout bias。奥茨(Oates,1969)通过地方公共支出和税收与房地产价格之间的关系检验了居民通过搬迁居住地选择公共品的机制是否显著的研究方法。韦斯特霍夫(Westhoff,1977)将单交条件引入不同收入居民选择居住区域的框架,证明了没有房地产市场时模型均衡解的存在。进一步,只要对消费者偏好和公共品供给技术作适当假设,便可得出居民居住区域选择、住房需求和公共品供给量的均衡确实存在,而且这些假设符合经验证据(Epple and Platt,1998)。埃普尔和西格(Epple and Sieg,1999)将房价、公共服务和居住地选择置于一般均衡框架下讨论,发现当家庭对住房的偏好一定时,效用是家庭收入的增函数,由房价和公共品构成的无差异曲线关于收入单交(single cross),均衡存在且唯一,地区间公共支出不同会产生居民在不同社区分布的预期。赫尔普曼(Helpman,1998)在克鲁格曼(Krugman,1991)提出的新经济地理学模型的基础上,引入住房市场的因素,提供了另外一种视角。这些文献都来源于一种直观的观念,即公共服务虽然吸引人口流入,但势必带来房价的上涨,而房价又是人口流动的重要影响因素之一。冯皓和陆铭(2010)基于上海的数据,研究了基础教育在数量和质量上的差异如何体现在社区间的房价上,即人们追逐高质量的教育导致房价地区间上涨幅度不同,房价体现了公共服务的"资本化"。赵安平和罗植(2012)用中国省际数据也证实了公共服务对房价的推动作用。

公共服务还会与人口流入形成一个良性循环,即一地公共服务形成了人口聚集,而人口聚集又对公共服务的供给和改善提出更高的要求。海斯(Hayes,1986)将城市规模和人口数量引入最优公共品供给模型,发现公共品供给的增加能吸引更多人进入城市,并且随着城市和人口规模的扩大,中间投票人(median voter)的需求随之增加,公共品供给也增加。库米诺夫等(Kuminoff et al.,2013)认为家庭根据他们的财富和他们对公共物品、社会特征和通勤机会的偏好实现居住上的分层,进而影响当地设施和公共服务的供应。均衡时的分层能利用市场均衡的属性,结合家庭行为的信息,推断出偏好异质性的结构参数。黛蒙德(Diamond,2016)也发现了类似的现象,他用美国1980—2000年的数据表明,高技能和低技能工人的位置选择主要是由高技能和低技能生产率空间上的差异造成。对于高技能工人来说,有些城市能不成比例地增加其生产率,因而其吸引高技能人口比重较高,且使得当地公共服务也随之增加,劳动力市场的需求也发生根本性变化。

三、对公共服务内涵的再剖析:"租售不同权"

研究中国的公共服务时,经济学家主要集中在公共服务在城乡之间、城市之间的不平衡。周京奎和吴晓燕(2009)比较了1999—2006年30个省份的公共投资,排名靠前的都是经济发达的省份。邓宏乾和耿勇(2015)发现2012年西部不发达地区12省份的财政支出占全国医疗卫生总支出的比重只有26.4%。但是,中国的公共品并不是一个完整的整体。一些公共服务与户籍挂钩,只有获得当地户籍才能够获得,而购买住宅往往是获得当地户籍的必要条件(这可以把公共服务抽象成为与房子所有权挂钩的"购房福利");另一些服务则面对当地所有居民,包括暂时居住在当地的租房居民。人口迁移可以定义为居住地改变并且伴随着户口的变动,而人口流动则不一定涉及户口的更改(段成荣和孙玉晶,2006)。因此,无论考察人口数量或结构对房价的推动,还是研究公共服务资本化在房价中的体现,如果忽略公共服务的异质性和居民对房价的不同作用,都将是不准确的。姚洋(2001)认为,由于中国的城乡二元经济特征和人口流动是由农村向城市的单向流动,研究人口迁移问题时应包括城乡二元分割问题及其对居民所得公共服务的障碍分析。户籍可以作为居住隔离的指标,而居住隔离又会造成居民在教育、治安等福利上的差距(陈钊等,2012)。张莉等(2017)在测量房价对劳动力的流入是拉力作用还是排斥作用时,发现需要在流入地落户的居民对房价较为敏感,因为只有落户的居民才可以获得全部公共服务,房价对其影响内生于他们对公共服务的索求。当然,拥有住宅的好处并不仅仅是户籍制度带来的福利分割,拥有住房还可以提高居民的社会地位,提高男性在婚姻市场中的谈判地位,增强择偶的权力(Fang et al.,2016;Wei et al.,2012)。

因此需要分析拥有住房时与租房时公共服务上的差异,即公共服务"租售不同权"的问题。上面提到的空间均衡模型都没有区分买房和租房背后所代表的种种公共服务的差异,也就忽略了户籍制度下中国公共服务差异化分配、公共服务"租售同权"改革的大背景。由于居民只要买了当地最小面积的住宅,他就能够得到所有的公共服务;购买再大面积的住房也只能增加居住的舒适度,而不会带来公共服务的变化。但是,居民不买房就不能获得一些重要的公共服务,如基本的教育权利等。即是否买得起最小面积住宅是区分租房者和买房者的关键,也是能否获得当地所有公共服务的关键。那什么叫作"购买最小面积的住房"呢?在现实生活中,买房时确实存在最小面积的限制。例如,中国2011年《住宅设计规范》规定,由兼起居的卧室、厨房和卫生间等组成的最小套型,其使用面积不应小于22平方米;由卧室、起居室(厅)、厨房和卫生间等组成的套型,其使用面积不应小于30平方米(王海,2022)。在具体的实践中,各地方政府可以根据自己的情况进行调整。如北京2020年规定,新建住宅必须包括兼起居的卧室、厨房和卫生间,其使用面积不应小于24平方米;由卧室、起居室、厨房和卫生间组成的套型,使用面积不能小于32平方米(王海,2022)。房屋的不动产性质和交易成本决定了买房者必须购买整个住宅。但是租房时可以由亲缘上不相干的几个人或者陌生人共同租用一个房子,即租房可以租用住宅中的一部分。这无疑会产生市场摩擦,给经济学上的分析带来不一样的讨论。房子最小面积的存在会使得房产交易不频繁,产生消费内在的不连续性(Cocco,2005)。颜色和朱国钟(2013)也利用这个思想研究了房价上涨对国民消费的冲击,他们基本上是将房子作为一种金融资产配置进行研究。虽然加里加等(Garriga et al.,2017)也区分了买得起最小面积住宅的居民效用与买不起住房的居民效用,但他们依然没有在一个一般均衡框架中研究不同人力资本的空间分层。但是,哪怕一个城市有全国最好的子女义务教育,由于房子有最小面积的限制,父母也无法买到非常小的住房(比如1平方米的住房)而在这个城市获得相应的权利。因此,由于户籍制度下的城乡福利二元制及各种原因形成的公共服务"租售不同权",买房落户是获得当地公共服务的"入场券"。这导致房地产市场上"房子有最小面积限制"所产生的市场摩擦,在对城镇化进程以及人口空间分层的分析中,具有重要意义。

第二节 中国公共服务"租售不同权"的原因

一、户籍制度的角度

新中国成立初期,为了对社会进行管理,中国根据地域、血缘关系将居民的户口划分为农业户口和非农业户口。在当时的背景下,这种户籍制度能够有效对战乱后国家的居民信息进行摸底,为人口登记和管理、税收、计划经济的施行打下基础。到了1956年,随着政府对城市自由迁徙人员的控制和限制农村人口流入城市,户籍制度逐渐承载着隔离城乡人口流动,以及将居民的教育、医疗、社会保障等基本公共服务与个人的出生地和血缘关系紧密联系起来的功能。在一些农民眼中,拥有城市户籍相当于"吃皇粮",拥有资源分配上的绝对优势。所以他们在政策允许的时候愿意付出高昂的价格获得城市户口。因此,中国的户籍制度承载着福利分配的功能,其目的是将各地的福利待遇与各种权利捆绑于个人的出生地上,以此来限制居民无秩序的、盲目的流动。

为了达到这种目的,政府对城镇户口的供给实行计划管理,要求农村居民在流入地拥有固定住所和工作才能获得城镇户口。1997年的《小城镇户籍管理制度改革试点方案和关于完善农村户籍管理制度的意见》中规定,因为工作原因迁移到城镇的农民要获得城镇户口,需要以拥有一套住房为前提条件。2000年的《中共中央 国务院关于促进小城镇健康发展的若干意见》中,规定了农民转为城镇户口的条件:合法的固定住所、稳定的职业或生活来源。虽然2011年的《国务院办公厅关于积极稳妥推进户籍管理制度改革的通知》中放宽了外地居民落户的条件,把"合法固定住所"的范围扩大到租赁住房,但是也明确了这些政策不在直辖市或其他大型城市适用。在实际操作中,许多地方政府在设立落户条件的政策时会附加一系列条件,如投资、购房条件、学历要求、社保要求等。张吉鹏和卢冲(2019)通过对各地落户政策和文件的整理,发现落户渠道主要在于通过这些指标,由此建立了包括投资落户、纳税落户、购房落户、人才引进落户、普通就业落户五大指标类别的落户门槛评价指标体系。他们利用2000年后120个城市的数据计算出各自的落户门槛,发现一线、二线城市的落户门槛比较高,四五线小城市的落户门槛比较低。但不管如何,落户门槛确实存在,并阻碍了公共福利在当地人和外地人之间平等分配。

随着经济的发展和工业化进程的加快,人口自由流动的约束逐渐放开。但户籍制度的改革并没有跟上经济改革开放的步伐,仍然有很多公共服务的分配是根据户籍的性质确定。2020年,中国流动人口达3.76亿人,表明以工作地、生活地和户籍所在地相分离为特征的流动人口数量急剧增加。户籍制度造成的福利二元结构势必导致外来人口和当地居民获得的公共服务不同(姚洋和章奇,2001)。因此一些居民虽然在外地工作半年以上(常住人口的定义)或者更长时间,但一定时间后仍迁回户籍所在地生活(张吉鹏和卢冲,2019)。2018年李克强总理在十三届全国人大一次会议上提出:要加快农村迁移人口市民化,便是着眼于打破同一群体由于户籍身份原因而造成的公共服务地区间分配壁垒,让农民更加能够留在城市,让城市更接纳他们。

公共服务的供给由政府根据当地户籍人口提供,这也是政府在本地户籍人口与外来人口之间歧视性分配公共服务的一个重要原因。尽管优势的公共服务会吸引外地人口流入而对公共服务造成拥堵效应,但根据户籍人口计算公共服务的供给似乎方便且简单。这也表明,户籍制度下的公共服务体系亟待变革。

户籍制度下的福利二元制带来了外地人口对当地户口的渴望,也造成了公共服务"租售不同权"。外地流入人口只有买房、在当地落户,才能获得与当地居民同等的公共服务。买房和落户往往是密不可分的,而那些买不起房的外地居民只能租房,从而造成户籍制度公共福利二元制下"租售不同权"的现象。有时候,为了吸引高技能人才、排斥低技能工人,地方政府会主动将落户政策、获取某些公共服务的权利与住房捆绑。技能较高或收入较高的劳动者有能力获得住房、申请到当地户口,而收入较低的劳动者则会租房,这也会造成买房者和租房者公共福利上的差距。但是,由于公共服务消费的非排他性,一些公共服务,如公共交通、公园等,将消费对象区分出本地户籍人口和外地人口的管理成本太大。而另外一些公共服务,如子女的受教育权,获取前需要填写详细的个人资料、提供相应证明,户籍性质、是否有住房、住房在什么地区等信息便可轻易获得。公共服务"租售不同权"也可以发生在同一城市、拥有相同户籍人口的人群中,这涉及公共服务的另一个特性:优质的资源是稀缺的。

二、稀缺性公共服务的角度

公共服务是稀缺的。中国作为一个发展中国家,地方财政并不充裕,无法提供充足的公共资源满足人民日益增长的物质文化需求。地方政府对基础设施的投资受到预算的约束,为了得到资金支持和流动性,地方政府甚至被迫转向土地财政和基于土地抵押的地方政府债务,造成土地价格高估和资源的错配(赵扶扬,2022)。公共服务的稀缺性还体现在其空间分布的不均匀上:土地的优劣等级、地理位置优越与否、土壤肥沃程度会因为自然的原因有所不同,依托于此形成的公共服务自然也有所差异。在历史上,很多城市中心的良好公共服务都是在中央集权时代建立起来的,围绕着权力中心,广场、纪念碑、公园、游乐场所、下水道等便民设施簇拥而立。富有的居民也聚集在这个区域生活,而郊区的公共服务则较差,形成公共服务与离城区距离负相关的单中心模式(Brueckner et al.,1999)。从政府权力对资源配置的影响上看,越靠近权力中心的地区优质资源越多,远离权力中心的地区公共资源较少。以山东省为例,公共服务资源最多、最优质的区域靠近省政府,靠近区政府的次之,那些比较偏远的地区公共资源较少(刘浩 等,2020)。因此,公共资源,尤其是优质的公共资源,本质上是稀缺的。在供给不能满足需求的情况下,人们就会利用自身的优势对其展开追逐。

一种显而易见的优势便是收入。拥有较高收入的居民竞相追求优质公共服务,提高了它们的价格,从而在市场经济条件下完成对公共资源的占有。虽然说公共服务具有消费的非排他性和供给的非竞争性特征,市场经济并没有给公共服务具体的标价,但是由于其消费往往只局限于一定的地理范围,就使公共服务的优势资本化到当地的房价上(Tiebout,1956)。也就是说,空间上的差异导致人口竞相流入公共服务较好的地区,提高当地的租房价格和买房价格,形成级差地租实体的超额利润。在这种情形下,政府倾向于用行政力量和市场机制筛选出一定种类的公共服务和一定数量的消费者,将这些稀缺资源的获取权与户籍、住房所有权进行捆绑,从而实现公共服务空间上的分配不均等向租住者、买房者之间的分配不均等转变。这也要求公共服务具有俱乐部产品的特征,将其分割成租房者和购房者各自获得的服务是可行的。因此,我们可以发现,像基础设施、公园之类的公共服务,根据有无住房实施差异性分配在技术上并不可行,或者成本比较大;而子女就近入学的教育制度能以更低的成本辨别父母是买房还是租房,一本房产证便能将子女入学资格按照"租售不同权"区分开来。

为了争夺稀缺的公共资源,经济实力较强的居民也容易利用其在话语权上的优势游说政府,或者推动政策将一部分公共服务从租房者手中分离出来。他们或者认为当地较好的公共服务应该首先服务于本地人;或者认为公共服务的供给方与当地存在千丝万缕的联系,需要地方政府和居民的合作才能正常运作下去。而本地人的身份识别便是在当地拥有一套住宅,这也会造成租房居民和买房居民公共服务不同的情形。

市场经济下,稀缺性公共服务"租售不同权"似乎是帕累托分配的一种迫不得已的方式,涉及公平与社会正义时,如何保证优质公共资源的获取便是一道难题。如果根据收入的高低和有无当地的住房决定子女就近入学,破坏了中小学教育公平,会使低收入人群丧失通过良好教育改变命运的机会;如果施行摇号政策,虽然保障了名义上的"公平",但结果的随机性使得资源没有得到好的配置,并有可能产生寻租。这需要市场与政府的合力。一个可供选择的方案是:政府保障弱势群体家庭的儿童招生、教育公平以及基本的就学环境和师资力量,而标准更高的学校由市场提供、富裕家长进行购买。许多城市出现的国际小学、民办学校便是个例子。第二个方案是打破地区间教育质量上的差异和"优质学区房"的桎梏。一个例子是很多城市逐渐开展中小学轮岗制度,每隔一定学段将校长和教师在各个区域交流轮岗,以实现包括骨干教师在内的师资均衡配置,这也使人们追求的优质学区房失去了意义。

三、税收制度的角度

"租售不同权"也与中国税收制度改革及公共服务的融资模式有关。1994年的分税制改革使地方的财权上交到中央,但地方的基础性公共支出并没有减少。为了弥补这部分缺口,一个可选择的方案便是向中央政府申请财政拨款。然而,在地方政府申请的具体数额与中央政府最终的财政转移支付数额之间往往存在偏差:地方城市的人口主要由常住人口和户籍人口构成,户籍制度二元制下,地方政府对公共服务的财政支出以户籍人口为依据;但是地方政府的财政收入却是由包含流动人口在内的常住人口所创造。这使得以户籍人口计算的人均财政支出与以常住人口计算的人均财政收入之间存在误差,造成当地政府申请的财政拨款与事实上需要的公共服务支出不符。现行的中央转移支付制度也是根据当地户籍人口的数量制定,忽略了流动人口对公共服务的需求(刘尚希,2012)。2006年第十六届六中全会提出的《关于构建社会主义和谐社会若干重大问题的决定》中提出希望以完善公共财政制度促进公共服务均等化,但是地方公共服务的供给方主要是省级政府和县级政府。在没有考虑人口流动受到户籍制度约束的情况下,发现由于转移支付产生的公共服务在各地区间的不均等化程度虽然有所改善,但这种效果在2010年后明显弱化(刘大帅和甘行琼,2013)。

另一个为公共服务融资的渠道是土地财政或者利用土地进行抵押的地方政府债务。土地能起到信用和资本积累的作用。在土地私有的城市,当不动产升值的部分转移给土地所有者,政府便能通过税收的方式为公共服务的改进积累资金;土地公用制下,公共服务的改善都会资本化到土地的价格上,政府能直接从土地升值中获利(赵燕菁,2014)。将这部分升值的土地出售出去,便能获得基础设施和公共服务所需的资金。政府有动力推动土地价格水平快速上涨,使住宅用地和商服用地的价格超出土地的基本使用价值,为公共基础设施提供更多流动性资金。这个过程中容易高估土地的抵押价值,造成融资成本升高、商业资本被挤出、企业投资积极性不高和投资效率下降,并造成公共资本过度积累(赵扶扬,2022)。需要注意的是,公共基础设施等公共服务除了直接增加居民的效用外,还能形成公共资本、推动地方经济的发展,因此政府利用土地的价格及其配置行为驱动公共设施为经济发展服务的动力更强。赵扶扬(2022)认为,地方政府、土地和公共投资在中国经济中发挥了三个方面的作用：中国地方政府是公共服务的提供者,也是经济发展的推动者；土地归国家或集体所有,政府可以利用土地这项资源影响公共服务的供给和经济的发展；在2008年金融危机后外需降低、工业增加值减速的情形下,政府更加需要依靠公共基础设施投资促进经济增长。

地方政府如何在提供公共服务的过程中提高土地价格呢？一种方式是限制土地供给,以"招拍挂"的方式出售住宅用地。比如北京市2003年房地产开发企业购置土地面积为1 391公顷,而2015年仅为391公顷；上海市2003年房地产开发企业购置土地面积为1 469公顷,到了2015年,仅为263公顷。另一种方式与公共服务"租售不同权"相关。当公共服务专属于有房居民时,会导致住房的购买需求上升、价格上涨。可以看到,政府为了开发郊区土地,在将其拍卖给房地产开发商前往往事先在郊区新建一所小学或初中,或者修建一条道路通往当地。这无疑增加了居民在郊区买房的效用,所带动的上涨的土地价格正好可以为这些公共设施进行融资。土地的价格取决于人们对建成后住宅的售价预期,将一部分公共服务与房子所有权挂钩,以增加房子的使用价值和交换价值,便是地方政府提高土地价格的理性选择。

不过,土地财政是内生于地方的经济发展还是现行财税体制下的无奈之举,还有争议。李郇等(2013)发现,1994年分税制改革后,1995—2000年间土地财政没有快速增长,分税制后的财政缺口并不能解释土地财政的全部。地方政府之间为了发展经济形成的竞争,通过标低或者零地价出让工业用地的方式吸引资金来实现城市的工业化,用源源不断的税收弥补财政缺口。

但是,不管是政府在经济发展中参与者和推动者作用需要的公共资本,还是私人资本,它们都有推动公共服务"租售不同权"的动机。从本质上来说,城市公共服务、城市空间和城市发展的形成都离不开资本,离不开资本追求剩余价值的动机。中国的城市发展是在社会生产力发展还不够充分、不够平衡的条件下进行的,资本的逻辑在公共服务空间上不均等以及根据买房和租房实施"租售不同权"中同样得到体现：为了降低劳动力的再生产价值,资本会审慎地在不同空间选择建设公园、电影院、商场和娱乐设施等；为了在不同区域实现人口、生产工具、资本、享受和需求的集中,资本会有计划地选择住宅小区、厂房以及交通等设施的规模和地址；如果在偏远地区实现生产和劳动力的再生产更为有利,资本也会提供便利条件以吸引或驱使学校、工厂、便民设施等在当地先行建设;中小学等义务教育机构是典型的"租售不同权",影响不同收入居民的居住地选择和各地房价。政府有利用"租售不同权"提高土地价格、积累公共资本的动机,开发商也有利用"租售不同权"将住房以高昂价格出售的意愿。对于拥有住房的个人来说,"租售不同权"意味着社会地位的提高(Fang et al.,2016)以及以房屋为抵押得到的流动性(He et al.,2015)。因此,基本公共服务"租售不同权"形成各种各样的利益团体,公共资本、私人资本甚至一些拥有房产的劳动者都会利用政策制定话语权的优势,确保"租售不同权"的政策得以继续执行。

第三节 "租售不同权"的测度:空间一般均衡的方法

一、理论模型的建立

居民会根据各地的公共服务、房价、收入等各种差异选择居住地,形成不同的居住空间分层模式。换句话说,现实的空间分层是居民根据实际情形最优化自身行为的结果,这就为估计公共服务"租售不同权"的程度提供了一种解决方案。即,只要建立一个空间一般均衡模型,利用现实的人口空间分布数据和其余各种参数,便可以倒推出公共服务专属于有房者的程度和租房者能获得公共服务的程度。

我们以城市与农村为例,考察城市的公共服务"租售不同权"的程度。不失一般性,假设经济体中只有两个地区:城市和农村。城市有比农村更好的公共服务(如果是不同城市间或者同一城市的不同区域间,只要公共服务的差异可以引起人口流动的,都可适用这个模型)。将农村的公共服务标准化为零,城市公共服务 $B + E$ 为城市相对于农村的公共服务优势(如果是不同城市间或者同一城市的不同区域间,便不能将一个地区的公共服务假设为零,因为这个地区本身也存在公共服务"租售不同权"的现象,具体做法见第四章)。为了刻画公共服务"租售不同权"的情形,需要考虑到一个现实问题:在农村,居民拥有宅基地,只需要付出一定的建筑成本便可以拥有自己的住房。因此,可以视为人人拥有住房而不存在租房的情况,农村的公共服务也不会存在"租售不同权"的情形。但是在城市,土地属于国家所有,必须通过对商品房的购买才能拥有住房,资金不足的居民租房的现象比较常见,公共服务"租售不同权"在城市中才会发生。这样,我们在城市住房购买中引入"房子有最小面积"这个限制,有能力购买不小于最小面积住宅的居民才能获取全部公共服务 $B+E$,而买不了最小面积住房、租房的居民只能获得公共服务 E,即 B 是专属于有房者的福利。

用 h 表示居民买房时的面积, l 表示居民租房时的面积, φ 和 θ 为买房和租房时的价格。居民的消费函数是买房面积(租房面积)、非住宅消费品 c 和公共服务的函数。如果房子的最小面积可以标准化为 1,则人力资本为 a 的城市居民,其间接效用函数 $V^c(a)$ 可以写为:

$$V^c(a) = \max_{c,h,l} c^\alpha (h+l)^\beta + E + 1(h \geq 1)B \qquad (3-1)$$
$$s.t. \; c + \varphi h + \theta l \leq a\omega, \; hl = 0$$

居民的人力资本 a 是一个服从分布函数为 $F(a)$ 的随机变量; $hl=0$ 表示居民要么买房,要么租房,不能同时租房和买房; $1(h \geq 1)$ 是一个指示函数,当购房面积大于或等于 1 时,函数值为 1,而 $h<1$ 时值为零,这样就刻画了 B 是城市买房者专享的福利;上标 c 表示地区为城市; ω 为城市居民的收入。

根据一阶最优条件,城市租房者的福利或间接效用函数可以写为:

$$V_l^c(a) = \alpha^\alpha (1-\alpha)^{(1-\alpha)} \varphi^{\alpha-1} w_l^c + E \qquad (3-2)$$

只有当能力大于 α^* 时,城市居民才可能购买 1 单位面积住宅,他的福利或间接效用函数为:

$$V_l^c(a) = (w_1^c - \varphi)^\alpha + B + E, \; 如果 \; a > \alpha^* \qquad (3-3)$$

城市居民购买住房面积多于 1 单位要求的能力阈值为 α^{**}。此时,根据一阶最优条件,他的福利或间接效用函数为:

$$V_h^c(a) = \alpha^\alpha (1-\alpha)^{(1-\alpha)} \varphi^{\alpha-1} w_h^c + B + E, \; 如果 \; a > \alpha^{**} \qquad (3-4)$$

由此可见,要研究公共服务"租售不同权",就必须将买房时房子有最小面积限制这个事实纳入一般空间均衡框架中。因为"租售不同权"的含义表明,购买了最小面积的住房就能获得全部公共服务,而租房只能获得一部分公共服务。这也给模型的计算带来不一样的地方。以往对住房需求的求解往往建立在一阶最优条件的基础上,但这需要以购买的住房面积为一连续变量为假设前提,如果购房面积不能小于 1 单位面积,相当于需要考虑角点解的情形。在本模型中,由于农村住宅用地属于村集体所有,不会通过房地产市场进行出售,且村集体往往免费提供给村民土地以供其建筑住宅。因此,虽然农村的住房也有最小面积,但我们不需要考虑其土地价格。将 ϕ 表示为农村居民建筑房子的单位面积成本,可以将农村居民的间接效用函数写为:

$$V^R(a) = \max_{c, h, l} c^\alpha (\bar{h})^\beta \qquad (3-5)$$

$$s.t. \ c + \phi\bar{h} \leq w^R$$

$\bar{h}$ 为农村居民的住房面积。由于农村不存在以一组市场价格调整居民对房子的需求,使其与政府提供的宅基地面积相匹配,且农民在宅基地上建造住房受到土地管理所严格的规划和审批,不能随意或者根据单位建筑成本修建多大面积的住宅。因此,将 ϕ 和 $\bar{h}$ 都视为外生。

与农村不同,城市商品房的供给受到政府土地供给数量和房地产开发商行为的影响。城市住宅用地的性质为国家所有制,政府完全控制住宅用地的数量,还通过城市规划和管理规定了单位土地上的住房容积率。另一方面,房地产开发商拿地的热情和建造商品房的意愿受到房价的影响,房价上涨能够吸引房地产开发商增加商品房的供给。因此,将商品房的供给 h^s 定义为:

$$h^s = H\Lambda\varphi^\sigma \qquad (3-6)$$

其中 H 为政府关于住宅用地面积的供给,Λ 为房子建筑技术的某个外生参数,σ 为开发商住宅供给的价格弹性。

模型达到均衡时,存在一组参数居民的消费函数 $\{\alpha, \beta\}$、农村住宅供给函数 $\{\phi, \bar{h}\}$、城市商品房供给 $\{\sigma, \Lambda\}$,以满足以下条件:

(1) 人口居住空间上,用 N^R、N^c 表示农村人口和城市人口的集合,用 N_l^c、N_1^c、N_h^c 分别表示城市人口中租房、买 1 单位住房和多面积住房的居民集合,则 $N^R = N_l^c \cup N_1^c \cup N_h^c$。对于某一代表性居民 i,居民选择居住地点符合:

$$N^R = \{i \mid V_i^R > \max(V_{il}^c, V_{i1}^c, V_{ih}^c)\}, \ N_l^c = \{i \mid V_{il}^c > \max(V_i^R, V_{i1}^c, V_{ih}^c)\}$$
$$N_1^c = \{i \mid V_{i1}^c > \max(V_i^R, V_{il}^c, V_{ih}^c)\}, \ N_h^c = \{i \mid V_{ih}^c > \max(V_i^R, V_{il}^c, V_{i1}^c)\}$$
$$(3-7)$$

(2) 房地产市场的均衡要求住房面积的需求等于供给:

$$\int_{a \in N_l^c} l(a) \mathrm{d}a + \int_{a \in N_1^c} 1(a) \mathrm{d}a + \int_{a \in N_h^c} h(a) \mathrm{d}a = H\Lambda\varphi^\sigma \qquad (3-8)$$

(3) 产品市场:

$$\int_{a \in N_l^c} c_l^c(a) \mathrm{d}a + \int_{a \in N_1^c} c_1^c(a) \mathrm{d}a + \int_{a \in N_h^c} c_h^c(a) \mathrm{d}a + \int_{a \in N^R} c^R(a) \mathrm{d}a = Y^c + Y^R$$
$$(3-9)$$

最终的均衡结果表明,不同技能居民在城市和农村间的分布呈现完全分层的情形:高技能人口逐渐从农村向城市转移,低技能人口则留在农村。格鲁姆(Glomm,1992)和卢卡斯(Lucas,2004)也发现,城市化进程中,高技能工人首先从农村向城市转移,紧接着是次高技能的工人。究根结底,城市的工业需要技能更高的工人,城市的生产率高于农村,单位人力资本的收入也高于农村,吸引人口向城市转移,形成最终的人力资本空间分层。农村人口流向城市后,面临着租房、买最小面积住房和买更大面积住房三种选择。数值模拟图3-1表明,较低能力的居民在城市租房居住;能力稍高的居民会在城市购买比较小的面积的住房;当居民的能力较高时,他们就会购买大面积的住宅。

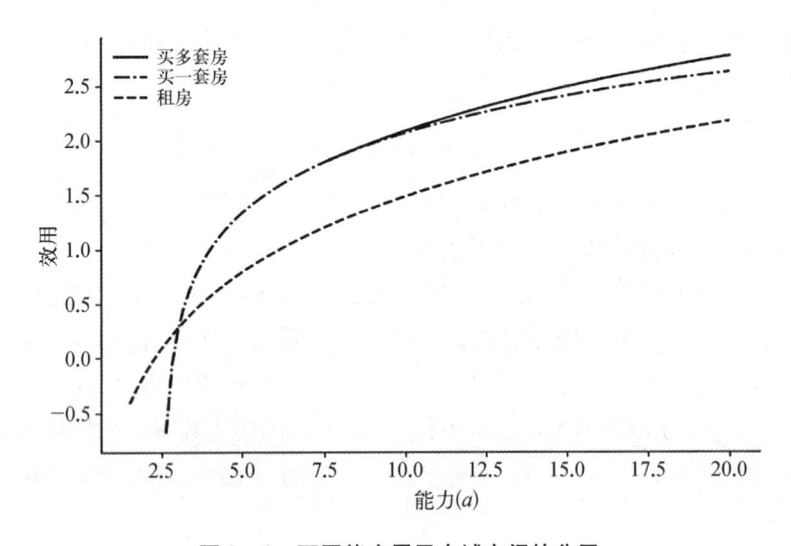

图3-1　不同能力居民在城市间的分层

二、对公共服务"租售不同权"的校准

为了将模型与现实进行对照,我们需要用到城市租房人数、买房人数和城乡居住状况等各种数据,所涉及的数据来源包括《中国统计年鉴》《中国区域统计年鉴》《中国城市统计年鉴》等。

为了计算城镇人口中的租房人数和买房人数,我们将《中国统计年鉴》中城镇居民离开户口登记地半年以上的作为租房人数,这部分人口在统计中被视为常住人口而不是当地的户籍人口。一个简单的假设是:居民一般只有在当地买房落户,才能获得当地的户籍;一些工作单位虽然可以接受外地人的户籍,将其落户到集体户口中,但出具身份证明的,依然归为常住人口登记簿。

为了界定居民购买城市住宅时面对的最小面积限制,须顾及一个事实:本模型中个人购买住房,而现实生活中购买住房的单位往往以家庭为主。1999 年、2003 年和 2013 年版《住宅设计规范》都规定普通住宅套型分成 4 类,其中最小面积的为居住空间 2 个的一类套型,使用面积为 34 平方米。但这可能是一个家庭几口人居住在最小面积的住宅里,需要将家庭的最小面积住宅转化为人均最小购房面积。《中国统计年鉴》里统计了家庭平均每户人数,2000 年为 3.1 人,2017 年为 2.8 人,为本研究中人均最小购买住房面积的折算提供了便利。笔者注意到购买最小面积住宅的家庭户往往不可能人口众多,并且随着社会的发展,一开始一家几口人挤在小房子,逐渐向家庭户中人数为一口人或两口人便可以买下最小面积住宅的情形转变。我们将人均最小购买住宅面积定义为:

$$\frac{34 \text{ 平方米}}{\text{某年城镇居民家庭户平均人口数}} \times \frac{\text{某年家庭户抽样中小于三人户的家庭户比重}}{2000 \text{ 年家庭户抽样中小于三人户的家庭户比重}}$$

租房时也存在最小面积的限制。北京 2013 年《关于公布我市出租房屋人均居住面积标准等有关问题的通知》规定,出租房屋内居住人数不得超过 2 人,人均居住面积不得低于 5 平方米。住宅出租面积和城镇居民人均租房面积的数据来源于《中国房地产统计年鉴》,"租房人数"等于"住房出租面积"除以"城镇居民人均租房面积"。

为了界定农村最低能力者的范围,笔者注意到一个现象:农村没有租房者。因此,假设农村最低技能居民支付得起在农村建房的价格为 $\phi \bar{h}$。在估算城市居民的能力时,模仿埃克豪特等(2014),设定其能力为 $\alpha^\alpha (1-\alpha)^{1-\alpha} w/p$,这就需要统计居民的收入 w、房价 p 和权重参数 α。根据埃克豪特等(Eeckhout et al.,2014)、梁文泉和陆铭(2015),假设居民在住房上的消费占到其收入的 30%,即 $\alpha = 0.3$;再假设由于银行规定,居民在买房时每个月所还房贷不能超过其收入的一半,取极端情况,假设居民每月收入的 50% 用于归还房贷。

城镇居民、农村居民的收入以及城镇商品房出售价格、农村建房时的价格水平也可以从相关年鉴中得到。将 2000—2017 年各种有关居民居住情况的数据进行总结,得到表 3-1。

表 3-1　城乡居住情况表

年份	农村人均居住面积（平方米）	城镇人均居住面积（平方米）	农村人口数量（比重）	城镇租房人口数量（比重）	城镇买房人口数量（比重）	农村建房价格（千元/平方米）	城镇买房价格（千元/平方米）	城镇租房最小面积（平方米）	城镇买房最小面积（平方米）
2000	24.80	20.30	0.64	0.04	0.32	0.24	2.11	5.00	10.97
2001	25.70	20.80	0.62	0.04	0.34	0.26	2.17	5.00	11.27
2002	26.50	24.50	0.61	0.03	0.36	0.27	2.25	5.00	11.94
2003	27.20	25.30	0.59	0.03	0.37	0.28	2.36	5.00	12.21
2004	27.90	26.40	0.58	0.03	0.38	0.31	2.78	5.00	12.56
2005	29.70	27.80	0.57	0.05	0.38	0.33	3.17	5.00	16.10
2006	30.70	28.50	0.56	0.04	0.40	0.39	3.37	5.00	15.23
2007	31.60	30.10	0.54	0.04	0.42	0.42	3.86	5.00	15.78
2008	32.40	30.60	0.53	0.04	0.43	0.45	3.80	5.00	15.85
2009	33.60	31.30	0.52	0.04	0.44	0.50	4.68	5.00	16.57
2010	34.10	31.60	0.50	0.07	0.43	0.56	5.03	5.00	17.74
2011	36.20	32.70	0.49	0.10	0.41	0.59	5.36	5.00	18.92
2012	37.10	32.90	0.47	0.10	0.42	0.69	5.79	5.00	19.16
2013	38.80	33.92	0.46	0.10	0.44	0.78	6.24	5.00	20.49
2014	40.50	34.93	0.45	0.10	0.44	0.82	6.32	5.00	20.85
2015	42.20	35.95	0.44	0.12	0.44	0.85	6.79	5.00	18.82
2016	43.90	36.97	0.43	0.10	0.47	0.87	7.48	5.00	19.53
2017	45.60	37.98	0.41	0.11	0.47	0.88	7.89	5.00	20.98

数据来源：《中国统计年鉴》。

因此，模型的校准目标为农村人均居住面积、城镇人均居住面积、农村人口数量比重、城镇租房人口数量比重、城镇买房人口数量比重、农村建房价格、城镇买房价格；模型已知参数为住房消费权重[按照埃克豪特等（2014），我们设为0.3]、大城市相对于小城市的工资优势[按照陈良文等（2008），我们设为0.2]、城镇房价、城镇租房以及买房最小面积。利用空间一般均衡模型和各种数据，采用计算机编程计算出城市相对于农村的公共服务优势，并区分公共服务"租售不同权"的程度，得到表3-2。

表3-2表明,2000年,包括租房者在内的所有当地居民都可获得公共服务数量为1.5668,专属于买房居民的公共服务为1.0784;到了2017年,包括租房者在内的所有当地居民都可获得的公共服务为1.5852,专属于有房者的公共服务为1.0040。2 000—2017年间,前者出现了一定程度的上涨,后者出现了下跌,表明中国公共服务"租售不同权"的程度得到一定的控制。

表3-2 城市公共服务"租售不同权"程度的测度

年份	2000	2001	2002	2003	2004	2005	2006	2007	2008
E	1.566 8	1.553 3	1.556 2	1.561 0	1.585 6	1.611 5	1.572 5	1.605 3	1.553 7
B	1.078 4	1.061 6	1.071 2	1.069 7	1.093 8	1.233 9	1.096 4	1.133 5	1.036 2

年份	2009	2010	2011	2012	2013	2014	2015	2016	2017
E	1.613 1	1.586 8	1.589 8	1.552 6	1.525 2	1.511 4	1.530 2	1.566 3	1.585 2
B	1.106 3	1.069 3	1.044 6	1.016 0	1.010 5	1.004 3	1.000 0	1.001 2	1.004 0

为了测试2000—2017年中国公共服务"租售不同权"程度的变化,用专属于有房者的服务与所有居民都可得到的公共服务之比 B/E 来表示。B/E 越大,公共服务"租售不同权"程度越高;B/E 越小,公共服务"租售不同权"的程度得到改善;B/E 为零时,完全没有公共服务"租售不同权"。图3-2表示,2000—2017年间,公共服务"租售不同权"程度有逐渐下降的趋势。因此,虽然直到2017年5月,住房城乡建设部颁布的《住房租赁和销售管理条例(征求意见稿)》才规定租房居民在基本公共服务方面享有与买房居民同等的待遇。但是实际上,中国政府一直致力于公共服务"租售同权"的改善,改革因户籍制度造成的福利二元制;各级地方政府为了吸引外来人口,也会降低高技能人才落户的障碍,给予其子女教育或其他公共服务的同等待遇。

另一方面,公共服务"租售不同权"程度的改善也是经济作用的结果。加入世贸组织后,中国经济的高速发展和人口流动打破了公共服务分配上的人为障碍。流动人口通过缴纳"赞助费"的方式获得子女在当地接受义务教育的权利,而由市场驱动的民办学校、国际学校也应运而生,满足了流动人口这方面的诉求。

公共服务"租售不同权"的程度下降也带来城镇化进程速度的加快和居

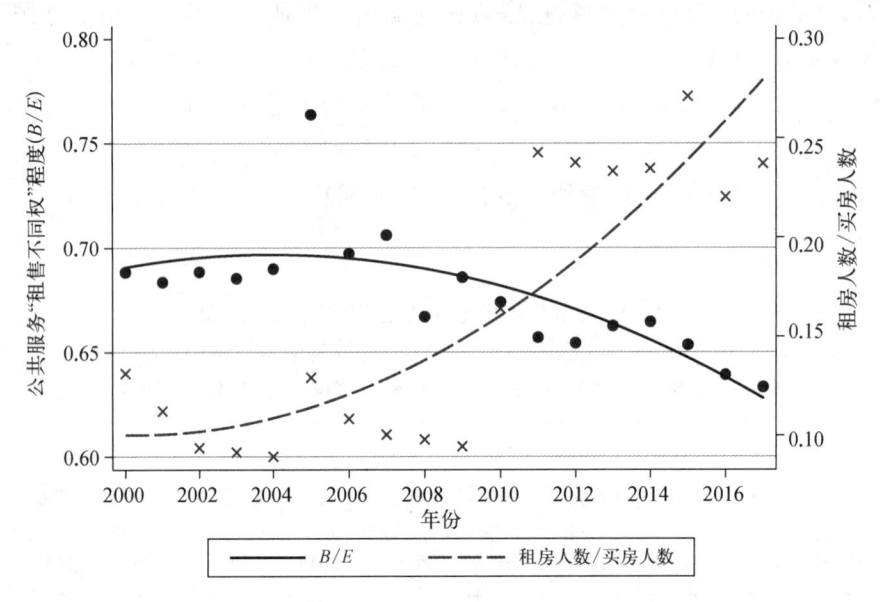

图 3-2 公共服务"租售不同权"的程度与居住模式

民居住模式的变化。公共服务不再与住房捆绑,一定程度上降低了人们对住房的需求,房价下降,降低了居民进入城市的门槛。由于城镇化率衡量的是进入城市的常住人口和户籍人口的总和占一国所有居民的比重,可以想象,公共服务"租售不同权"的程度下降后,租房居民能够得到的福利增加,他们更加愿意迁往大城市。从图 3-2 中可以发现,租房人数相对于买房人数的比重在 2000—2017 年间也得到了增长。第七次全国人口普查数据也表明,与 2010 年相比,中国城镇人口比重上升了 14.21%,人户分离的流动人口达到 4.93 亿人,比 2010 年增长了 88.52%。

第四节 "租售不同权"的测度：主成分分析法

一、公共服务"租售不同权"指标的选择

公共服务的种类较多,覆盖的范围也较为庞杂。为了比较公共服务的改善程度,或者在不同城市空间比较其优劣程度,可以赋予这些类别的公共服务一定的权重结构,将其压缩成少数几个综合指标。为了保证压缩过程中信息的完整性,一般采用正交变换将一组存在相关性的变量转

变成特定的变量,这就是主成分分析法(PCA)。钱雪亚和宋文娟(2020)在测度城市基本公共服务面向农民工的开放程度时,注意到各城市的《居住证暂行条例》中规定了公民离开户籍所在地来到当地,作为常住人口享有哪些基本的公共服务和便利。但是,申领居住证是有门槛的,一般都会要求外来人口在就业、住所或者就读条件上符合一定的条件;而且,即使外地居民获得本地居住证也并非能得到所有的公共服务,而必须是根据各个城市不同的《居住证暂行条例》中规定的各种类别。因此,他们将基础公共服务分为教育、就业、社会保障、医疗卫生、计划生育、住房保障、文化体育几个方面,运用主成分分析法确定基础公共服务的数量,并测度了城市基本公共服务面向农民工开放的程度。张吉鹏等(2020)把城市落户门槛与能否享受到与本地居民同等的公共服务联系在一起,将落户政策细分成普通就业、人才引进、投资与纳税、购房落户、亲戚投靠等类型,并据此构建了具体的落户门槛评价指标体系,发现公共服务对本地人和外地人的不均等分配会导致人口的回流。韩峰和李双玉(2019)研究异质性公共服务对人口规模的吸引以及产生的产业集聚协同效应时,为了刻画民生类公共服务和基础设施类公共服务,采取主成分分析法,将各类指标的公共服务压缩成一个维度。借鉴他们的方法,本节中,我们提炼代表性公共服务领域,将专属于有房者的公共服务与包括租房者也能得到的公共服务领域和种类细分出来,运用主成分分析法,刻画公共服务"租售不同权"的程度。

笔者在研究中将租房者也能得到的公共服务称为共享型公共服务,包括能源、资源基础设施类公共服务、交通运输类公共服务和环境保护类公共服务等。它们的共同特点是消费的非排他性,即这部分公共服务由地方政府的财政承担,在消费时无法区分出消费者是租房居民还是买房居民。专属于有房者的公共服务用教育类公共服务和医疗卫生类公共服务作为代表:学区房制度规定子女受教育的权利依赖于其父母购买住房的所在地,按照父母住房所在地实行"就近择校"的原则;在一些城市,医疗费用的报销也针对本地区的户籍人口。在表3-3中,我们利用2010年262个城市的数据,将专属于有房者的公共服务分成7项,将包括租房者在内的居民都可得到的共享型公共服务分为6项,并统计出它们的均值、方差、最小值和最大值。可以发现,各项指标的最大值和最小值之间相差较大,表明中国的公共服务在各地间的差异比较大,这是引起人口在不同城市间流动的原因之一。

表 3-3 城市公共服务分类方法

		城市数目	均值	方差	最小值	最大值
专属于有房居民的公共服务 B	医疗卫生类公共服务					
	每万人医院卫生院数(所)	262	0.699	0.845	0.158	11.516
	每万人医院卫生院床位数(张)	262	50.126	21.978	4.697	161.583
	每万人医生数	262	28.631	13.214	5.193	94.165
	每万人医疗与计划生育支出(元)	262	6.093	4.000	0.024	23.411
	教育类公共服务					
	人均小学数	262	2.710	1.829	0.380	14.218
	中学师生比(人/万人)	262	0.062	0.011	0.009	0.119
	每万人教育经费支出(元/万人)	262	296.185	358.197	16.483	3 940.033
所有居民都可得到的共享型公共服务 E	能源、资源基础设施类公共服务					
	居民人均生活用水量(吨)	262	5 086.064	10 596.053	122	126 000
	居民人均生活用电量(千瓦·时)	262	281.282	247.042	21.91	2 745.35
	交通运输类公共服务					
	每万人拥有公共汽车数(辆)	262	5.509	6.465	2.743	91.971
	人均铺装道路面积(平方米)	262	5.904	3.923	6.782	32.721
	环境保护类公共服务					
	人均绿地面积(平方米)	262	26.344	45.015	1.491	655.972
	建成区绿化覆盖率(%)	262	28.441	10.201	2.763	61.626

二、对"租售不同权"程度的测度

主成分分析法能通过基变换将多维变量压缩成一维,从而估算出专属于有房居民的公共服务 B 以及所有居民都可得到的公共服务 E,再用 B/E 表示公共服务"租售不同权"的程度。利用第五次人口普查(2000年)和第六次人口普查(2010)262个城市的数据进行计算,画出公共服务"租售不同权"的核密度图,如图3-3所示,表明"租售不同权"程度主要集中在0.3—

0.7之间。这意味着全部公共服务中,有23%—41%的比重专属于有房居民,造成严重的"租售不同权";尤其是,"租售不同权"的程度超过1也占据着不小的比重,中国超过50%的公共服务租房居民无法获得,"租售不同权"的现象亟待改革。"租售不同权"程度最高的为盘锦市、随州市和湘潭市等几个城市,这些城市经济发展水平和吸引外地人口的能力较弱。这也是其较高"租售不同权"得以存在的原因之一——城市以当地人口为主,很少出现在当地长达十几年租房生活的外地居民,较高的"租售不同权"并不影响大部分人的生活。反之,以房价高昂、流动人口较多著称的深圳市,"租售不同权"的程度仅为0.108,表明存在一部分人在深圳赚取高收入、长期租房而不是买房,买房以获得当地全部公共服务对他们的诱惑力不大。

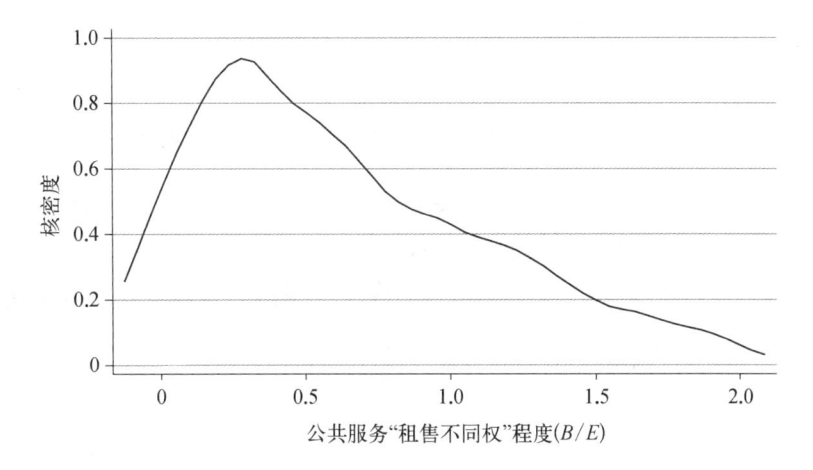

图3-3 公共服务"租售不同权"的核密度图

公共服务"租售不同权"能深刻影响居民的空间分层,虽然具体的机制分析要从第四章开始,但是这里我们简单地介绍高技能人口的空间分层如何受到公共服务"租售不同权"的影响。将2010年各城市受教育年限在专科及以上的人群称为"高技能人口",他们的比重与"租售不同权"的程度呈现负相关关系,即"租售不同权"的程度越高,一个城市的高技能人口比重越小,如图3-4所示。一个可能的原因是,"租售不同权"的程度越高,表明有更多的公共服务与住房捆绑。这提高了居民对房子的需求,房价升高,加重了高技能人口的负担。因为他们迁移到一地,便是希望在当地买房、落户和生活,对公共服务和住房的追求迫使他们省吃俭用承担高昂的房价。相反,低技能工人流向经济发达城市的目的是赚取高收入、在老家生活,他们不会在当地买房,发达城市的高房价对他们影响并不大。

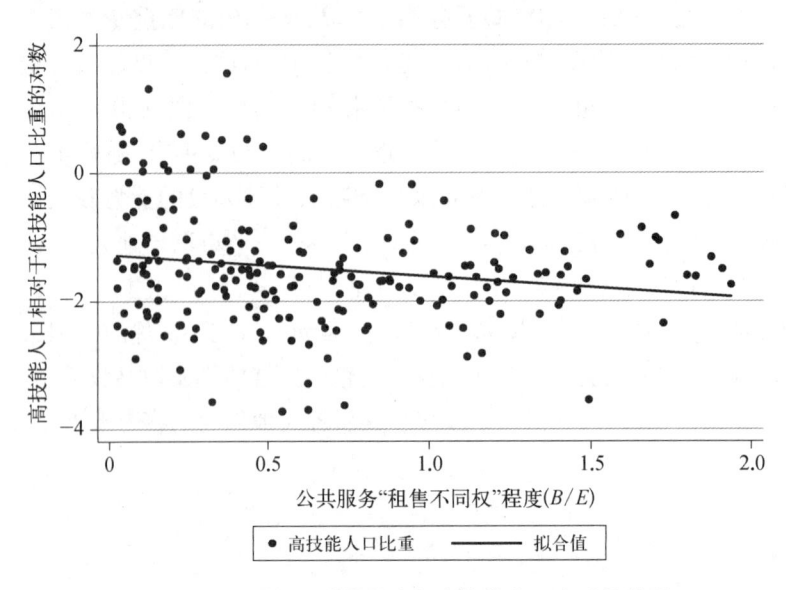

图 3-4 "租售不同权"程度与高技能人口比重的关系

再次,我们测度了中国 4 个直辖市和 26 个省会城市(因相关数据缺失,本研究未包括对拉萨的分析)"租售不同权"的程度,具体见表 3-4。4 个直辖市中,"租售不同权"程度最高的是北京。这导致外来移民比较看重北京户口,因为在北京买房、落户能得到更多的公共服务;"租售不同权"程度最低的是上海市,上海市与北京市一样是中国经济高度发达、对人口吸引力足、户口重要的城市。但上海市"租售不同权"的程度却最低,可能是因为不同于北京市作为政治中心,上海市能根据经济需要采用更灵活的政策,放松一些紧缺人才的公共福利限制。海口、兰州、西宁市公共服务"租售不同权"的程度超过了 1,表明如果不买房以获取当地户口、获得与当地买房居民同等的公共服务,迁移至这些城市将不是理性的行为,这也导致这些城市吸引人口不足,常住人口的数量增长缓慢。太原、呼和浩特、昆明和乌鲁木齐市的公共服务"租售不同权"程度都超过 0.5,前三个城市甚至接近 1,表明迁往这些城市、成为当地的常住人口不是理性的行为。因此这些城市的城镇化基本就是户籍人口的城镇化,以租房为主的常住人口较少,或者只是处于买房的过渡中。哈尔滨、南昌、西安、银川、成都、长沙、石家庄、贵阳市的公共服务"租售不同权"程度在 0.2—0.5 之间,"租售不同权"的程度有一定程度的下降。在控制了就业机会、工资、迁移成本等因素后,仅仅出于对公共服务的追求,这些城市能吸引居民流入,尤其是买不起房的低技能居民的流入,一定程度上又促进了这些城市的发展;这些城市大部分地处中部地区,或者是西南部重要的区域性城市,近几年都得到了长足的发展,这也与它们在吸引人口上的优势相关。济南、郑州、南宁市的"租售不同权"程度在0.15—0.2之间,在常住人口的增加上更有前景。福州、杭州市"租售不同权"的程度小于0.15,而合肥、沈阳、长春、南京、广州和武汉市"租售不同权"的程度甚至小于0.1,表明在这些城市,租房居民得到的公共服务与买房居民比较起来,已区别不大,都在10%以下。

表3-4 我国直辖市及省会(首府)城市"租售不同权"的程度

城市	北京市	重庆市	天津市	上海市	海口市	兰州市	西宁市	太原市
B/E	0.371	0.302	0.226	0.125	1.427	1.045	1.013	0.946
城市	呼和浩特市	昆明市	乌鲁木齐市	哈尔滨市	南昌市	西安市	银川市	成都市
B/E	0.937	0.845	0.641	0.486	0.441	0.435	0.383	0.354
城市	长沙市	石家庄	贵阳市	济南市	郑州市	南宁市	福州市	杭州市
B/E	0.328	0.306	0.201	0.186	0.172	0.163	0.119	0.106
城市	合肥市	沈阳市	长春市	南京市	广州市	武汉市	拉萨市	
B/E	0.092	0.078	0.052	0.042	0.041	0.033		

需要说明的是,采用空间一般均衡模型校准出的专属于有房居民的公共服务 B 和所有居民都可得到的公共服务 E,有高估的可能。这种方法下,用便利(amenity)而不是公共服务描述 B 和 E 更合适。便利既包括公共服务,也包括空气、绿化和社会文化环境等,都属于本模型中的 E。而对专属于有房居民的公共服务 B 的估算中,既包括学区资源这样的公共服务(孙三百,2018),也包括拥有一套住房获得的社会地位(Bayer et al.,2016)、婚姻市场上的地位(Fang et al.,2016)以及流动性(He et al.,2015)和潜在的升值收益(何兴强和杨锐锋,2019)等。但是,毫无疑问,本书提出利用空间均衡模型测度公共服务"租售不同权"的程度,这是一种以往研究所没有的新尝试。

第四章 "租售不同权"与城市间的人力资本空间分层

第一节 问题的提出

随着户籍制度的放松和1978年的改革开放,中国大量农村人口从边际生产力低的耕地中释放出来,流向城市中的工业或服务业部门。他们在城市中租房或买房,形成了规模巨大、速度较快的城镇化进程。到2021年,中国常住人口的城镇化率达到64.72%,相对于1978年,高出46.8%,城市人口也新增6亿多人。然而,这6亿人口的能力不是同质的,他们也并不是均衡迁往各个城市,不同技能者在各个城市间的数量分布形成了城市间的人力资本空间分层。城市间的人力资本空间分层是居民"用脚投票"的结果,不仅体现了城市对各技能人口的吸引力,也影响城市的经济发展潜力和未来竞争力,关系到中国人力资本空间的优化配置、城市社会治理、区域协调发展等问题。因此,无论地方还是中央,都比较关心这种人力资本空间分层。在地方上,各个主要城市纷纷出台优惠政策,给予高技能人才户籍放松、购房补贴等政策以吸引他们流入。即使是在吸引高层次人才上较有优势的上海也通过了《2022年非上海生源应届普通高校毕业生进沪就业申请本市户籍评分办法》,降低应届硕士毕业生的落户门槛。在中央层面,2020年11月通过了《中共中央关于制定国民经济和社会发展第十四个五年规划和二〇三五年远景目标的建议》,提出要"统筹城市规划、建设、管理,合理确定城市规模、人口密度、空间结构,促进大中小城市和小城镇协调发展";针对"抢人大战"中被各城市忽略的低技能工作者,《人民日报》2021年4月27日发文称,要深化户籍制度的改革,放开放宽除个别超大城市外的城市落户限制,推动农民工,尤其是新生代农民工融入城市。

在西方发达国家,人力资本空间分层的一个典型现象是:大城市在吸引较高和较低技能的工人上较有优势,而小城市更倾向于吸引中等技能的工人(Cerina et al.,2020;Sunley et al.,2020)。关于大城市人力资本分布厚尾的这种现象,埃克豪特等(Eeckhout et al.,2014)利用美国的数据构造了衡量"技能"的指标,也给予了验证。即使将研究人群扩散到不同年龄人口、不同学历人口、外来移民等,结果仍然稳健,他们也由此正式提出"空间分层"(spatial sorting)的概念。事实上,以前的经济学家也隐晦地意识到了这种现象,比如他们发现,大城市和小城市的平均技能大致相同(Bacolod et al.,2009),且大城市的技能方差更大(Gautier and Teulings,2009)。图4-1描绘了美国的人力资本空间分层,实线代表大城市,其低技能工人和高技能工人的分布都要超过小城市,表明大城市在吸引人才方面呈现出"两头翘"的特征。

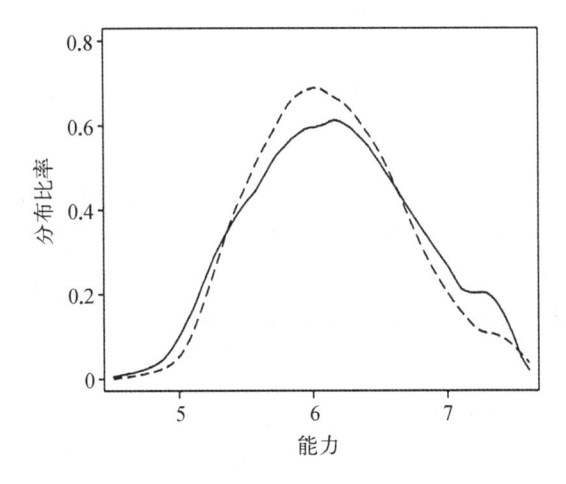

图4-1 美国的人力资本空间分层

注:来源于埃克豪特等(2014)。实线代表大城市,虚线代表小城市。

中国的人力资本空间分层是否也呈现这一特点?相关研究并不多,据我们有限的了解,只有梁文泉和陆铭(2015)利用2005年1%人口普查的数据发现中国大城市人力资本空间分层也呈现厚尾的特点。陆铭(2017)引用此结论,给予了理论上的说明。为了保证学术的严谨性,我们模仿埃克豪特等(2014),将"技能"定义为居民对住房偏好α、工资收入ω以及房价φ的一个函数,即技能公式为$\alpha^{\alpha}(1-\alpha)^{(1-\alpha)}\omega/\varphi^{\alpha}$,将"大城市"定义为市区非农户籍人口规模大于250万的城市,"小城市"定义为市区非农户籍人口规模小于100万的城市。之后利用2015年人口抽样调查数据、2015年中国综合社会调查数据(CGSS2015)、2013年和2018年家庭收入调查数据(CHIP2013、2018),都发现中国的人力资本空间分层也符合大城市厚尾的特征。限于篇幅,本研究选取了CHIP2013数据和CGSS2015数据给予展示,如图4-2。

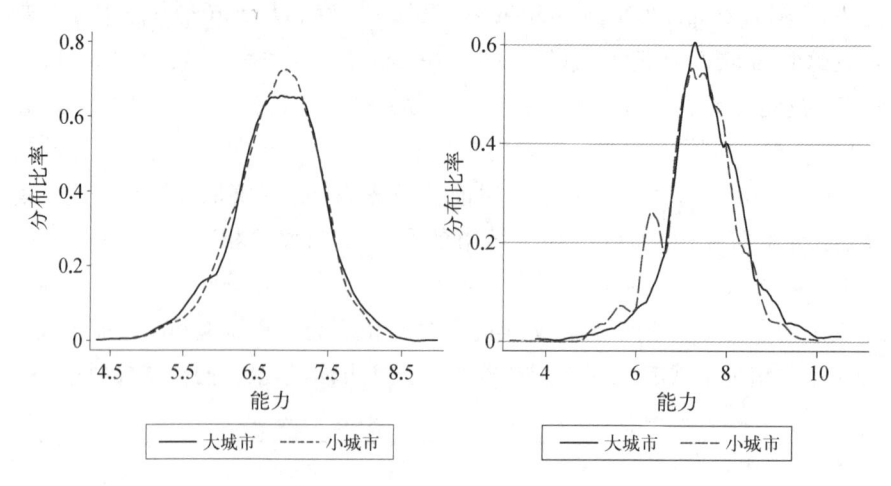

图 4-2 中国的人力资本空间分层

注：左图来自 CHIP2013 数据，右图来自 CGSS2015 数据。实线代表大城市，虚线代表小城市。

与国外的人力资本空间分层相比，中国的人力资本空间分层虽然也呈现厚尾的特征，但大城市在吸引低技能工人方面存在明显的不足：既不如吸引高技能工人那么明显，也不如美国大城市在吸引低技能工人方面那么明显。因此，我们要理解中国人力资本空间分层的原因，识别其与美国的不同，并在政府希望采取调控政策以"控制人口总量，优化人口结构"时给予一定的建议。现有的国外理论纷纷从劳动力市场的角度予以阐述，忽略了各地公共服务的差异也是吸引人口流动的重要因素。尤其是在中国，拥有一套住房者和租房居住的劳动者所获得的公共服务并不同。因此，我们需要一个统一的空间均衡结构模型，能纳入中国公共服务"租售不同权"的特征，并能从这个角度讨论影响城市间人口分布的不同政策，为中国基本公共服务"租售同权"改革、城市人口结构优化政策提供有益的理论指导。本书的结论具有开创性，得到了与既有文献不一样的结果，且得到实际数据的验证。比如，大城市希望通过减少土地供给、提高房价的方式将低技能工人排斥出去，结果可能适得其反；大城市公共服务开放的程度越高，越容易吸引较高和较低技能的工人，加深空间分层；如果公共服务"租售不同权"的程度加深，则会吸引更多高技能工人流入，并使低技能工人流出。

其余结构安排如下：第二部分对相关文献进行评述，讨论本研究的改进；第三部分介绍房租外生的基本模型；第四部分是均衡分析；第五部分对公共政策进行分析；第六部分将模型扩展为包括异质性财富和房租内生的情形；最后是总结。

第二节 本研究相对于以往研究的改进

公共服务"租售不同权"对人力资本空间分层的影响是一个全新的研究主题,相关文献不多。但是,经济学家对人力资本空间分层的关注却并不鲜见,最早可以追溯到20世纪。在美国,20世纪80年代之前,不同技能工人在不同城市间的空间分层较为相似;80年代后,大城市的空间极化发展迅速:高技能者和低技能者的比例增加,中等技能者的比例迅速下降,大城市技能分布呈现厚尾的形态(Cerina et al.,2020)。一个重要原因是技能偏向型(skill-biased)技术的发展带来不同岗位的极化。大城市的集聚经济容易产生技能偏向型的技术(Dingel et al.,2019;Davis and Dingel,2020;Favilukis et al.,2023),技能偏向型技术增加了城市中高端技能和低端技能的岗位数量,而中等技能则出现岗位数量减少的"空心化"和工资下降(Oesch and Menes,2011;Goos et al.,2014;Sunley et al.,2020)。技能偏向型技术的一个典型是计算机信息技术,它提升高等教育者需求的同时,消除了常规工作或那些需要中等技能的工作(Autor,2015)。全球制造业岗位的外包又加剧了这一趋势(Gagliardi et al.,2015)。哈格(Hug,2019)认为,计算机不仅能与复杂的任务形成互补,还和城市规模之间产生技能偏向型的互补,吸引处理复杂任务的高技能人才留在大城市,并对低技能工人也有正向积极影响。在生活成本昂贵的大城市,用计算机和自动化替代中等技能的工作是有利可图的。理论上,只要不同技能生产函数曲率相同,就能得到大城市技能分布厚尾的结论(Eeckhout et al.,2019;Arntz et al.,2023)。

技能间的互补性也能产生大城市技能分布厚尾。在高、中、低三档人力资本中,只有较高和较低这种极端技能互补才能产生大城市技能分布厚尾的情形(Eeckhout et al.,2014)。技能互补有三个来源:不同技能工人的劳动分工、人力资本的外部性和消费的外部性(陆铭,2017)。以大城市服务业为例,其企业间和行业间的外部性也能促进技能互补(梁文泉和陆铭,2016)。贝伦斯等(Behrens et al.,2018)将不同工人间的技能互补扩展到工人与企业主间的匹配和自选择,阐释了空间分层如何增加城市内部和城市之间的不平等。王(Wang,2020)将人力资本空间分层视为工人选择工作岗位的结果,因为工人与工作场所之间也存在技能互补。张等(Zhang et al.,2020)讨论了技能互补对企业家精神的作用。刘和杨(Liu and Yang,2020)认为,空间分层的潜在机制可能是消费的外溢性,而不是人力资本的外部性。

以上文献从劳动力市场的角度解释人力资本空间分层,没有突出公共服务在其中起到的作用。缺少公共服务的理论机制很难准确预测人口的空间分层(Gaigne et al.,2019)。大城市容易吸引到高技能人才,这个结论只有在大城市能够提供对高技能人才有吸引力的公共服务时才成立(Glaeser and Resseger,2010)。北半球城市能吸引创意人才和创造性才能者,不是因为它们是生产的中心,而是由于它们是消费和良好公共服务的节点(Glaeser and Gottlieb,2009)。因此,大量研究考察了公共服务对空间分层的影响。埃普尔和罗曼诺(1998)阐述了公立学校和私立学校对不同才能学生的吸引。黛蒙德(2016)发现高技能劳动者更倾向于居住在公共环境较好的城市。罗伯特·尼科德等(Robert-Nicoud et al.,2019)认为交通便利的城市对高技能工人更有吸引力。韩峰和李玉双(2019)发现城市民生类公共服务对人口的吸引作用大于基础设施类公共服务。但是,以上文献往往假设工人可以购买任意面积的住房,没有考虑能否买得起房的问题,也就忽略了租房和买房时面对的公共福利可能不同,从而缺乏在一个统一的框架内解释大城市人力资本空间分布厚尾的原因。

本研究注意到以下事实:现实中购买房子面临房屋所有权不可分割的问题,买房时必须以整个住宅为单位。这是由房屋的不动产性质和交易成本决定的,而租房却可以租用住宅单位中的一部分。换言之,买房并不是可以随意买任何单位的面积,现实中的房屋有最低面积,购房者面临最低面积的限制①。该限制导致一部分人,尤其是低人力资本的工人买不起房。刻画买房与租房选择的一个好处是区分房屋购买者和租赁者享有的公共福利不同,即公共服务"租售不同权"问题。房屋所有者可以得到婚姻市场的优势(Fang et al.,2016)、更好的学区资源(孙三百,2018)、流动性(He et al.,2015)和潜在的升值收益(何兴强和杨锐锋,2019),而租房者享受不到这些好处。"租售不同权"不仅会影响人们是否购房,还会影响他们选择在哪个城市工作。既有研究中也有考虑购房最小面积限制的。科科(Cocco,2005)认为,买房时最小面积的存在会产生消费的内生非连续性,带来市场摩擦;颜色和朱国钟(2013)将它纳入金融资产配置的讨论;法维路基斯等(Favilukis et al.,2023)利用该限制研究了房子的负担能力及其对家庭选址的影响。但是这些研究都没有刻画租房和买房选择以及背后的公共福利差异,因而没

---

① 2013年版《住宅设计规范》规定住宅应该包括卧室、起居室(厅)、厨房和卫生间等基本空间,最小使用面积不能小于34平方米。

法回答不同人力资本在城市间的分布。

本研究旨在一个统一的框架内从公共服务的角度解释人力资本空间分布厚尾的成因,并预测相应政策变量对居民居住分层的影响。与以往文献相比,本书的边际贡献在于:(1)考虑到买房时房子有最小面积的限制会带来消费的不连续性;(2)公共服务"租售不同权"对人力资本空间分层的影响;(3)公共服务及土地供给等政策变动对不同技能人口空间分层的影响。本书的结论不仅有助于理解人力资本空间分层的原因,还可为中国"租售同权"改革、城市发展提供政策建议。

第三节 模型的设定

一、经济环境

模仿埃克豪特等(Eeckhout et al.,2014),假设经济体包括大城市和小城市两个地点。大城市有更高的生产效率和更好的公共服务,测度为1的工人选择其中一个城市工作和居住以最大化其效用,并用 j 表示地区,$j=s$ 代表小城市,$j=b$ 为大城市。因此,本书假设居民迁往一地时必然可以找到工作,做这样的假设是为了简化劳动力市场,把研究视角集中在公共服务,尤其是公共服务根据居民买房还是租房而有所差异上。为了刻画这一点,我们将埃克豪特等(2014)的模型进行改造:用 h 代表居民购买住房的面积,l 为居民租房时的面积,且居民不能同时买房和租房,只能两者占其一。当居民在城市 j 租房时,他能获得一般公共服务 E_j,比如当地的公共交通、公园、娱乐设施、图书馆等;当他买房时,不仅能获得一般公共服务 E_j,还能获得专属于有房者的公共服务 B_j,如义务教育中子女就近入学的权利等。不失一般性,$E_b > E_s$,$B_b > B_s$ [1]。

笔者在研究中注意到一个事实:只要是房子的购买者,就可以获得 $B_j + E_j$ 的公共服务,不管其购买房子的大小。换句话讲,如果居民能够在极具吸引力的城市购买1平方米甚至更小的房子就可以落户、享受当地的公共服务,他们的效用将获得极大的提升,那么像北京市、上海市这样的一线城市必将人满为患。为什么没有出现这样的情形呢?是因为1平方米甚至更小的房子不能满足人们的居住需求,并且政府为了满足人民的福利,规定

---

[1] 这里忽略了 E_b 和 B_s、E_s 和 B_b 之间的对比,不影响本研究的结论。

市场上出售的房子必须要满足一个最小面积。如 2013 年《住宅设计规范》规定住宅使用面积不能小于 34 平方米,2020 年《住宅设计规范》规定住宅使用面积不能小于 32 平方米,各个地方在国标的基础上也会结合当地实际情形规定住宅最小面积。这意味着,当居民在房地产市场上购买了最小面积的住房,他们就可获得全部公共服务 $B_j + E_j$。更大面积的住房给予居民的是居住的舒适,而不是公共服务的变化。因此,我们假设住房最小面积为 $\bar{h}$,在当前房价 φ_j 下,居民利用收入 m_j 购买的房子面积 h_j 只有超过 $\bar{h}$,才能被视为买房者;否则,他就被视为租房者,须在房租 θ_j 下租住面积为 l_j 的住房。

工人在一个城市中的福利除了受到公共服务的影响外,还必须要利用其能力 a 获得报酬、购买非住宅消费品 c_j 和面积为 h_j 的房子。工人的能力 a 是异质性的,它们因人而异,并服从累积分布函数为 $F(a)$ 的分布。如果他是买房者,效用函数为 $\ln(c_j) + \beta\ln(h_j)$;如果是租房居民,效用函数为 $\ln(c_j) + \beta\ln(l_j)$。其中,β 表示居民对买房(租房)的偏好。再假设非住宅消费品是一个完全竞争的市场,将其作为计价物,单位能力可获得 ω 单位的非住宅消费品。也就是说,能力 a 的工人在小城市可获得 $a\omega$ 的收入,在大城市可获得 $(1+\eta)a\omega$ 的收入,其中 η 表示大城市相对于小城市的效率优势,$\eta \geq 1$。

能力为 a 的工人首先比较其在 j 城市买房得到的间接效用 $W_j^h(a)$ 和租房得到的间接效用 $W_j^l(a)$,决定租房还是买房,作为居住在 j 城市能够获得的真实效用 $W_j(a)$;接着比较在大城市的效用 $W_b(a)$ 和小城市的效用 $W_s(a)$,选择最大的,决定住在大城市还是小城市,即工人目标函数为 $W(a) = \max\{W_s(a), W_b(a)\}$。对于在大城市买房的居民来说,$W_b^h(a)$ 可表示为:

$$W_b^h(a) = \max_{c_b, h_b} U(c_b) + u(h_b) + B_b + E \qquad (4-1)$$

$$s.t. c_b + \varphi_b h_b \leq (1+\eta)a\omega$$

对于在大城市租房的居民来说,$W_b^l(a)$ 可表示为:

$$W_b^l(a) = \max_{c_b, l_b} U(c_b) + u(l_b) + E \qquad (4-2)$$

$$s.t. c_b + \varphi_b h_b + \theta_b l_b \leq (1+\eta)a\omega$$

对于小城市的买房居民来说,$W_s^h(a)$ 可表示为:

$$W_s^h(a) = \max_{c_s, h_s} U(c_s) + u(h_s) + B_s \qquad (4-3)$$

$$s.t. c_s + \varphi_s h_s \leq a\omega$$

对于小城市的租房居民来说，$W_s^l(a)$ 可表示为：

$$W_s(a) = \max_{c_s, l_s} U(c_s) + u(l_s) \quad (4-4)$$

$$s.t. c_s + \theta_s l_s \leq a\omega$$

我们将小城市的一般性公共服务 E_s 标准化为零，那么，这里的 E 为大城市相较于小城市的一般公共服务优势。

二、买房还是租房

这里我们假设政府或公司对低技能工人有住房补贴，或者免费提供住宅。异地工作的农民工往往会居住在雇主或单位提供的宿舍、工地工棚或生产经营场所，比例达到44.6%，独立租房居住的比重只有18.9%。范剑勇等（2015）也发现，建筑行业、餐饮行业等低技能工人集聚的公司往往对其从业者包吃包住。因此，作这样的假设是合理的。当然，这里并不是否认租房市场对人力资本空间分层可能造成的影响，而是为了便于分析。在第四节，本研究由基准模型扩展到包括租房市场和买房市场并存的情形，发现主要结论并没有改变。

工人在城市的居住模式包括租房、购买最小面积住房以及购买大于最小面积的住房。住房最低面积限制的存在使得对住房的选择不能直接采用一阶最优条件的边际分析法，非住宅消费品也不再是连续函数（Cocco, 2005）。很容易证明：如果 j 城市工人的人力资本高于阈值 a_j^1，他们会选择购买最小面积住房而不是租房，在边界点 a_j^1 上，工人租房和买最小面积住房效用相同；如果人力资本高于阈值 a_j^2，则会购买大于最低面积的住房；对于 a_j^2 技能的居民来说，购买最小面积住房和购买更大面积的住房带来的效用无差异。用上标 $h=0$、$h=\bar{h}$、$h>\bar{h}$ 表示工人租房、购买最小面积住房、购买大于最小面积住房时的情况，也就是说，存在 $W_b^{h=0}(a_j^1) = W_b^{h=\bar{h}}(a_j^1)$，$W_b^{h=\bar{h}}(a_j^2) = W_b^{h>\bar{h}}(a_j^2)$。以大城市为例求出效用及相应阈值点（小城市的情形类似），则可求工人租房、购买最小面积住房以及购买大于最小面积住房的各自效用函数：

$$W_b^{h=0}(a) = \ln(a\omega) + \ln(1+\eta) + \beta\ln(\bar{l}) + E, \text{当} a \leq a_b^1 \quad (4-5)$$

$$W_b^{h=\bar{h}}(a) = \ln[(1+\eta)a\omega - \varphi_b\bar{h}] + \beta\ln(\bar{h}) + B_b + E, \text{当} a_b^2 > a > a_b^1$$

$$(4-6)$$

$$W_b^{h>\bar{h}}(a) = (1+\beta)\ln(a\omega) + \Pi - \beta\ln(\varphi_b) + B_b + E, 当 a \geq a_b^2 \tag{4-7}$$

不妨将最小住房面积标准化为单位 1,通过计算,得到:

$$a_b^1 = \frac{\varphi_b\, e^{\alpha+B_b}}{(1+\eta)(e^{\alpha+B_b}-1)\omega}, \quad a_b^2 = \frac{(1+\beta)\varphi_b}{\beta(1+\eta)\omega} \tag{4-8}$$

同理,可以计算出相应的小城市的工人能力阈值:

$$a_s^1 = \frac{\varphi_s\, e^{\alpha+B_s}}{(e^{\alpha+B_s}-1)\omega}, \quad a_s^2 = \frac{(1+\beta)\varphi_s}{\beta\omega} \tag{4-9}$$

容易证明,这些人力资本阈值之间存在以下关系:

引理 4-1:$a_s^2 > a_s^1$,$a_b^2 > a_b^1$,$a_b^1 > a_s^1$。

证明见本章附录。引理 4-1 表明,居民购买大于最小面积住房要比购买最小面积住房需要的人力资本更大。能力 a 是住房面积的非减函数,大城市有收入和公共品上的优势,所以大城市买房所需人力资本也要比小城市高。对于 j 地区的工人来说,当其能力 $a < a_j^1$ 时,由于没有租房的支出(基准模型里假设房租由政府或雇主提供),工人将所有收入用于非住宅消费品,消费函数随着收入的增加而增加;当工人能力 $a > a_j^1$ 时,工人开始购买住房,但由于住房有最小面积的限制,工人在房子上有一笔大额的支出,这需要他们节制消费、减少非住宅消费品的支出,因此非住宅消费品的消费会出现向下的"跳水";随着工人能力的增强和收入的增加,当 $a_j^2 > a > a_j^1$ 时,工人会将增加的收入用于边际效用较大的非住宅消费品而不是继续增加住房面积,因此这段时间的工人对住房面积的需求保持不变;只有当单位收入花在非住宅消费品和住房上给工人带来的边际效用相同时,工人才会同时增加非住宅消费品和住房面积,此时工人能力须满足 $a > a_j^2$。也就是说,忽略房地产市场上住房的出售有最小面积限制,只以一阶最优条件求解工人对两者的最佳需求,实际上是把工人的能力视为 $a > a_j^2$。我们把工人能力满足 $a_j^2 > a > a_j^1$ 时工人的住房需求称为"刚性需求",刚性需求者需要节制消费以筹集首付款、偿还贷款,所带来的效用即为"房奴效应"(颜色和朱国钟,2013);$a > a_j^2$ 时工人对住房的需求称为"改善性需求"。

三、房地产商

用 H_j 表示政府土地供给数量,σ_j 为单位土地面积上城市住房供给弹性的倒数。σ_j 越小,住房供给越大,单位土地面积上开发商房屋供给成本函数

为 $C(h_j) = A(h_j^s)^{1+\sigma_j}/(1+\sigma_j)$，追求利润最大化的房地产开发商提供的住宅面积为：

$$h_j^s = (\varphi_j/A)^{1/\sigma_j} \qquad (4-10)$$

房地产开发商的利润 $\pi_j = H_j[\varphi_j h_j^s - A(h_j^s)^{1+\sigma_j}/(1+\sigma_j)]$，各城市房地产所贡献的生产总值为 $H_j \varphi_j h_j^s$，房地产行业总利润则为 $\pi_s + \pi_b$。中央政府通过"招拍挂"拍卖土地，开发商的利润将转化为政府获得的地租收入，形成国家土地财政。中央政府将这部分收入用于提高全国人民的福利，例如建设国防、完善医疗保障、改善生态环境等，所产生的福利平均惠及社会各群体。因此，开发商的利润并没有改变居民在居住地选择中的福利排序。

为了计算整个国家的福利变化，我们用国内生产总值作为参考指标。国内生产总值可以由居民的收入和开发商的收入构成，受到工人的人力资本空间分层的影响。用 Z_s 和 Z_b 分别表示居住在小城市和大城市的工人的人力资本的一个集合，国内生产总值 GDP 可写为：

$$GDP = \int_{a \in Z_s} a\omega dF(a) + \int_{a \in Z_b} (1+\eta) a\omega dF(a) + \pi_s + \pi_b \quad (4-11)$$

四、均衡分析

首先明确模型均衡的定义。本研究中的房价 φ_s 和 φ_b 为内生变量，在公共服务 B_s、B_b 和 E 给定的情况下，存在大城市和小城市房地产市场出清这两个方程。因此，这两个内生变量可得到解决。假设居住在 j 城市中的工人，购买最小面积住房的所有居民的集合为 S_{j1}，购买大于最小面积住房的所有居民的集合为 S_{j2}，那么房地产市场住房需求等于供给的表达式可写为：

$$\int_{a \in S_{b1}} \bar{h} dF(a) + \int_{a \in S_{b2}} h_b(a, \varphi_b) dF(a) = H_b (\varphi_b/A)^{1/\sigma_b} \quad (4-12)$$

$$\int_{a \in S_{s1}} \bar{h} dF(a) + \int_{a \in S_{s2}} h_s(a, \varphi_s) dF(a) = H_s (\varphi_s/A)^{1/\sigma_s} \quad (4-13)$$

引理 4-2：当工人的能力为 a_b^1 时，存在 $W_s(a_b^1) > W_b(a_b^1)$；当工人能力 $a \leq a_s^1$，存在 $W_b(a) > W_s(a)$；当工人能力 $a \geq a_b^2$ 时，存在 $W_b(a) > W_s(a)$。

证明见本章附录。引理 4-2 表明，工人的能力达到在大城市购买最小面积住宅的人力资本阈值时，他反而会选择居住在小城市。这是因为在大城市购房会造成非住宅消费品的消费大幅度下降,其边际效用损失很大,影响工人的整体效用;同样的道理,如果居民人力资本最多只可以在小城市购置最小面积单位住宅,他会选择在大城市租房;如果工人可以同时在大城市和小城市购买住房,此时大城市公共服务的边际效用更大,他会选择在大城市购房。

引理 4-1 没有确定 a_b^1 与 a_s^2 的大小,需要分情况讨论。第一种情形,$a_b^1 > a_s^2$,工人的人力资本为 a。当 $a_s^1 < a < a_s^2$,工人要么在小城市支付最小面积的住房,要么迁移到大城市租房。存在人力资本 a_1,使得居民在这两种选择之间无所谓:

$$a_1 = \frac{\varphi_s}{[1-(1+\eta)\,e^{E-\alpha-B_s}]\omega} \tag{4-14}$$

添加约束条件 $(1+\eta)\,e^{E-\alpha-B_s} < 1$ 以避免出现任何人都支付得起小城市购买 1 单位面积住宅费用的情形。因此,存在 a_1 位于区间 (a_s^1, a_s^2),居民在 $a > a_1$ 时选择小城市,$a < a_1$ 时在大城市租房。原因便在于边际效用递减规律的影响:当收入比较低时,居民即使可以在小城市购买住宅,但必须以很大的消费品的节制作为代价,以致不能弥补迁移到大城市所获得的公共服务部分 E 和工资的加成。

当 $a_s^2 < a < a_b^1$,居民的人力资本足够在小城市改善住房条件、但不足以在大城市购置最小面积住房。根据第一种情况,居民工资收入超过 $a_1\omega$ 时,普通消费品的边际效用递减使得他选择小城市最小面积的住宅而不是到大城市增加消费,在他工资收入增加时,更不会待在大城市租房以增加普通消费品。消费显示偏好弱公理和消费边际效用递减规律表明,此时居民只可能选择在小城市改善住房条件。

当工人的能力 a 符合 $a_b^1 < a < a_b^2$,工人可以在大城市购置最小面积住宅,也可以迁移到小城市进行改善性住房,存在人力资本阈值 a_2 使得他们在这两种选择之间无差异:

$$a_2 = \frac{(1+\beta)\varphi_b\,e^{B_b+E-B_s}}{[(1+\eta)(1+\beta)\,e^{B_b+E-B_s} - (h_s^*)^\beta]\omega} \tag{4-15}$$

h_s^* 为改善性住房时,工人在一阶最优条件下对小城市住房的需求,其表达式表示为 $h_s^* = \beta a_2\omega/[(1+\beta)\varphi_s]$。工人的技能超过 a_2 时,居民会在大城市购置最小面积住房以获得所有的公共服务,否则他们宁愿居住在小城市消费更大面积的住宅和更多普通消费品。如果 $a_2 > a_b^2$,大城市中不存在对住宅的刚性需求；如果 $a_2 < a_b^1$，拥有技能 a 的工人中，$a_s^2 < a < a_b^1$ 的工人会放弃在小城市生活，这与情况二矛盾。因此，在居民人力资本区间 (a_b^1, a_b^2) 上，能力阈值 a_2 是存在的。

当工人的人力资本 $a > a_b^2$，他们在大城市和小城市都可以购买超过最小面积的住房。由引理 4-2 可得，工人将迁往大城市。

第二种情形，$a_s^2 \geq a_b^1$。分析过程类似，可以发现 a_1 的值与方程 4-14 一致，a_2 的表达式为：

$$a_2 = \frac{\varphi_b \, e^{B_b + E - B_s} - \varphi_s}{[(1+\eta) \, e^{B_b + E - B_s} - 1] \omega} \quad (4-16)$$

当工人的技能 a 符合 $a_1 < a < a_2$ 时，居民选择小城市。

这些分析为人力资本空间分层提供了理论基础，我们有以下定理：

定理 4-1：即使不考虑劳动力市场，从公共服务的角度，大城市仍然在吸引高技能工人和低技能工人方面较有优势，而小城市在吸引中等技能工人上更有优势。

由引理 4-2 和介值定理，存在稳定的均衡。低人力资本居民 ($a < a_1$) 在大城市租房，高人力资本居民 ($a > a_2$) 在大城市买房，中间人力资本的人在小城市买房，部分居民 ($a_b^1 < a < a_2$) 有能力在大城市买房却选择小城市，其行为称为"逃离大都市"。

图 4-3 横轴为居民的能力，纵轴表示效用，实线表示居住在大城市的效用，虚线对应居住在小城市的效用。居民的效用线在 a_s^1 和 a_b^1 点出现了斜率的突然跳跃，左边表示居民对普通消费品的平滑消费，右边开始对住房消费大笔支出，导致普通消费品的边际效用出现剧烈跳跃。大城市的效用在人力资本较低和较高时均高于小城市，表明在大城市居民的人力资本构成中，高端技能者和低端技能者分布超过小城市，出现"两头翘"的现象。埃克豪特等（2014）从高端技术和低端技术互补的角度解释这个现象，我们的条件更为宽松，不需要这种技术上的互补，而是基于大城市优势和房价-人口的一般均衡，低人力资本和高人力资本的居民自发匹配到大城市。

图 4-3 还发现，定理 1 的结论不受 a_s^2 和 a_2 位置的影响。大城市房价相对于小城市过高时，一部分人口流向小城市以保证小城市居民对住宅刚性需求和改善性需求并存，$a_s^2 < a_2$，如图 4-3 左图；大城市房价相对于小城市差别不大时，$a_s^2 > a_2$，大城市能吸引更多高人力资本的人，留在小城市的居民只有刚性需求，如图 4-3 右图。这就是引理 4-3 的说明。

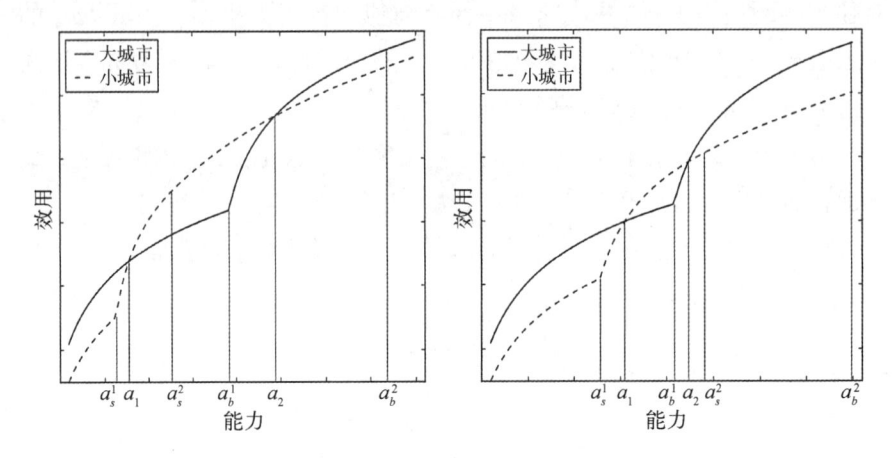

图 4-3 人力资本空间分层

注：左图为 $a_s^2 < a_2$ 的情形，右图为 $a_s^2 > a_2$ 的情形。

引理 4-3：当 $\dfrac{\varphi_b}{\varphi_s} > \dfrac{(1+\eta)(1+\beta)\,e^{B_b+E-B_s}-1}{\beta\,e^{B_b+E-B_s}}$，人力资本 a_s^2 的工人居住在小城市，$a_s^2 < a_2$；否则，a_s^2 的工人居住在大城市，$a_s^2 > a_2$。

第四节 "租售不同权"对人力资本空间分层的影响

以大城市为例，如果大城市实施公共服务"租售同权"改革，意味着大城市有房者专享的服务 B_b 转移到不与购房挂钩的公共服务 E 中。但是，为了得到公共服务各个组成部分的作用和模型的干净，我们必须假设一个变量不动时让另一个变量发生改变。因此，本部分分别讨论不与购房挂钩的公共服务 E、有房者专享的服务 B_b 增长的情况，并考察它们的福利效果。尤其需要注意的是，因为模型包含了内生的移民和购房选择，当政策变动时，可以描绘出不同人力资本水平工人的人口流动及空间分层，他们的福利水平也根据人力资本不同而有差异，从而能够刻画出政策变动的政治经济学含义。

一、不与购房挂钩的公共服务对空间分层的影响

当每个当地工人都可获得的公共服务 E 增加时，居住在大城市的工人的福利普遍上升，这无疑增加了大城市的吸引力和工人迁往大城市的意愿。

由于居民对公共服务 E 的获得不需要以买房为代价,因此这种吸引力对于没有购房能力的低技能工人和有购房能力的高技能工人没有差异。他们都愿意从小城市迁移出来,这势必会增加对大城市购房的需求(主要是针对那些有购房能力的高技能工人),大城市的房价上升,小城市的房价下跌。小城市的房价下跌也许会吸引大城市一部分租房的低技能工人迁往小城市购买住房并获得小城市所有的公共服务,但这种效应是大城市每个居民都能获得的公共服务 E 增加的延伸反应,其效果小于公共服务 E 对低技能工人的吸引。

在数值模拟图 4-4 中,我们刻画了工人居住的累积分布图。阴影部分的面积表示工人居住小城市的比例,为中等低能工人;左侧和右侧的面积为居住在大城市的低技能工人和高技能工人占所有工人的比重;分界线即为居住在两个城市无差异的情况,其虚线为公共服务 E 增加后的变化情况。$\Delta\varphi_s$、$\Delta\varphi_b$ 为公共服务 E 增加后的小城市房价和大城市房价的变动率;Δhgdp 和 Δgdp 分别表示房地产产值以及全社会产值的变动率;Δwage 表示全社会平均工资变动率,其值为工人迁往大城市可获得的高工资和工人在小城市获得的低工资的加权平均;Δbig city 刻画了人口的迁移情况,为居住在大城市的总人口数量的变化。可以发现,公共服务 E 只有移民作用而没有普通消费品和住宅的边际替代作用,其对大城市房价的作用小于大城市有房者专享的公共服务 B_b。房屋最小面积限制抬高了居民购房的能力要求,小城市只有少部分人能够迁移到大城市买房,大城市房价上升较少;但是,公共服务 E 的增加使得在大城市租房的工人的效用增加,一部分人会放

$\Delta\psi_s = -15.83\%$
$\Delta\psi_b = 5.32\%$
Δwage $= 5.10\%$
Δhgdp $= -4.87\%$
Δgdp $= -3.70\%$
Δbig city $= 25.65\%$

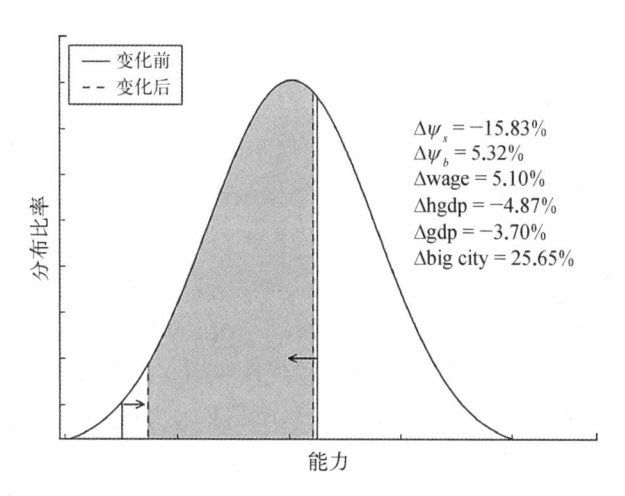

图 4-4 大城市一般公共服务 E 增加对空间分层的影响

注:这里具体的参数变动率并不重要,关注的是它们的变动方向。

弃在小城市的生活,导致小城市房地产的需求降低,小城市房价下降幅度明显。这反过来会使小城市中的居民有能力消费更多面积住宅和普通消费品,福利上升,这种情况下每个居民的福利都得以增加。由于小城市中的高能力者和低能力者都移民大城市,大城市的人口会增加,更多的人可获得大城市更高的工资,社会平均工资上升。但是由于原先在小城市买房的部分居民选择在大城市租房,可能造成住宅出售数量下降,加上小城市的房价下降,房地产产值下降,作为房地产产值和社会工资的加总,社会总产值可能轻微上升。

需要注意的是,虽然不与购房挂钩的公共服务惠及每位居民,而大城市生产效率 η 的上升也惠及当地每位工人,但它们之间却有两点不同:第一,大城市生产效率的提高能够增强人们对房屋的购买能力,而公共服务却没有这样的作用;第二,正是因为大城市吸引人们的是无须买房即可享受的公共服务,一些迁入大城市的移民在大城市无力购买房屋,而他们本来在小城市是有能力购买房屋的。因此,虽然大城市的移民会享受到大城市的生产效率加成,社会一般产品的产值增加。但是由于大城市房价只是小幅上升而小城市住房需求和房价出现大幅下降,总的房地产产值下降,最终全社会的 GDP 反而可能出现负增长。这说明如果大城市用更好的居住环境吸引人口,虽然会提升本地的 GDP,但是可能会损害小城市的 GDP,尤其是那里房地产的发展,对整体 GDP 也有负面影响。当然,整体的社会福利还是变好的,这也说明不能简单地用 GDP 来衡量社会福利。对大城市生产效率的影响,我们将在图 4-6 中分析。

二、专属于有房者的公共服务对空间分层的影响

有房者专享的公共服务 B_b 刻画了公共服务"租售不同权"的大小。同样,在此讨论大城市 B_b 的增加带来"租售不同权"程度加深对移民、房价以及不同人力资本工人的空间分层造成怎样的影响,也是假设增长的公共服务完全由购房者获得,而现实生活中的"租售同权"改革需要 B_b 的减少正好等于 E 的增加。

当有房者专享的公共服务 B_b 增加,工人在大城市拥有住宅的福利提高,住房相对于非住宅消费品的边际替代率上升。其结果包含两个方面:一方面,原先没有购房的工人会想方设法节制其他方面的开销,以购买最小面积的住房;另一方面,那些一开始在小城市中居住的技能相对比较高的工人,会卖掉小城市的房子,迁往大城市购买小些面积的住房。这种行为会导致大城市房价升高,小城市的房价降低,那么大城市中原先的那些租房工人

就面临着这样的境遇：大城市中有房者专享的公共服务 B_b 增加对他们没有影响，因为他们买不起住房；但如果他们迁往小城市购买最小面积住房，却可以得到小城市所有的公共服务。因此，大城市中的租房工人将迁往小城市，从而大城市中的高技能工人增加，低技能工人减少。综上所述，要分析 B_b 增加和 E 增加所造成的不同效果，关键在于公共服务是否与住房捆绑对房价的影响，以及带来的对不同技能工人的承担能力的分析。具体见数值模拟图 4-5。

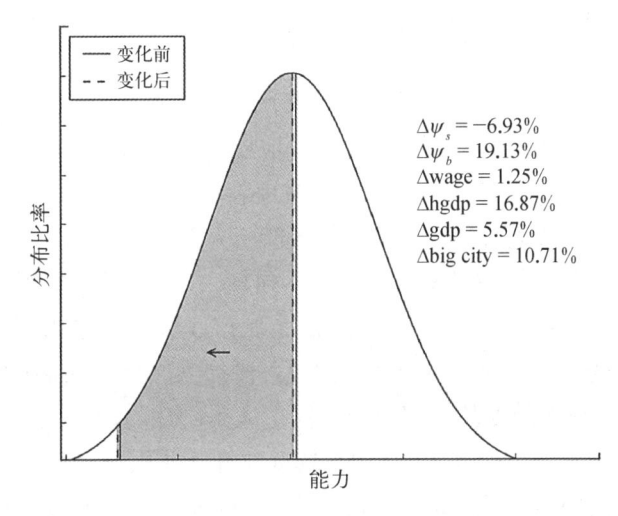

图 4-5 大城市有房者专享的公共服务 B_b 增加对空间分层的影响

在福利分析方面，大城市中一些租房工人移民至小城市购房，他们的福利上升；那些仍然留在大城市的租房工人，福利不变；从小城市迁往大城市买房的工人，他们得到更多有房者专享的公共服务 B_b，福利增加；相反，原先只能够在大城市购买最小面积住房的工人，房价上涨后，他们再也买不起房而只能移民至小城市，他们的效用降低；至于原来在大城市买房且 B_b 增加后仍能够在大城市买房的工人，当有房者专享的公共服务 B_b 增加，他们得到的公共服务虽然得到增长，却必须承受高昂的房价，因此他们的福利增长幅度并不大。

大城市中的较高技能工人增加、较低技能工人被排斥，从而更多高技能工人可获得大城市的工资加成，使整个社会的平均工资增加。但是，对于迁移至大城市买房的工人来说，其能力相对于大城市中的原居民要低些，这相当于拉低了大城市中高能力者的平均工资；同时大城市中的低能力人数下降，平均工资也下降，从而导致大城市整体平均工资下降。也就是说，B_b 增加后，小城市工人平均工资的上升超过了大城市平均工资的下降。大城市房价的上涨会带动房地产 GDP 的增加,结合社会平均工资,全社会的 GDP 也得到增长。

有房者专享的公共服务 B_b 增加会导致大城市中低能力者迁出,更高能力的人迁进,似乎表明这有利于大城市人力资本结构的升级,但做出这样的结论要非常谨慎。通过这种公共政策"优化人口结构",实际上是对租房工人实施歧视性公共服务分配,人为提高房价进行逆向选择。这不仅不符合社会主义价值观,对城市的经济发展也不利。毕竟,城市的发展离不开低技能工人,高技能工人需要低技能工人与之实现技能互补,共同提高生产效率(Eeckhout et al.,2014)。

定理4-2:如果大城市增加的公共服务只能由购房的居民享有,人力资本空间分层将是大城市较高技能工人增加,较低技能工人减少;如果包括租房工人在内的所有居民都能获得大城市新增的公共服务,人力资本空间分层将是大城市较高技能工人和较低技能工人都得到增长。

定理4-2说明了公共服务"租售不同权"在人力资本空间分层中的作用,也解释了本章第一部分提出的中国大城市在吸引低技能人口方面不足之谜。以往的文献都是从户籍制度入手,比如梁文泉和陆铭(2015)、陆铭(2017)认为,户籍制度的作用对低技能工人是刚性的,而对于高技能工人,地方政府往往出于吸引人才的目的,故意放开一些限制。张吉鹏等(2020)也认识到落户门槛背后的机制是流动人口公共服务的可得性。但是他们并没有对此建立理论上的说明,也没有在一个房价与人口流动互相影响的一般均衡框架中分析"租售不同权"以及房价在其中的作用。本研究将户籍制度背后的公共服务歧视性分配和住宅所有权结合并凸显出来,为中国户籍制度、住房租赁市场以及基本公共服务"租售同权"的改革提供理论指导。

三、"租售同权"改革后的变化预测

如前文所述,公共服务"租售同权"改革意味着有房者专享的公共服务 B_b 的减少正好等于公共服务 E 的增加。可以预见,会促使大量低技能工人涌向大城市,因为他们不再需要购房才能获得某些公共服务,在大城市租房也是个较好的选择。对于原先在大城市买得起房的高技能工人来说,他们能获得的公共服务不变,似乎并不影响他们的迁徙变化。但是,由于"租售同权"改革后公共服务不再与购房捆绑,低技能的租房工人也可获得与高技能的买房工人相同的公共服务,那些处于租房和买房临界值的工人便调低了有房者专享的公共服务 B_b 的边际效用。他们不再需要买房以获得 B_b,工人对大城市房子的需求会减少,大城市的房价会出现一定幅度的下降。

因此,高技能工人也乐意迁往大城市,他们的福利由于购房成本的下降会有所提高,并导致小城市的房价和购房成本也下降,居住在小城市的工人的福利也得到增长。但是,低技能工人迁往大城市的福利增加更多,所以他们迁移的意愿要高于高技能工人。这会导致"租售同权"改革后,小城市房价下降程度低于"租售不同权"下大城市每个居民可获得的公共服务增加到 $B_b + E$ 时的情形。房子的 GDP 下降会拖累整个社会的 GDP 下降。这也表明,不能完全以 GDP 的变动来衡量公共政策的效果和居民的福利。

四、"租售不同权"下的其他公共政策分析

本模型建立了公共服务"租售不同权"下的一般均衡分析框架,不仅有利于分析公共服务"租售同权"改革的效果,也能分析其他公共政策对人力资本空间分层的作用。

我们以大城市和小城市之间的效率差距为例,分析如果大城市的生产效率和工资更高带来的人力资本空间分层作用。大城市相对于小城市的一个优势是它在效率和居民收入上的优势。从数值模拟图 4-6 可以发现,大城市的生产效率提高后,流入大城市的人口增加,大城市房价上升,而小城市的人口减少,房价下跌。从人力资本结构看,模型还预测了大城市增加的人口来自小城市人口分布的两头:小城市中人力资本最高和最低的人口的一部分。也就是说,大城市生产效率的提升使大城市在吸引较高和较低技能工人上更有优势,容易产生人力资本分布厚尾的特征。从福利变动上看,大城市工资率的提高使大城市的所有人受益,但是大城市的福利函数并没

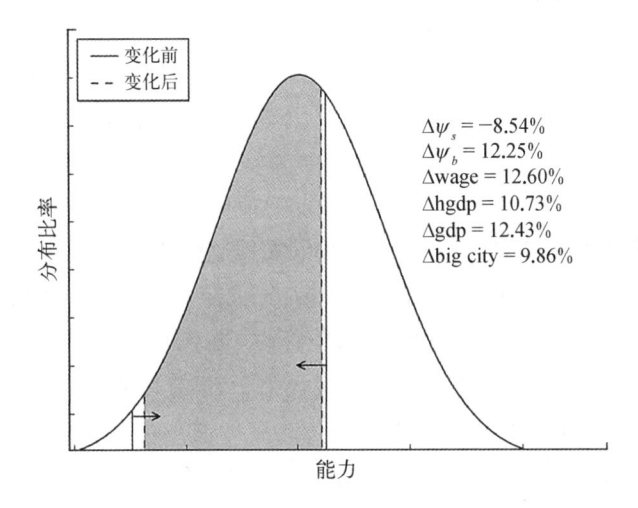

$\Delta\psi_s = -8.54\%$
$\Delta\psi_b = 12.25\%$
$\Delta wage = 12.60\%$
$\Delta hgdp = 10.73\%$
$\Delta gdp = 12.43\%$
$\Delta big\ city = 9.86\%$

图 4-6 大城市生产效率 η 提高对空间分层的影响

有整体向上平移。这是因为大城市高人力资本的工人在收入增加后对房屋需求增加的幅度比较大，导致房价大幅度上涨。原先那些刚好能在大城市买房的工人即使收入增加后也无法买房，福利函数的这一段可能会下降。但是，所有在大城市的人口仍然受益，这是人们自由选择居住城市的结果。那些刚好能在大城市买房的工人会在小城市获得更高的福利，因此他们会选择居住在小城市，不会因为大城市的房价提升对他们的福利造成负面影响。

与此对应的是，大城市工资变高，反而会使所有留在小城市的人口的福利也上升。这是由于在新的均衡里，小城市房价下降，导致小城市所有买房者的福利函数向上平移。一个关于空间分层的问题是：为什么小城市中人力资本较低的人口要放弃他们在小城市的住房，选择去大城市过租房的生活？原因是对于原先小城市的那些低收入者来说，效用与大城市租房者相等或高出不多，因此当大城市的收入增高，这些低收入者就会被吸引至大城市。

房地产产值的变动上，由于模型中的 GDP 是由工人生产的一般产品和房地产产值（以一般产品作为单位）两部分构成，而这里大城市生产效率的提升仅指大城市一般产品的生产效率提升。随着大城市效率的提升与人口的流入，房地产产值的增加几乎和全社会平均工资率的提升一致，这也与中国城镇化进程中房地产产业得到大力发展的现象相吻合。

同样，我们也可以分析土地政策对空间分层的影响。中国土地供给的一个典型特征是大城市的土地供给逐年减少。陆铭等（2015）认为，从 2003 年开始，中国住宅用地的供给呈现地区上的错配：东部发达城市是人口流入的地区，需要的住宅用地多，但土地供给量却逐年减少；而人口流出的西部城市，土地供应却很丰富。表 4-1 以 2003—2015 年的房地产开发企业购置土地面积为例，选取了北京、天津、上海、南京、杭州、武汉、广州、深圳、昆明、长沙、青岛、厦门为大城市的代表，发现它们的住宅用地供给确实每年在减少。如青岛，2015 年的房地产开发企业购置土地面积只有 2003 年的 30%。政府有时希望通过提高房价的方式控制城市人口规模，希望高房价的逆向选择效应能使高能力者留在大城市，低能力者移民至小城市，从而改善城市的人力资本结构。采取的手段便是控制土地供给。《北京市城市总体规划（2004—2020）》规定 2020 年将人口控制在 1 800 万，配套城乡建设用地控制在 2 700 平方公里。2016 年《北京市国民经济和社会发展第十三个五年规划纲要》中又规定 2020 年常住人口规模不能超过 2 300 万，建设用地不超过 2 800 平方公里。上海在 2001 年和 2016 年也出过相似的规定。

表 4-1 大城市房地产开发企业购置土地面积　　（单位：公顷）

年份	北京	天津	上海	南京	杭州	武汉	广州	深圳	昆明	长沙	青岛	厦门
2003	1 391	1 093	1 469	460	681	964	682	262	386	682	777	101
2004	1 572	1 059	1 039	1 075	363	917	778	199	346	778	319	73
2005	774	730	754	377	471	773	716	124	228	716	407	107
2006	295	905	525	188	518	450	939	92	364	939	748	168
2007	392	920	141	519	538	503	706	34	434	706	440	119
2008	823	513	326	296	383	326	1 001	59	691	1 001	367	157
2009	625	445	185	285	371	229	393	30	538	393	302	210
2010	859	652	432	192	418	235	288	14	326	288	619	310
2011	507	757	636	33	375	398	440	39	446	440	666	139
2012	306	300	301	121	112	457	311	97	453	311	240	189
2013	906	211	422	121	228	503	459	135	782	459	433	125
2014	581	123	313	71	128	227	280	106	324	280	292	58
2015	391	174	263	117	139	162	107	138	193	107	235	98

结果表明，大城市土地供给减少将提高房价，使那些在大城市只能买最小面积住房的居民再也买不起房，他们会迁往小城市买房；那些在大城市仍然能购置房产的高技能工人，也有一部分迁往小城市买更大面积的住房。他们的福利都受到了损失。这一过程导致小城市的房价也上升，一个后果便是很多人在小城市也买不起房。这些人会迁往大城市租房，从而导致均衡时大城市的低技能工人增多。具体见数值模拟图 4-7。大城市住宅用地的减少将增加低技能工人，减少高技能工人。换句话讲，如果政府希望通过减少住宅用地、提高房价的方式"筛选"出高技能工人，"优化人口结构"，结果可能适得其反。这个结论也得到了一些实证经济学家的验证（张莉等，2017）。这里，大城市低技能人口增加，会不会是因为在我们的基准模型中，租房居民是不需要支付租房费用的，而迁往大城市可以获得更多的公共服务 E？有一部分原因是这样，但在第四节我们内生化房租，发现此结论并没有发生改变，说明了本模型的稳健性。因此，人力资本空间如此分层的原因中，最为至关重要的一个是：房地产市场上房子的出售有最小面积的限制，房价上涨必然导致更多的人买不起房。即使迁往大城市有租房费用，但租房不像买房那样有最小面积的限制，几个人合租在一起便能分担成本。且在大城市的收入更高、租户也能得到较好的公共服务，这些都吸引那些不能在小城市支付最小面积住房的居民流向大城市。

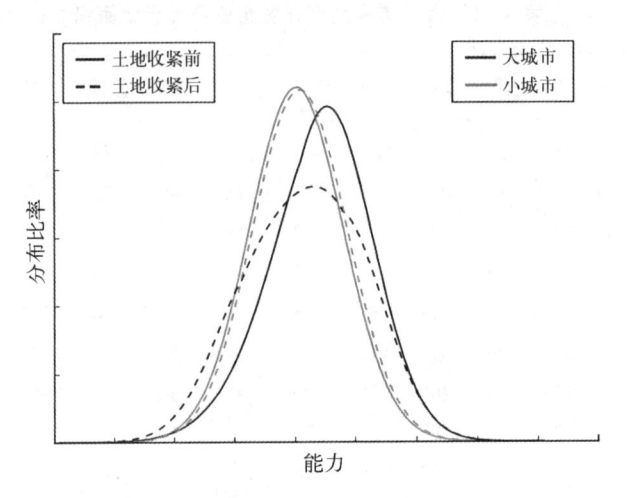

图 4-7　大城市住宅用地 H_b 减少对空间分层的影响

定理 4-3：土地政策通过影响人口流动引起城市间房价同向变动的"波纹效应"。

证明见本章附录。以大城市土地供给收紧为例，大城市房价的上升导致人口流向小城市以规避高房价带来的成本，进而导致小城市的住房需求上升，房价也上升。这种房价在空间上的扩散效应就是"波纹效应"，即 $d\varphi_b/dH_b < 0$ 导致了 $d\varphi_s/dH_b < 0$。霍利等（Holly et al.,2010）研究了加利福尼亚、马萨诸塞、纽约、华盛顿房价的空间效应，发现滞后几期的房价与邻近地区市场的房价正相关；布雷迪（Brady,2014）用单方程空间自回归模型检验了 1975—2011 年美国州之间的房价数据，发现 1999 年后的房价空间效应比 1999 年之前显著；科恩等（Cohen et al.,2016）除了邻近位置，将地理和经济距离也考虑进来，考察美国 363 个城市的房价空间扩散效应。模型中各城市 j 住房需求 D_j 对房价的偏导表明 $|\partial D_s/\partial \varphi_b| > |\partial D_b/\partial \varphi_s|$，大城市对小城市的房价溢出效应更强，而不是相反（Brady,2014；Cohen et al.,2016）。

第五节　模型的延伸和拓展

一、家庭财富对空间分层的影响

基准模型中，大城市没有中等技能工人，小城市则缺少较高和较低层次的人力资本工人。现实生活中，父母往往给予子女住房购买上一定的资助以帮助其迅速在城市中立足,而一些个人能力很强的年轻人却由于出身不能从原始家庭获得任何经济上的帮助,甚至还需要承担改善父母生活的责任。原始家庭财富对居民在不同城市间的流动具有非常重要的现实意义。富裕家庭的父母有较高的住房资产和收入,其子女可能会更加偏向大城市,贫穷家庭子女因为仅靠个人努力不能承担起大城市的房价而放弃发展机会充裕的大城市。这种原始家庭财富对人口流动方式会不会带来新的变化?本章将原始家庭财富 y 纳入模型,y 在 $(0, \bar{y})$ 之间,服从分布函数 $G(y)$,则居民居住在小城市的总财富为 $a\omega + y$,大城市为 $(1 + \eta)a\omega + y$。

分析过程与基准模型一致,不再赘述。图4-8是工人人力资本-家庭财富组合的空间分布,左图横轴是居民能力的刻度,纵轴表示家庭财富,阴影部分表示居住小城市的家庭财富-能力组合,阴影部分以下表示居民愿意在大城市租房,阴影部分之上是居民选择大城市买房。横轴上有两个能力阈值,是居民居住在大城市和小城市无差异的能力阈值,阴影部分为工人居住在小城市的人力资本-家庭财富组合。因此,原始家庭财富并没有改变高、低技能工人更倾向于居住在大城市的结论。同时,最富有的和最不富有的人居住在大城市,只有中间家庭财富的居民才会选择小城市。这说明家庭财富和能力之间互相替代,居民居住地选择分布"两头翘"的现象不仅仅可以由高低能力者技术互补解释,还是房价内生的情况下居民"用脚投票"的结果。

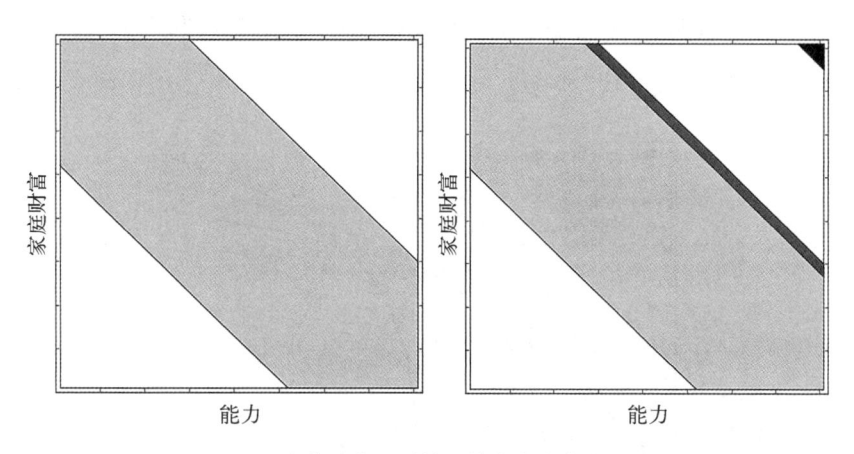

图4-8 家庭财富异质性下的人力资本空间分层

能力和家庭财富之间的替代还可以通过大城市居民的选择看出。图4-8右图从原点向右上方的过程描绘出大城市居民从租房到买最小面积住房、更大面积住房的家庭财富-能力组合,斜线标出了居民对住宅面积的要求。斜率为负，表示能力和家庭财富之间互相替代的关系，能力不足的居民可以由富裕的原始家庭帮助支付在大城市居住的费用，从而在人口空间分布上产生家庭财富挤占能力的现象。

大城市和小城市都包括各种层次水平的人力资本工人，且大城市的低人力资本和高人力资本的比率均高于小城市，人力资本呈厚尾分布。这与现有理论一致，也与图4-1、图4-2中美国和中国的现实数据一致。因此，仅从公共服务的角度，考虑到房地产市场上买房有最小面积限制和公共服务"租售不同权"，也能解释人力资本空间分层的现象。

二、租房市场内生下的空间分层

租房价格和租房面积均为内生时，不妨假设房价是房租的贴现，利率为r，租房时的最小面积为$\bar{l}$。均衡时，工人租房面积和买房面积的总和等于房子供给面积。根据居住模式和居住地点，工人有大城市租房、大城市买房、小城市租房和小城市买房四种选择，效用曲线如图4-9所示。这四根效用线相交于a_1、a_2、a_3三个点，即人力资本小于a_1时，工人在小城市租房；人力资本在a_1和a_2之间时，工人在大城市租房；人力资本在a_2和a_3之间时，工人在小城市买房；人力资本高于a_3时，工人在大城市买房。这也没有改变高、低人力资本者更倾向于去大城市的结论。因为模型设定中，大城市之所以"大"，就在于其生产率和公共服务的优势。当这些优势较为明显时，大城市中高人力资本和低人力资本的工人都将增加。

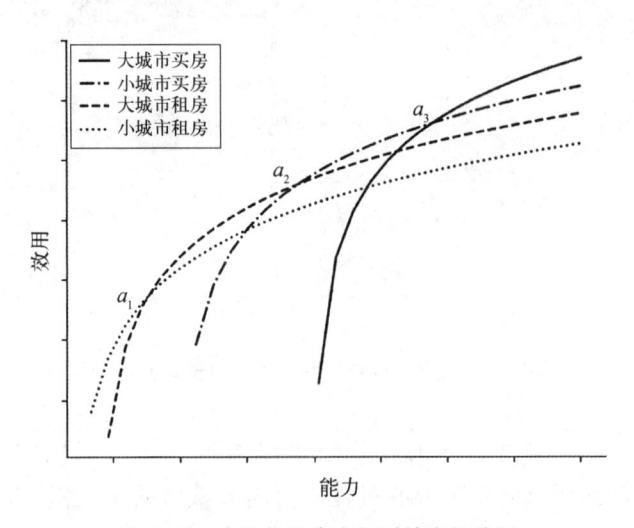

图4-9 内生化租房市场时的空间分层

如果大城市的生产效率优势明显（公共服务 E 的优势类似），图中 a_1 和 a_3 都下降，即大城市人力资本空间分布厚尾的特征逐渐显现，如图 4－10 所示。这与基准模型中得出的结论一致。从而证明，大城市确实有同时吸引较高和较低技能人力资本人才的优势。

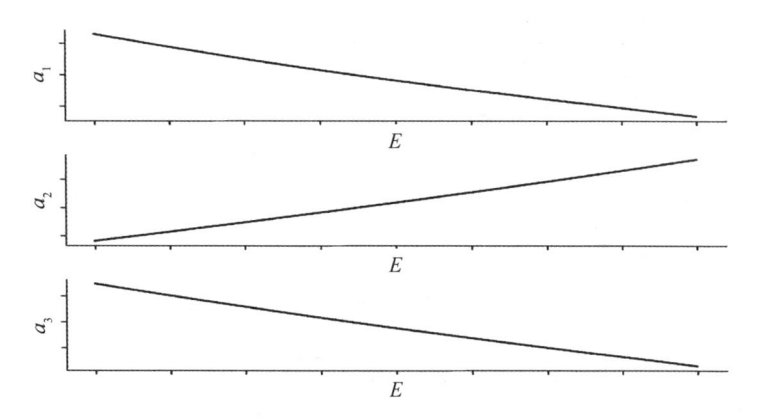

图 4－10　大城市一般公共服务 E 增加对空间分层的影响

内生化租房市场也没有改变公共政策对人力资本空间分层作用的既有结论。"租售不同权"程度增加时，如图 4－11 和图 4－12 所示，房子专享服务 B_b 吸引高人力资本工人去大城市买房（a_3 下降），大城市房价上升，小城市房价下跌。

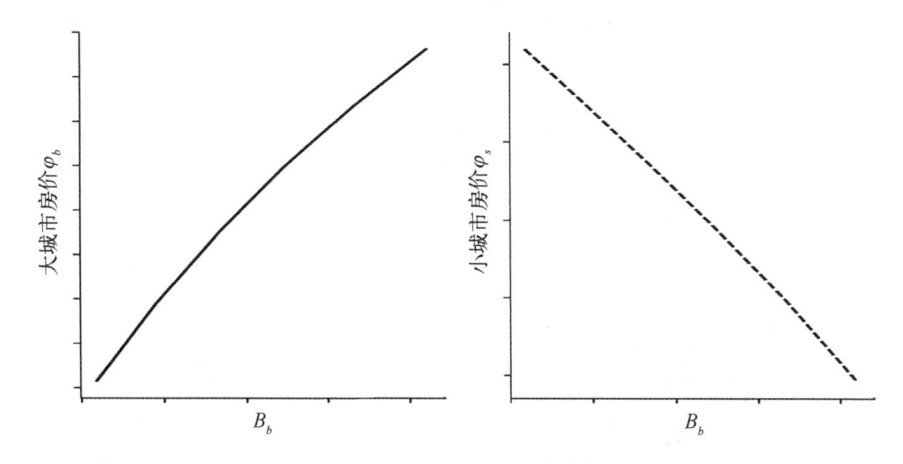

图 4－11　大城市买房者专享的服务 B_b 提高对空间分层的影响

这带动大城市的房租也上升，低人力资本工人租不起房而只能迁往小城市（a_1 上升）；原先在大城市租房和小城市买房无差异的工人，也会迁移到小城市（a_2 下降）。"租售不同权"使得大城市低人力资本工人数量下降，与基准模型的结论一致。a_1、a_2 和 a_3 的变化如图 4-12 所示。

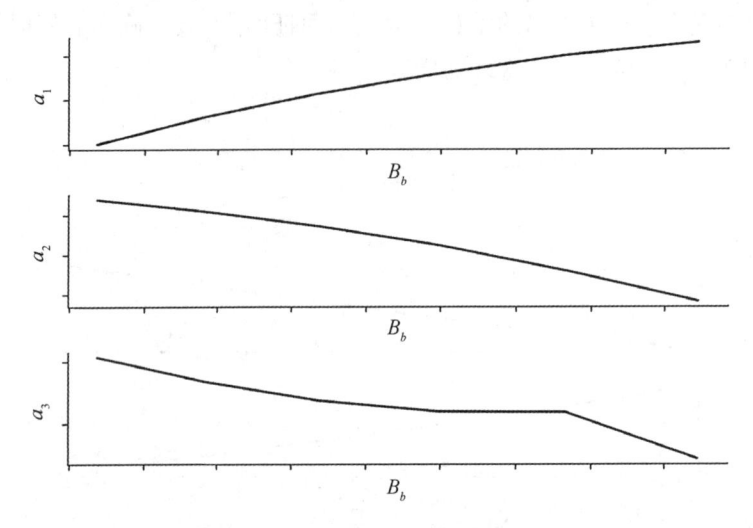

图 4-12　大城市买房者专享的服务 B_b 提高对空间分层的影响

大城市土地供应减少时（图 4-13，横轴从右往左），房价和房租上升。原先在大城市租房和买房的工人不得不迁移到小城市（a_1 和 a_3 升高），小城市的买房工人增加，房价上升。这导致旧均衡中在小城市购买最小面积住房的工人再也支付不起房子的费用，他们会选择在大城市租房（a_2 上升）。大城市的高人力资本工人减少，低人力资本工人增加，与基准模型的结论一致。

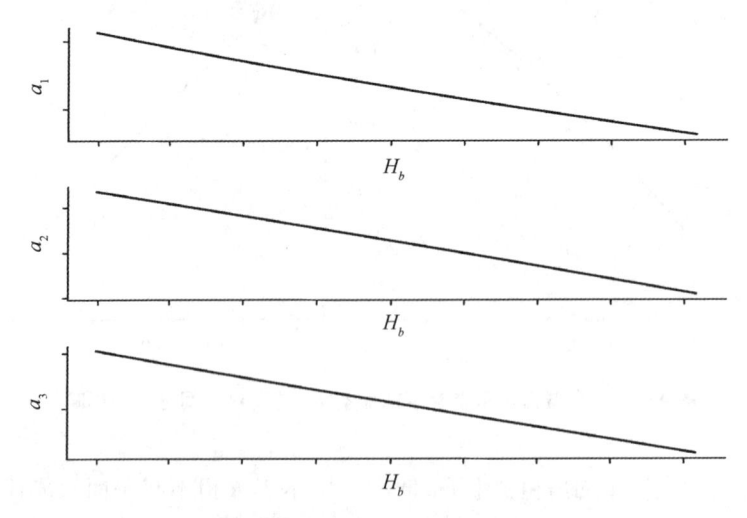

图 4-13　大城市土地供给减少对空间分层的影响

三、对理论模型的总结

本理论模型以人力资本空间分层为研究对象,在一个空间均衡模型中融入买房时有最小面积限制和公共服务"租售不同权",从公共服务的角度解释大城市人力资本分布厚尾。研究结果表明:(1)不同于以往文献从劳动力市场上的岗位极化或技能互补的角度,公共服务确实也是造成人力资本空间分层的一个原因。(2)公共服务惠及当地每一居民时,会吸引所有层次人力资本工人的流入;公共服务"租售不同权"的程度越高,越能够提升房价,并将低技能工人排斥出当地。(3)大城市收紧土地供给会吸引低人力资本的工人流入,并迫使高人力资本的工人离开。

"租售不同权"客观上有利于当地政府优化人力资本结构,吸引高人力资本工人的同时将低人力资本工人排斥出去。但却是以拉大有房工人和无房工人的福利差距为代价,不仅不利于解决中国现阶段人民日益增长的美好生活需要和不平衡不充分的发展之间的矛盾,也不符合2015年党的十八届五中全会上提出的新发展理念中对于"共享"的要求。因此,本章的政策启示为:第一,大城市的发展需要低技能工人。低技能工人与高技能工人同时聚集在大城市,是经济力量自发的结果,也是城市繁荣的体现。"如果真的对所谓的'低端'劳动力强制退出,其结果必然是百姓生活变得极为不便,生活成本大幅提高"[①]。第二,改革户籍制度,实施基本公共服务"租售同权"的改革。政府也认识到了这一点。2014年《国务院关于进一步推进户籍制度改革的意见》提出,稳步推进义务教育、就业服务、基本养老、基本医疗卫生、住房保障等城镇基本公共服务覆盖全部常住人口;2017年住建部在国新办召开的新闻发布会上正式提出"逐步使租房居民在基本公共服务方面与买房居民享有同等待遇"。《2019年新型城镇化建设重点任务》进一步强调了这一点。第三,稳步推进租房市场的发展,多渠道保障住房的供给。住宅用地供给减少使得城市较高的生产率不能吸引工人流入以产生福利增长,而是转化成高房价(Hsieh and Moretti,2019),因此政府应该鼓励住房租赁业的发展,积极推行2017年《关于在人口净流入的大中城市加快发展住房租赁市场的通知》中的规定,构建多渠道、多主体供给的住房供给体系,适量增加住宅用地的供给。

本研究的局限性在于没有考虑人口迁移如何内生地影响城市的生产率,也没有考虑不同技能人口的互补程度。但正是这些简化处理突出了本

---

① 《人民日报》2010年9月30日。

研究的创新之处,即要考虑城市间的人力资本分布,政策制定者便不能忽视人们购买住宅时面临的最小面积限制以及与房子所有权挂钩的公共福利差异。未来的研究可以将本研究的理论和劳动力市场、人力资本的外溢性等理论放在同一个模型里去定量考察政策的效果。

第六节 实 证 检 验

中国城镇化迅速发展的同时伴随着大规模的人口流动。到2019年,中国的城镇化率为60.60%,流动人口达2.36亿。从全国范围的人口集聚特征来看,不同人力资本的人口流向的城市不同,形成了一些城市人才集聚、另一些城市人才稀缺的空间分布特征。为了优化中国的人口空间分布结构,2019年国家发改委发布的《新型城镇化建设重点任务》提出,城市产业布局"以提升城市产业竞争力和人口吸引力为导向",并且大城市要"发挥在产业选择和人才引进上的优势"。习近平总书记在十二届全国人大二次会议上也强调,要"运用市场化、法治化手段,促进人口有序流动,控制人口总量,优化人口结构"。城市的公共服务水平是影响居民居住效用和人口流动的重要因素,而中国城市公共服务的分配受到住房所有权的影响,即一些公共服务专属于当地的有房者,另一些公共服务则不依赖于住房进行分配。因此,研究不同类型公共服务对城市间人口空间分层的影响,有助于我们深入理解城市间人口分布特征的形成机理,为优化人口空间结构的政策提供实证参考,也为中国"租售同权"的改革提供一定的借鉴意义。

关于中国的人力资本空间分层,较早进行研究的是梁文泉和陆铭(2015)、陆铭(2017)。他们采用中国2005年1%人口普查数据,发现中国也存在较高和较低技能者主要聚集大城市、中等技能者居住小城市的空间分层,并且大城市在吸引低技能人口方面不如在吸引高技能人口方面明显。他们把这归因于中国特殊的户籍制度,因为户籍对低技能工人流动的限制大于高技能工人。因此,要实现城市的增长、宜居、和谐,须在加强城市基础设施建设和增加公共服务供给的同时,使外来人口市民化(陆铭等,2019)。但这些研究虽然从技能互补的角度解释中国城市间的人力资本空间分层,却并未发现中国大城市高技能人口比例与低技能人口比例之间正相关的显著证据。

因此,现有研究大多从宏观角度研究了不同技能人口的流动,缺少影响人口流动的微观机制分析。特征价格模型(hedonic model)表明,空间分层是人们根据自身特征和地区间收入差异、便利程度、房价等一系列因素"用脚投票"的结果(冉珍梅和钟坚,2020;Hsieh and Moretti,2019)。其中,公共服务是影响劳动力流动的重要因素之一,缺少公共服务的机制构成不了人力资本的空间分层(Gaigne et al.,2017)。然而,中国的公共服务并不同质。它们一部分专属于当地的有房者,如学区资源(夏怡然和陆铭,2015),另一部分不管买房者还是租房者都可共享。公共服务的异质性也能影响不同技能者的地区选择。周颖刚等(2019)认为,中国的高技能者更加关注城市的公共服务,因为学区等优质服务与房子挂钩,所以当地房价显著地影响他们的迁移意愿。黎嘉辉(2019)发现,为了子女能得到优质的义务教育,流动人口愿意承受更高的房价。

本节从异质性公共服务的视角对中国城市人力资本空间分层现象进行研究。与以往文献相比,本研究的边际贡献在于:(1)凸显中国国情与国际经验的不同,指出中国公共服务根据居民有无住房实施差异性分配,并通过房价和人口流动互为内生的机制影响了不同人力资本者的空间选择,从微观机制上解释了中国大城市吸引低技能工人不足的原因;(2)采用多维度指标区分了城市的住房专属型公共服务和共享型公共服务;(3)以各城市技能者占全国相应技能者总和的比重作为衡量人力资本空间分布的指标,更能显示居民出于效用最大化"用脚投票"的微观机制。因此,本研究的结论不仅有助于理解中国人力资本空间分层的现象,还可为租房市场的发展及"租售同权"改革提供理论层面的参考。

一、数据来源及变量说明

(一)数据来源和变量

本节人口数据来源为第五次人口普查(2000年)数据和第六次人口普查(2010年)数据,城市房价数据来源于《中国区域统计年鉴》,各城市特征如公共服务、产业结构等来源于中经网数据库。最终待估计的样本为包含262个城市的两期(2000年、2010年)面板数据。具体变量定义如下:

为了考察不同技能者在各个城市间的分布,笔者将城市分成三类:大城市、小城市和中等城市。借鉴梁文泉和陆铭(2015),将"大城市"定义为市区非农户籍人口规模大于250万的城市,"小城市"定义为市区非农户籍人口小于100万的城市,"中等城市"为市区非农户籍人口在100万到250万之间的城市。得到大城市27个,小城市144个,中等城市91个。

笔者采用城市人口的受教育水平来划分高、低技能人口。人口普查数据中统计了6岁以上人口的学历,考虑到一些正在求学的人口尚无法以最终学历来衡量,如正在读初中的适龄人口不能简单视为低技能人口。因此,在研究中采用15岁及以上人口中的文盲数目来表示某一城市的低技能人口规模。高技能人口的划分则相对简单,笔者选用城市中居民的学历在专科及以上来刻画。

为了刻画人力资本的空间分布,用各个城市中高(低)技能人口数占全国高(低)技能人口总数的比重表示各城市的高(低)技能人口比重。也就是说,所有城市的高技能人口比重总和为1。低技能人口比重的定义与此类似。这与梁文泉和陆铭(2015)区别开,他们将技能比重设定为同一个城市中不同技能者占本城市人口的比重,即每个城市的高、中、低技能人口比重之和为1。本研究作此变化,是由人口空间分层的经济含义所致:要考察人们更倾向于流向大城市还是小城市,本质上是每一个居民根据自身的人力资本选择效用最大的居住地。如果说大城市更倾向于吸引高技能者,意味着涌向大城市的高技能者数量要多于他们流向小城市的数量,大城市所占高技能人口的比重也要高于小城市。

与梁文泉和陆铭(2015)一致,笔者控制了其他可能影响城市空间分层的变量:(1)城市产业结构。本书采用第六次人口普查当年各城市第三产业产值占社会总产值的比重衡量。(2)城市工资水平。用第六次人口普查数据中居民的工资收入衡量。(3)城市经济发展水平。用第六次人口普查数据中城市的人均国内生产总值(GDP)衡量。(4)城市发展潜力。用第六次人口普查数据中城市固定资产投资占GDP的比重来衡量。(5)金融发展水平。用第六次人口普查数据中金融业的产值占总产出的比重刻画。(6)外贸依存度。用进出口总额占GDP的比重来衡量。

(二) 公共服务"租售不同权"的度量

区分公共服务的异质性是本书解释中国城市人力资本空间分层的关键。为了更加全面地度量城市间的公共服务差异,笔者借鉴韩峰和李双玉(2019),采用主成分分析法构建城市公共服务供给的综合指标。公共交通、气候、城市绿化等是每个人均可得到的城市公共福利,因为它们具有消费的非排他性,政府无法(或者需要很大的成本)区分消费者的身份是有房居民还是无房的外地人口。而医疗资源和教育资源往往和当地的户口捆绑在一起,申请到当地的户口又往往以是否拥有一套房子为先决条件,尤其是教育资源,"学区房"制度规定了子女受教育的权利根据父母住房所在地进行分配。据此,可以将公共服务划分为两大类:专属型公共服务(B),包含教育类公共服务和医疗卫生类公共服务;共享型公共服务(E),包括能源、资源基础设施类公共服务、交通运输类公共服务和环境保护类公共服务。各类城市公共服务的划分方法及衡量指标见表4-2。

表4-2 城市公共服务分类方法

公共服务属性	公共服务种类	具 体 指 标
专属型公共服务 B	教育类公共服务	每万人教育经费支出(元)
		普通中学师生比(人/万人)
		普通小学师生比(人/万人)
	医疗卫生类公共服务	每万人医疗与计划生育支出(元)
		每万人医院、卫生院数(个)
		每万人医院、卫生院床位数(张)
		每万人医生数(人)
共享型公共服务 E	能源、资源基础设施类公共服务	居民人均生活用水量(吨)
		居民人均生活用电量(千瓦·时)
		居民人均煤气使用量(立方米)
	交通运输类公共服务	每万人拥有公共汽车数(辆)
		人均城市道路面积(平方米)
		城市路网密度(千米/平方千米)
	环境保护类公共服务	人均绿地面积(平方米)
		建成区绿化覆盖率(%)
		人均园林绿地面积(平方米)

在进行计量回归之前,为了与美国的经验数据进行对比,笔者模仿埃克豪特等(2014),将技能定义为 $\alpha^{\alpha}(1-\alpha)^{(1-\alpha)}\omega/\varphi^{\alpha}$,其中 ω 为工资收入,φ 为房价,$\alpha=0.3$。利用中国的数据,画出不同技能人口在大城市和小城市的核密度图,如图4-2。从图中发现大城市的技能人口分布相对于小城市呈现"两头翘"的现象,即相对于小城市,中国的大城市在吸引高技能者和低技能者方面更有优势。这与埃克豪特等(2014)所述的美国人力资本空间分层一致。

以下内容将用居民受教育的程度来衡量其人力资本层次,并进行实证分析。表4-3对大城市和小城市的部分变量进行描述性统计。大城市的住房专属型公共服务 B 和共享型公共服务 E 均值分别为0.109和1.515,均高于小城市,并且大城市的平均房价为11 767.234元,也要高于小城市。因此居民居住空间的选择是一个城市拉力和斥力共同作用的结果。

表 4-3 核心变量的描述性统计

	样本值	均值	方差	最小值	最大值
大城市					
高能力比重	27	1.377	0.985	0.178	4.772
低能力比重	27	0.432	0.418	0.090	2.167
房价	27	11 767.234	10 689.362	4 376.516	48 695.647
工资	27	57 474.851	14 813.913	42 286.436	105 917.836
人均 GDP	27	59 297.153	20 073.707	22 775.738	94 295.764
第三产业比重	27	42.241	13.698	21.644	70.174
专属型公共服务因子得分	27	0.109	0.393	-0.527	1.137
共享型公共服务因子得分	27	1.515	1.664	0.054	7.567
小城市					
高能力比重	144	0.147	0.074	0.026	0.370
低能力比重	144	0.221	0.187	0.005	1.054
房价	144	4 174.256	1 571.586	2 435.897	14 419.113
工资	144	42 321.941	8 398.172	25 542.327	78 964.472
人均 GDP	144	28 773.682	17 630.154	7 193.014	121 387.185
第三产业比重	144	27.806	15.537	8.706	83.168
专属型公共服务因子得分	131	0.073	0.441	-0.691	2.114
共享型公共服务因子得分	135	-0.156	0.483	-1.392	2.089

二、实证分析

(一) 基准回归

首先考察城市类型对不同技能人口分布的影响。分别用最小二乘法 (OLS) 和固定效应模型 (FE) 考察城市规模特征对人力资本的吸引。模型设定如下:

$$S^i_{j,p,t} = \alpha ID_j + \beta X_{j,t} + province_p + year_t + cons + \varepsilon_{j,p,t} \quad (4-17)$$

其中, $S^i_{j,p,t}$ 表示 p 省份的城市 j 在时期 $t \in \{2000, 2010\}$ 的技能人口比重,

上标 $i \in \{1, 2\}$ 用以区分低技能人口和高技能人口；ID 为区分城市类别的虚拟变量，大城市的 $ID=1$，小城市 $ID=0$；X 为可能影响城市技能人口分布的控制变量，主要包含政府支出、平均工资、产业结构、经济发展、固定资产、金融发展、外贸依存度等因素；$province$ 为不随时间变化的省份固定效应；$year$ 为年份固定效应。

相关计量结果见表4-4。其中，列1和列2是OLS估计，城市类别前面的系数为正且显著，表明无论低技能人口还是高技能人口都更加倾向于居住在大城市；列3和列4是FE估计，大城市的低技能人口比重和高技能人口比重显著为正，说明在控制地区效应后，中国仍存在人力资本的空间分层，即大城市更加吸引高、低技能人口。同时，无论OLS估计还是FE估计，都表明大城市对高技能人口的影响系数显著大于对低技能人口的影响系数，说明大城市对高技能人口有更强的吸引力。梁文泉和陆铭（2015）对此的解释是，中国现存的户籍制度限制了外地人中低技能人口的流入，但对高技能人口的限制性作用不大，因为当地政府往往会采取各种手段放松户籍限制以吸引高技能人才。

表4-4 居民更愿意去大城市还是小城市

	(1) 高技能人口比重	(2) 低技能人口比重	(3) 高技能人口比重	(4) 低技能人口比重
是否大城市	0.680*** (4.804)	0.442*** (4.204)	0.671*** (7.701)	0.316*** (9.004)
政府支出	-0.341 (-0.746)	0.142 (0.664)	-0.442** (-2.268)	-0.015 (-0.114)
平均工资	0.163** (1.987)	0.182*** (4.414)	0.122 (1.543)	0.042 (1.027)
产业结构	0.271 (1.545)	-0.096** (-2.318)	0.144*** (3.033)	-0.036 (-1.416)
经济发展	0.020 (0.453)	-0.172*** (-5.227)	0.061** (2.228)	-0.137*** (-6.089)
固定资产	-0.175 (1.217)	-0.123* (-1.789)	0.041 (0.706)	-0.057 (-1.295)
金融发展	0.280** (2.224)	-0.070** (-2.103)	0.111*** (2.711)	-0.075*** (-4.436)
外贸依存度	0.474 (0.883)	-0.198 (-1.421)	0.232 (1.123)	-0.106 (-1.285)

(续表)

	(1) 高技能人口比重	(2) 低技能人口比重	(3) 高技能人口比重	(4) 低技能人口比重
常数项	-1.822** (-2.356)	0.249 (0.863)	-1.661** (-2.367)	1.288*** (3.887)
省份固定效应	否	否	是	是
年份固定效应	否	否	是	是
样本量	330	330	330	330
调整后 R^2	0.649	0.248	0.922	0.770

注：括号内为 t 值；***、**、*分别表示1%、5%、10%的显著性水平。

(二) 技能互补的角度

大城市在吸引高技能者和低技能者上更有优势。一个可能的原因是：大城市的低技能人口通过与高技能人口形成的技术互补，提升低技能人口的收入，吸引他们流入大城市(Eeckhout et al.,2014)。为了从微观数据上验证技能互补的存在性，梁文泉和陆铭(2015)利用中国历次人口普查数据，发现高技能比重的增加会带来高技能者和低技能者收入的增长，但是初期较高的高技能者比重与后期低技能者的流入之间并不存在显著的相关性。

造成技能互补理论得不到验证的原因，便在于对技能人口比例的定义上。本书将技能人口比重定义为各个城市的技能人口占相应技能人口总数的比例，并采用梁文泉和陆铭(2015)的方法，将第五次人口普查(2000年)至第六次人口普查(2010年)间各城市低技能人口比重的变化作为因变量，以同期高技能人口比重的变化作为解释变量，考察高技能人口比重的提高能否带动低技能人口比重的增加(即技能互补)。具体回归模型设定如下：

$$S^1_{j,2010} - S^1_{j,2000} = \alpha(S^2_{j,2010} - S^2_{j,2000}) + \beta \overline{X}_j + cons + \varepsilon_j \quad (4-18)$$

其中，$S^1_{j,2010} - S^1_{j,2000}$ 表示2000至2010年城市 j 低技能人口比重的变化；$S^2_{j,2010} - S^2_{j,2000}$ 为城市 j 高技能人口比重的变化；$\overline{X}_j$ 为各个控制变量在2000年和2010年的均值。这些变量包括政府支出、平均工资、产业结构、经济发展、固定资产、金融发展、外贸依存度等。模型估计结果如表4-5所示。

表4-5 城市间技能互补效应检验

	(1) 全部城市	(2) 大城市	(3) 小城市
高技能人口变化率	0.476***(4.837)	0.295**(2.501)	0.520*(1.878)
政府支出	0.124(1.103)	−0.780(−0.810)	0.176(1.196)
平均工资	0.060(1.516)	−0.128(−1.113)	0.030(0.545)
产业结构	−0.041***(−2.730)	0.024(0.476)	−0.035(−1.573)
经济发展	−0.063***(−3.503)	−0.063(−1.614)	−0.035(−1.616)
固定资产	−0.034(−1.037)	−0.287***(−2.876)	0.009(0.276)
金融发展	0.031**(2.133)	0.083*(1.887)	0.009(0.295)
外贸依存度	0.590(1.356)	1.687***(3.886)	0.710*(1.665)
常数项	0.038(0.107)	2.097**(2.203)	0.020(0.037)
样本量	262	27	138
调整后 R^2	0.164	0.531	0.126

注:括号内为 t 值;***、**、*分别表示1%、5%、10%的显著性水平。

列1是采用全部城市样本进行估计的结果。可见,高技能人口比重增长较高的城市,其低技能人口比重的增长也同样较高。样本年间高技能人口比重每增加1个百分点,低技能人口比重平均增长0.476个百分点,从而验证了高、低技能互补的存在。列2和列3的估计结果表明,技能互补效应在大城市样本和小城市样本中均存在。大城市的估计系数更加显著,表明大城市比小城市在吸引低技能人口方面更有优势。这一现象的原因可能是历史因素造成了大城市初期的高人力资本比重就比较高。

从列3结果来看,小城市样本年间高技能人口的比重每增加1个百分点,可以带动低技能人口比重增加0.520个百分点,这一弹性系数远高于大城市的0.295。一个可能的原因是:小城市的高人力资本数量较少,其劳动的边际生产力较高,与之进行技能互补的低技能工人能产生更高的边际生产力。而且,低技能者在小城市承受更低的房价,可以在小城市买房,获得小城市的共享型公共服务和与住房所有权挂钩的公共服务,效用提升也较快。

(三)特征价格模型的角度

技能互补理论不能发现中国大城市吸引低技能人口不足的原因,没有解释现象背后的理论机制。因此，本小节从特征价格模型出发，将影响居民福利的因素进行分类，尤其是考虑公共服务是否专属于当地有房者的异质性，以深化理解人口流动的影响机制。为了检验城市房价以及异质性公共服务对城市间技能人口分布的影响，具体模型设定如下：

$$S_{j,p,t}^{i} = \alpha_0 House_{j,t} + \alpha_1 (House_{j,t})^2 + \beta_0 B_{j,t} + \beta_1 E_{j,t} + \gamma X_{j,t} + province_p + year_t + cons + \varepsilon_{j,p,t} \quad (4-19)$$

与之前的定义类似，因变量 $S_{j,p,t}^{i}$ 表示城市 j 在时期 $t \in \{2000, 2010\}$ 的技能人口比重，上标 $i \in \{1, 2\}$ 用以区分低技能人口和高技能人口；p 表示省份；$House$ 为城市在时期 t 的平均房价水平，房价水平的平方项用以控制房价对技能人口分布的非线性影响；B 为各城市的专属型公共服务的因子得分；E 为相应城市的共享型公共服务的因子得分；X 为可能影响城市技能人口分布的控制变量，主要包含政府支出、平均工资、产业结构、经济发展、固定资产、金融发展、外贸依存度等因素；$province$ 为不随时间变化的省份固定效应；$year$ 为年份固定效应。

由于一部分公共服务与住房捆绑，房价便影响不同技能者的迁移意愿。表4-6为仅考虑城市房价影响的回归结果，列1和列2为OLS估计，列3和列4分别加入了省份固定效应和年份固定效应。估计结果表明，房价水平对不同技能人口空间分布的影响不同。

表4-6 房价对人力资本空间分层的影响

	(1) 高技能人口比重	(2) 低技能人口比重	(3) 高技能人口比重	(4) 低技能人口比重
房价水平	-1.761* (-1.827)	-0.480 (-1.622)	-0.326* (-1.820)	0.006 (0.026)
房价平方	0.126* (1.922)	0.038** (1.991)	0.039* (1.701)	0.006 (0.545)
政府支出	-0.757 (-1.635)	-0.184 (-0.912)	-0.651** (-2.403)	-0.147 (-0.986)
平均工资	0.118 (1.396)	0.163*** (3.513)	0.206** (2.261)	0.087* (1.778)
产业结构	0.253* (1.871)	-0.086*** (-2.673)	0.172** (3.035)	-0.011 (-0.376)
经济发展	0.021 (0.435)	-0.168*** (-5.238)	0.053* (1.687)	-0.133*** (-5.850)

(续表)

	(1) 高技能人口比重	(2) 低技能人口比重	(3) 高技能人口比重	(4) 低技能人口比重
固定资产	−0.151 (−1.276)	−0.145** (−2.196)	0.043 (0.658)	−0.067 (−1.463)
金融发展	0.482*** (4.956)	0.061** (2.125)	0.281*** (7.542)	0.008 (0.588)
外贸依存度	0.730 (1.095)	−0.042 (−0.187)	0.262 (1.134)	−0.083 (−0.845)
常数项	4.682 (1.316)	1.832 (1.626)	−2.102 (−1.327)	0.425 (0.536)
省份固定效应	否	否	是	是
年份固定效应	否	否	是	是
样本量	330	330	330	330
调整后 R^2	0.609	0.116	0.885	0.717

注：括号内为 t 值；***、**、* 分别表示1%、5%、10%的显著性水平。

列1至列4的估计结果均表明：房价水平对高技能者的分布影响更加显著，高房价降低了一个城市对高技能者的吸引力，而对低技能者的影响却不显著。这与周颖刚等(2019)的结论相同，他们利用2014—2016年中国流动人口动态监测调查数据发现，高技能流动人口对房价比较敏感，低技能者则对房价的变化不敏感。因为对于低技能工作者来说，他们并不以定居为目的，选择大城市工作主要是为了获取更高的工资。低技能工作者往往可以不买房，居住在厂商提供的集体宿舍或者租金低廉的城中村，他们的迁移意愿不受房价水平的影响(范剑勇等，2015)。但是对于高技能工作者来说，他们居住在公共福利良好的城市，往往以买房定居为目的，高昂的房价会抵消良好的外部环境带来的好处，整体上减弱高技能人口的迁移意愿(Diamond，2016)。

一个显而易见的政策含义是：如果地方政府希望通过缩减土地供给、提高房价的方式排斥低技能人口、优化当地的人力资本结构，结果可能适得其反。住房不仅有居住功能，还是获得当地优质的房子专属型公共服务的"凭证"。房价上涨后，原先买不起住房的低技能工人仍然买不起房，且他们所能获得的公共服务数量并没有减少；而一部分高技能工人却因为买不起房，得不到当地的房子专属型公共服务，他们的效用急剧下降，被迫迁往另一个城市。因此,房价较高的地区吸引人才的一个可选政策是对高技能人才实施住房补贴。

这也将研究的视角转向房子专属型公共服务和共享型公共服务。以高、低技能人口比重作为被解释变量,专属型公共服务 B 和共享型公共服务 E 作为主要解释变量,结果如表4-7所示。列1和列2中,共享型公共服务 E 前面的系数为正且显著,表明公共服务 E 的增加能同时吸引高技能者和低技能者;而专属型公共服务 B 对低技能者的影响为负且显著,表明专属型公共服务可能抑制了低技能人口的流入。这与理论模型所预测的结果一致。在控制了省份固定效应和年份固定效应的列3和列4,共享型公共服务 E 的作用没有发生变化,而专属型公共服务 B 对低技能者的影响不显著。这可能是因为本研究的理论模型中没有分析政府针对歧视性公共服务分配可能采取了一些措施,一定程度上削弱了专属型公共服务 B 对低技能者流入的限制。例如,夏怡然和陆铭(2015)虽然也认为基础教育的改善能吸引高技能者流入、对低技能者影响不大,但他们发现如果当地政府做了大量工作纠正基础教育对外来人口的歧视,如建立农民工小学、允许缴纳一定的借读费以就读当地学校等,基础教育质量的提高也能利于低技能劳动者的流入。因此,表4-7中专属型公共服务 B 对低技能人口的影响可能不明显。但不管如何,专属型公共服务 B 和共享型公共服务 E 对高技能者、低技能者的显著性和吸引作用并不同。即使是列5至列8中考虑了房价的作用,共享型公共服务 E 仍然能对低技能者产生正向的吸引作用;而专属型公共服务 B 要不排斥了低技能人口,要不作用不显著。原因便在于这两种公共服务的异质性:与共享型公共服务 E 不同,居民只有在当地买房,才能享受到专属型公共服务 B。

表4-7 异质性公共服务对人力资本空间分层的影响

	(1) 高技能人口比重	(2) 低技能人口比重	(3) 高技能人口比重	(4) 低技能人口比重	(5) 高技能人口比重	(6) 低技能人口比重	(7) 高技能人口比重	(8) 低技能人口比重
专属型公共服务 B	0.027 (0.431)	−0.065* (−1.687)	0.004 (0.101)	0.029 (1.286)	0.036 (0.581)	−0.062* (−1.668)	0.003 (0.075)	0.028 (1.291)
共享型公共服务 E	0.134* (1.724)	0.064** (2.019)	0.104* (1.995)	0.043*** (2.951)	0.108 (1.372)	0.055* (1.731)	0.079 (1.526)	0.035** (2.356)
房价水平					−1.857 (−1.604)	−0.442 (−1.103)	−0.110 (−0.263)	0.078 (0.297)

(续表)

	(1) 高技能 人口比重	(2) 低技能 人口比重	(3) 高技能 人口比重	(4) 低技能 人口比重	(5) 高技能 人口比重	(6) 低技能 人口比重	(7) 高技能 人口比重	(8) 低技能 人口比重
房价平方					0.124 (1.623)	0.033 (1.305)	0.023 (0.837)	0.001 (0.077)
政府支出	-0.779 (-1.446)	-0.195 (-0.857)	-1.190*** (-3.250)	-0.417** (-2.043)	-0.633 (-1.301)	-0.132 (-0.636)	-0.966*** (-3.104)	-0.342* (-1.832)
平均工资	0.269*** (3.195)	0.243*** (4.913)	0.178** (2.113)	0.080 (1.634)	0.217** (2.547)	0.195*** (3.835)	0.126 (1.468)	0.057 (1.104)
产业结构	0.319* (1.707)	-0.073 (-1.628)	0.238*** (3.904)	0.016 (0.551)	0.255* (1.690)	-0.104** (-2.589)	0.169*** (2.901)	-0.007 (-0.231)
经济发展	-0.065 (-1.306)	-0.200*** (-5.124)	0.020 (0.608)	-0.159*** (-4.945)	-0.077 (-1.581)	-0.215*** (-5.108)	-0.018 (-0.525)	-0.174*** (-5.374)
固定资产	-0.147 (-1.083)	-0.139** (-1.987)	-0.014 (-0.156)	-0.077 (-1.440)	-0.063 (-0.533)	-0.119* (-1.736)	0.025 (0.311)	-0.067 (-1.245)
金融发展	0.387*** (4.272)	0.042 (1.510)	0.283*** (6.534)	0.004 (0.288)	0.391*** (4.255)	0.035 (1.301)	0.247*** (5.685)	-0.012 (-0.796)
外贸依存度	5.614*** (3.078)	1.143 (1.256)	2.719** (2.103)	0.968 (1.537)	5.941*** (3.046)	1.143 (1.233)	2.755** (2.117)	0.949 (1.523)
常数项	-2.065*** (-2.787)	-0.040 (-0.149)	-1.963*** (-2.847)	1.084*** (2.615)	5.446 (1.308)	1.988 (1.341)	-1.485 (-0.854)	0.826 (0.804)
省份固定效应	否	否	是	是	否	否	是	是
年份固定效应	否	否	是	是	否	否	是	是
样本量	291	291	291	291	291	291	291	291
调整后 R^2	0.644	0.160	0.892	0.733	0.659	0.172	0.899	0.738

注：括号内为 t 值；***、**、* 分别表示1%、5%、10%的显著性水平。

第七节 本章小结

本章以中国的人力资本在不同城市间的空间分层为研究对象，从理论和实证两个层面考察了异质性公共服务对不同技能人口在城市间分布的影响。研究结果表明：（1）中国主要城市间存在明显的空间分层现象，大城市吸引了更多较高和较低技能的人口，中等技能的人口则更加倾向于集聚在小城市。但是,这种空间分层的原因不必来自劳动力市场上的极端技能互补或者岗位极化理论,也可以来自公共服务"租售不同权"以及房地产市场上住房有最小面积的限制。(2)采用多维度指标对城市的住房专属型公共服务和共享型公共服务进行区分,发现共享型公共服务能吸引所有人力资本层次的居民,而住房专属型公共服务则限制了大城市对低技能居民的吸引。这在一定程度上解释了为什么中国大城市吸引低技能人口不足。(3)高技能者对房价更敏感,房价提升会使他们买不起房,降低他们房子专属型公共服务的获得性,迫使他们离开当地;而低技能者始终能得到共享型公共服务,他们的迁移决策对房价不敏感。此外,高技能者比重较高的城市对低技能者更有吸引力,高技能和低技能之间存在技能互补,这也是中国人口空间分层的原因之一。

基于以上研究结论,本章的政策启示在于:

(1)大城市的发展也需要低技能人口。较高和较低技能的人口都更加愿意流向大城市,既是因为他们之间可以通过技能互补提高劳动生产率和收入,也是他们基于不同城市间的公共服务、房价理性选择的结果。这种空间分层是经济规律的体现,人为将低技能劳动力驱离大城市的措施会降低包括高技能劳动力在内的所有居民的福利,削弱城市的发展潜力。

(2)加快立法,推行基本公共服务"租售同权"改革。中国大城市吸引低技能人口不足,一个原因是大量公共服务只专属于当地的有房者。因此需要政府推行立法,明确租赁当事人的权利义务,实施基本公共服务在租房居民与买房居民同等待遇的改革。2020年3月,住建部等九部门发行《关于在人口净流入的大中城市加快发展住房租赁市场的通知》,以广州、南京等12个城市为试点,鼓励、实施基本公共服务"租售同权"。

(3)加大住房租赁业的发展,多渠道保障住房供给。考虑到低技能工人的租住成本和高技能人口对房价的敏感性,政策制定者应鼓励大中城市住房租赁业的发展,构建多渠道、多主体供给的住房租赁供给体系,因地制宜,加大保障房等多样化住房的建设力度,适时增加住房土地的供给,控制房价过快增长,坚持"房子是用来住的,不是用来炒的"。

(4)改革户籍制度,降低低技能人口流入的门槛。租房可获得的公共服务小于买房,也是因为在现行的户籍制度下,公共服务的获得性与出生地捆绑在一起。为了吸引人才,政府往往会放松高端人才的落户限制,给予他们子女教育、社会福利等方面的优惠,而缺少对低技能人口这些方面的权益保障。因此,政府应建立更加宽松的户口迁移条件,完善对低技能人口更加友好的居住证制度。

附　录

引理 4-1：$a_s^2 > a_s^1$，$a_b^2 > a_b^1$，$a_b^1 > a_s^1$。

证明：首先证 $a_s^2 > a_s^1$，$a_b^2 > a_b^1$。以小城市为例，大城市的证明与此类似。

根据 a_s^1 的定义，$U(a_s^1\omega) + u(0) = U(a_s^1\omega - \varphi_s) + u(1) + B_s$

变形，得到 $\dfrac{U(a_s^1\omega) - U(a_s^1\omega - \varphi_s)}{\varphi_s} - \dfrac{B_s}{\varphi_s} = \dfrac{u(1) - u(0)}{\varphi_s}$

由 $U' < 0$，得 $U'(a_s^1\omega - \varphi_s) > \dfrac{U(a_s^1\omega) - U(a_s^1\omega - \varphi_s)}{\varphi_s} > \dfrac{U(a_s^1\omega) - U(a_s^1\omega - \varphi_s)}{\varphi_s} - \dfrac{B_s}{\varphi_s}$，

由 $u' < 0$，且存在一个点 ε，$0 < \varepsilon < 1$，使得 $\dfrac{u(1) - u(0)}{\varphi_s} = \dfrac{u'(\varepsilon)}{\varphi_s} > \dfrac{u'(1)}{\varphi_s}$

对于购买住宅面积超过最小面积的工人，$h \geqslant 1$，$\dfrac{u'(1)}{\varphi_s} \geqslant \dfrac{u'(h)}{\varphi_s} = U'(a_s^2\omega - \varphi_s h)$

也就是说，$U'(a_s^1\omega - \varphi_s) > U'(a_s^2\omega - \varphi_s h)$，即 $a_s^2\omega - \varphi_s h > a_s^1\omega - \varphi_s$，$a_s^2 > a_s^1$ 得证。

其次，证明 $a_b^1 > a_s^1$。

反证法。如果 $a_b^1 \leqslant a_s^1$，能力为 a_s^1 的工人迁移至大城市必然买得起最小面积住宅，能力 $a_b^1 < a \leqslant a_s^1$ 的工人也可以在大城市购买最小面积住宅。由于在大城市买房的效用大于不买房的效用，从而 $W_b(a) > W_s(a_b^1)$。这表明一个人虽然在小城市买不起住房，但是他去了大城市不仅可以买得起房，还能享受到更多公共品。从而所有的人都会迁往大城市，导致小城市没有住宅需求，小城市房价为 0，这又会促使居民在小城市买房。矛盾。

证明完毕。

引理 4-2：当工人的能力为 a_b^1 时，存在 $W_s(a_b^1) > W_b(a_b^1)$；当工人能力

$a \leq a_s^1$,存在 $W_b(a) > W_s(a)$;当工人能力 $a \geq a_b^2$ 时,存在 $W_b(a) > W_s(a)$。

证明:先证当 $a \geq a_b^2$ 时,$W_b(a) > W_s(a)$。

当 $a > a_s^2$,$W_s(a) = (1+\beta)\ln(a\omega) - (1+\beta)\ln(1+\beta) - \beta\ln\varphi_s + \alpha + \beta\ln\beta + B_s$;当 $a > a_b^2$,$W_b(a) = (1+\beta)\ln(a\omega) - (1+\beta)\ln(1+\beta) - \beta\ln\varphi_b + (1+\beta)\ln(1+\eta) + \alpha + \beta\ln\beta + B_b + E$。

由于 $a_b^2 > a_s^2$,显然,当 $a > a_s^2$ 时,城市福利关于收入的对数的导数相等。如果以收入 $a\omega$ 为横轴,福利为纵轴,大城市和小城市的福利曲线平行,即

$$\frac{\partial W_b(a)}{\partial \ln(a\omega)} = \frac{\partial W_s(a)}{\partial \ln(a\omega)} = 1 + \beta$$

如果当 $a > a_b^2$,$W_s(a) > W_b(a)$

第一种情况:如果 $a_s^2 > a_b^1$

当个人能力 $a_b^2 > a > a_s^2$ 时,个人可能在小城市按一阶最优条件购买多于最小面积的住宅,也可能在大城市购买最小面积住宅。

$$W_s(a) = (1+\beta)\ln(a\omega) - (1+\beta)\ln(1+\beta) - \beta\ln\varphi_s + \alpha + \beta\ln\beta + B_s$$

$$W_b(a) = \ln[(1+\eta)a\omega - \varphi_b] + \alpha + B_b + E$$

$$\frac{\partial W_b(a)}{\partial \ln(a\omega)} = \frac{(1+\eta)a\omega}{(1+\eta)a\omega - \varphi_b} > \frac{(1+\eta)a_b^2\omega}{(1+\eta)a_b^2\omega - \varphi_b} = 1 + \beta$$

也就是说 $\dfrac{\partial W_b(a)}{\partial \ln(a\omega)} > \dfrac{\partial W_s(a)}{\partial \ln(a\omega)}$

令 $F(a) = W_s(a) - W_b(a)$,$F'(a) < 0$,$F(a)$ 为减函数,而当 $a = a_b^2$ 时,$F(a) \geq 0$,因此,$a_b^2 > a > a_s^2$ 时,$W_s(a) > W_b(a)$。

当个人能力 $a_s^2 > a > a_b^1$ 时,个人可以在大城市购买最小面积的住宅,也可以在小城市购买最小面积的住宅,即:

$$W_s(a) = \ln(a\omega - \varphi_s) + \alpha + B_s$$

$$W_b(a) = \ln[(1+\eta)a\omega - \varphi_b] + \alpha + B_b + E$$

$$\frac{\partial W_b(a)}{\partial \ln(a\omega)} = \frac{(1+\eta)a\omega}{(1+\eta)a\omega - \varphi_b} > \frac{a\omega}{a\omega - \varphi_s} = \frac{\partial W_s(a)}{\partial \ln(a\omega)}$$

后面不等式的成立由于 $\varphi_b > (1+\eta)\varphi_s$。

此时 $F'(a) < 0$，$F(a)$ 也为减函数，当 $a = a_s^2$ 时，$F(a) \geqslant 0$，因此 $a_s^2 > a > a_b^1$ 时，$W_s(a) > W_b(a)$。

第二种情况：如果 $a_s^2 < a_b^1$。

当个人能力 $a_b^1 < a < a_b^2$ 时，个人可能在大城市购买最小面积住宅，也可能在小城市购买多于最小面积的住宅。这与第一种情况且能力为此 $a_s^2 > a > a_b^2$ 时相似，此时也有 $F'(a) < 0$，$W_s(a) > W_b(a)$。

综上所述，如果能力 $a > a_b^2$ 时，$W_s(a) > W_b(a)$，那么能力 $a_b^2 > a > a_b^1$ 时，$W_s(a) > W_b(a)$，即能力超过 a_b^1 所有的人，即使有能力在大城市购房，他也会选择居住在小城市，没有人在大城市买房，从而大城市房价为 0，居民可以在大城市购买无限面积住宅以弥补在效用方面的损失，矛盾。

再证明 $W_s(a_b^1) > W_b(a_b^1)$

用反证法。存在工人能力为 a_b^1 时 $W_s(a_b^1) < W_b(a_b^1)$

在上述定理的证明中，已知能力 $a_b^1 < a < a_b^2$ 时，$\dfrac{\partial W_b(a)}{\partial \ln(a\omega)} > \dfrac{\partial W_s(a)}{\partial \ln(a\omega)}$

令 $F(a) = W_s(a) - W_b(a)$，则 $F'(a) < 0$

根据假设 $F(a_b^1) < 0$，当能力 $a_b^1 < a < a_b^2$ 时，$W_b(a) > W_s(a)$。

当 $a < a_b^1$ 时，居民选择在大城市租房，没有能力购买最小面积的住宅。

$$W_b(a) = \ln[(1 + \eta)a\omega] + E, \quad \frac{\partial W_b(a)}{\partial \ln(a\omega)} = 1$$

但是居民选择居住在小城市，对于能力服从 $a_s^1 < a < a_b^1$ 的人，分为两种情况：

第一种：如果 $a_s^2 > a_b^1$，对于 $a_s^1 < a < a_b^1$ 的工人来说，

$$W_s(a) = \ln(a\omega - \varphi_s) + \alpha + B_s, \quad \frac{\partial W_s(a)}{\partial \ln(a\omega)} = \frac{a\omega}{a\omega - \varphi_s} > 1$$

从而有 $\dfrac{\partial W_s(a)}{\partial \ln(a\omega)} > \dfrac{\partial W_b(a)}{\partial \ln(a\omega)}$

如果 $a_s^2 < a_b^1$，当 $a_s^2 > a > a_s^1$ 时，居民可在小城市买最小面积住宅，从而存在 $W_s(a) = \ln(a\omega - \varphi_s) + \alpha + B_s$，类似第一种情况可得 $\dfrac{\partial W_s(a)}{\partial \ln(a\omega)} > \dfrac{\partial W_b(a)}{\partial \ln(a\omega)}$；

当 $a_b^1 > a > a_s^2$ 时，居民可在小城市购买改善性住房：

$$W_s(a) = (1+\beta)\ln(a\omega) - (1+\beta)\ln(1+\beta) - \beta\ln\varphi_s + \alpha + \beta\ln\beta + B_s$$

$$\frac{\partial W_s(a)}{\partial \ln(a\omega)} = 1 + \beta > \frac{\partial W_b(a)}{\partial \ln(a\omega)}$$

综上所述,对于能力 $a_b^1 > a > a_s^1$ 的工人,存在 $\dfrac{\partial W_s(a)}{\partial \ln(a\omega)} > \dfrac{\partial W_b(a)}{\partial \ln(a\omega)}$

$F'(a) > 0$,$F(a)$ 为增函数,当 $a = a_b^1$ 时,$F(a_b^1) < 0$,因此 $a_b^1 > a > a_s^1$ 时,$W_b(a) > W_s(a)$,个人会选择大城市生活;再结合定理1,所有有能力在小城市购买住宅的人都会迁往大城市,从而小城市的住房需求降为0,房价为0,矛盾。

而如果个人能力 $a \leq a_s^1$,$W_s(a) = \ln(a\omega)$,$W_b(a) = \ln[(1+\eta)a\omega] + E$

显然有 $W_b(a) > W_s(a)$,工人会选择居住在大城市,从而在 a_s^1 的邻域内,他们即使有能力在小城市买房,也会选择在大城市租房。

证明完毕。

定理4-3:土地政策通过影响人口流动引起城市间房价同向变动的"波纹效应"。

证明:为了计算简便,假设住房供给弹性为0,工人能力 a 是一个服从分布函数为 $F(a)$、密度函数为 $f(a)$ 的随机变量,且 $a \in [\underline{a}, \overline{a}]$。

$$\frac{\partial D_s}{\partial a_1}\frac{\mathrm{d}a_1}{\mathrm{d}H_b} + \frac{\partial D_s}{\partial a_s^2}\frac{\mathrm{d}a_s^2}{\mathrm{d}H_b} + \frac{\partial D_s}{\partial a_2}\frac{\mathrm{d}a_2}{\mathrm{d}H_b} + \frac{\partial D_s}{\partial \varphi_b}\frac{\mathrm{d}\varphi_b}{\mathrm{d}H_b} + \frac{\partial D_s}{\partial \varphi_s}\frac{\mathrm{d}\varphi_s}{\mathrm{d}H_b} = 0$$

$$\frac{\partial D_b}{\partial a_2}\frac{\mathrm{d}a_2}{\mathrm{d}H_b} + \frac{\partial D_b}{\partial a_b^2}\frac{\mathrm{d}a_b^2}{\mathrm{d}H_b} + \frac{\partial D_b}{\partial \varphi_b}\frac{\mathrm{d}\varphi_b}{\mathrm{d}H_b} + \frac{\partial D_b}{\partial \varphi_s}\frac{\mathrm{d}\varphi_s}{\mathrm{d}H_b} = 1$$

化简得:

$$-f(a_1)\frac{\mathrm{d}a_1}{\mathrm{d}H_b} + h_s(a_2, \varphi_s)f(a_2)\frac{\mathrm{d}a_2}{\mathrm{d}H_b} + \int_{a_s^2}^{a_2}\frac{\partial h_s(a, \varphi_s)}{\partial \varphi_s}\mathrm{d}F(a) = 0$$

$$-f(a_2)\frac{\mathrm{d}a_2}{\mathrm{d}H_b} + \int_{a_b^2}^{\overline{a}}\frac{\partial h_b(a, \varphi_b)}{\partial \varphi_b}\mathrm{d}F(a)\frac{\mathrm{d}\varphi_b}{\mathrm{d}H_b} = 1$$

由于 $\dfrac{\mathrm{d}a_1}{\mathrm{d}H_b} = \dfrac{1}{1-(1+\eta)\mathrm{e}^{E-\alpha-B_s}}\dfrac{\mathrm{d}\varphi_s}{\mathrm{d}H_b}$,$\dfrac{\mathrm{d}a_2}{\mathrm{d}H_b} = \dfrac{\partial a_2}{\partial \varphi_s}\dfrac{\mathrm{d}\varphi_s}{\mathrm{d}H_b} + \dfrac{\partial a_2}{\partial \varphi_b}\dfrac{\mathrm{d}\varphi_b}{\mathrm{d}H_b}$

代入上式,得:

$$\left\{h_s(a_2,\varphi_s)f(a_2)\frac{\partial a_2}{\partial \varphi_s} + \int_{a_s^2}^{a_2}\frac{\partial h_s(a,\varphi_s)}{\partial \varphi_s}\mathrm{d}F(a) - \frac{1}{[1-(1+\eta)\mathrm{e}^{E-\alpha-B_s}]}\right\}\frac{\mathrm{d}\varphi_s}{\mathrm{d}H_b}$$

$$+ h_s(a_2,\varphi_s)f(a_2)\frac{\partial a_2}{\partial \varphi_s}\frac{\mathrm{d}\varphi_b}{\mathrm{d}H_b} = 0$$

$$\left[-f(a_2)\frac{\partial a_2}{\partial \varphi_b} + \int_{a_b^2}^{\bar a}\frac{\partial h_b(a,\varphi_s)}{\partial \varphi_b}\mathrm{d}F(a)\right]\frac{\mathrm{d}\varphi_b}{\mathrm{d}H_b} - f(a_2)\frac{\partial a_2}{\partial \varphi_s}\frac{\mathrm{d}\varphi_s}{\mathrm{d}H_b} = 1$$

再证明 $\dfrac{\partial a_2}{\partial \varphi_b} > 0$, $\dfrac{\partial a_2}{\partial \varphi_s} < 0$。

能力为 a_2 时，个人在大城市和小城市的效用相同。当能力稍小于 a_2，即 $a_b^1 < a < a_2$，不会选择大城市，因为在大城市买房导致消费下降很大；能力 $a_2 < a < a_b^2$ 时选择在大城市购买最小面积住房，因为消费下降不多。从而：

$$\ln(1+\eta) + \alpha + \beta\ln(1) + B_b + E > \ln(1) + \alpha + \beta\ln(h_s^*) + B_s$$

化简得 $(1+\eta)\mathrm{e}^{B_b+E-B_s} > (h_s^*)^\beta$

当 $a_s^2 < a_2$ 时，a_2 对价格的偏导为：

$$\frac{\partial a_2}{\partial \varphi_s} = \frac{\beta a_2 (h_s^*)^\beta}{(1+\beta)\varphi_s[(1+\eta)\mathrm{e}^{B_b+E-B_s} - (h_s^*)^\beta]} < 0$$

$$\frac{\partial a_2}{\partial \varphi_b} = \frac{\mathrm{e}^{B_b+E-B_s}}{(1+\eta)\mathrm{e}^{B_b+E-B_s} - (h_s^*)^\beta} > 0$$

当 $a_s^2 > a_2$，工人在大城市和小城市都只能购买最小面积的住房，从而有：

$$\ln(a_2\omega - \varphi_s) + B_s = \ln[(1+\eta)a_2\omega - \varphi_b] + B_b + E$$

计算得：

$$\frac{\partial a_2}{\partial \varphi_s} = \frac{(1+\eta)\varphi_s - \varphi_b}{(1+\eta)a_2\omega - \varphi_b} < 0$$

$$\frac{\partial a_2}{\partial \varphi_b} = \frac{a_2\omega - \varphi_s}{(1+\eta)a_2\omega - \varphi_b} > 0$$

因此，$\dfrac{\mathrm{d}\varphi_b}{\mathrm{d}H_b}$ 和 $\dfrac{\mathrm{d}\varphi_s}{\mathrm{d}H_b}$ 同方向变动。

证明完毕。

第五章 "租售不同权"与不同性别者的空间分层

上一章分析了基本公共服务"租售不同权"下不同技能居民的空间分层,一个重要的假设前提是他们的性别相同。然而,如果居民的性别不同,会发现由于在中国的婚姻市场上男性必须买房或者承担更大的买房费用才能与女性结婚,所以公共服务附属在房子上的数量越多——"租售不同权"程度越深——越能提高房价、增加女性匹配到有房男性的总体福利,并使男性承受在一个城市更高的定居成本。因此,面对是否迁徙和是否买房时,男性和女性的成本并不同。这无疑会和他们各自的人力资本结合在一起,影响不同性别者的空间分层。本章分析"租售不同权"如何影响异质性技能的男性和女性在空间上的分层,进而解释中国婚姻市场上的空间不匹配:剩男在农村(小城市),剩女在城市(大城市);剩男的人力资本水平普遍比较低,而剩女的人力资本水平普遍比较高。

第一节 性别空间分层的现状与问题的提出

一、性别空间分层问题的提出

从20世纪80年代起,中国初生婴儿的男性数量便一直超过女性,性别比在一些年份,如2007年,甚至达到1.24(女性为1)[1]。性别比失衡恶化了未婚男性在婚姻市场上的地位,为增加择偶时的竞争力,男性竞相增加房产和储蓄以吸引女性(Peters and Siow,2002;Wei and Zhang,2011;Edlund et al.,2013;Du et al.,2015)。但令人疑惑的是,这一现象只在中小城市存

---

[1] 生物学上,初生男婴死亡率高于女婴。因此一般而言,初生婴儿的男女性别比在1.03—1.06之间。

在,在上海这样的大城市,反而出现了未婚女性买房比例超过男性的情形(Fang et al.,2016;聂晨和薛嘉成,2019)。

这一现象背后涉及中国婚姻市场上的空间不匹配。首先,从数量上看,虽然中国整体男性数量超过女性,但大量男性娶不到对象的同时,许多适龄女青年得不到婚姻匹配而被"剩下"。并且"剩男"主要分布在经济不发达地区,"剩女"则主要集中在经济发达地区。例如,农村地区的"剩男"较多,"剩女"则主要集中在城镇[1];大城市未婚女性的比重(10.07%)也要高于小城市(5.74%),如表5-1所示。其次,从人力资本结构上看,"剩女"的人力资本水平普遍较高,"剩男"人力资本水平比较低(Zhou et al.,2011)。例如,城镇大龄未婚女青年学历在专科以上的比例达81.1%,农村大龄未婚男青年中,受教育程度在初中及以下的人数占到总人数的53.7%[2];大城市未婚女性中学历在本科及以上的达44.20%,高于中等城市的25.74%和小城市的34.64%(见表5-1)。

表5-1 各城市女性未婚率状况

城市类型	适龄女性未婚率	未婚女性中30岁以上比重	未婚女性中本科及以上学历比重	观察值(个)
大城市	10.07%	15.18%	44.20%	2 804
中城市	5.49%	6.62%	25.74%	2 426
小城市	5.74%	5.88%	34.64%	2 664
大、小城市之差	5.33%***	9.30%***	9.56%***	

数据来源:中国居民收入调查数据CHIP2013。
注:大城市为市辖区人口超过250万人的城市,小城市为市辖区人口小于100万人的城市,中等城市市辖区人口在100万—250万之间。适龄女性为超过20周岁的女性。 *** 表示$p<0.01$。

本章尝试对这种婚姻市场上的空间不匹配进行解释。笔者认为,婚姻市场上男性和女性的数量、人力资本结构在空间上的不匹配,原因是性别的空间分层。因为婚姻是基于同城而不是全国范围进行匹配[3],而当地男性和女性的数量及人力资本水平是他们根据自身情况选择居住不同城市的结果。首先,一地的男女性别比及可能的婚姻匹配影响了人们移民的可能性,

---

[1] 来源于《中国家庭发展报告2015》。
[2] 数据来源:北京统计局。专科学历居民的受教育年限为15年,初中学历居民的受教育年限为9年。
[3] 现实中虽然存在男女双方婚后分居两地的情形,但基于感情和照顾家庭等因素,这只是暂时性的情况,最终还是会聚集在同一个地区生活。

而移民又对当地的性别比和婚姻市场产生影响。比如,女性经济地位和性别歧视的改善(Kawaguchi and Lee,2017),文化、遗传和语言的相似性(Cho,2018),生殖和生产性工作(Le Bail,2017)、两国之间的政治经济结构(Deniz and Özgür,2021)会造成婚姻移民。婚姻移民导致印度南部婚姻市场上女多男少,以至于开始出现由男方给女方聘礼的习俗转向女方给男方嫁妆的现象(Caldwell et al.,1983;Kapadia,1993)。其次,房价和公共服务也是影响居民迁徙和空间分层不可或缺的重要因素(Glaeser and Resseger,2010;Diamond,2016;Gaigne et al.,2019;Robert-Nicoud et al.,2019;Favilukis et al.,2023)。但是,有两点以往研究所忽略的因素能够影响不同性别居民的移民决策:第一,房价作为居民的居住成本,对不同性别的人影响并不同。男性决定是否迁移到某一城市,需要考虑自己是否能够在当地买房和结婚,而女性则有通过结婚获得房子的可能。这源于中国婚姻市场上的性别认知:结婚时,女方或女方父母往往希望男方提供房子,或者至少为买房贡献比较大比例的资金。上海80%的母亲不会将自己的女儿嫁给没有房子的男人(Wei and Zhang,2011);重庆市只有18%的父母愿意将女儿嫁给无房的男人(Zhang et al.,2012);台湾地区也有这样的性别认知(Chu et al.,2020)。女性可以通过婚姻改善生活的观念在2000—2010年间持续上升,即使在高教育女性中也不乏市场(杨菊华 等,2017)。并且,房价涨幅越高,不管未婚女性还是已婚女性,流动女性还是城镇户籍女性,都倾向于支持通过婚姻抵御未来的不确定性(赵文哲等,2019)。男性房产财富每增加10%,结婚的概率便可增加3.92%(Chu et al.,2020)。因此,女性在一个城市定居下来的成本要低于男性。农村女性比男性更容易迁往城镇落户(张松彪等,2019);相反,由于农村女性流向城市导致当地妇女短缺,农村男性在婚姻市场的处境恶化,贵州农村未婚男性与未婚女性的比例高达20∶1(Zhou et al.,2011)。第二,公共服务的获得虽然不会因为性别的不同而有所差异,但是公共服务具有异质性:一部分公共服务可以由当地包括租房居民在内的所有人享有,如公共交通、图书馆、公园等;另一部分公共服务则专属于当地的有房居民,如子女的义务教育权利(冯皓和陆铭,2010)。即公共服务"租售不同权"的问题。这表明住房既有居住的属性,也是获取当地全部公共服务的"凭证"。这超出了年轻夫妇将房子视为婚姻承诺的象征(South and Spitze,1986),房子成为婚姻的一部分更是一种文化规范,使得单身男性在婚姻市场上更具竞争力(Schultz,1974)。更重要的是,婚姻市场上的性别认知迫使男性买房。租房的女性虽然只能获得部分公共服务,却可能通过婚姻获得房子及全部公共服务。这影响了她们的效用,以及不同人力资本水平的男性和女性的居住地选择。

本章的贡献在于考虑到性别认知和公共服务"租售不同权"产生的异质性,在一个婚姻市场与人口流动互相影响、房价与人口流动互相影响的空间均衡框架下,研究性别空间分层与婚姻市场空间不匹配的成因。假设有大城市和小城市两个地区,大城市比小城市具有更好的公共服务和更高的生产率,将人力资本从低到高分为最低、低、高和最高四个层次。研究发现:由于婚姻市场性别认知的作用,女性比男性更愿意去大城市,且低人力资本和最高人力资本的女性比男性更愿意去大城市;最低人力资本水平和高人力资本水平的男性比女性更愿意迁往小城市,在小城市买房的男性也要多于女性。性别认知的程度越高、专属于有房者的公共服务越多,这种性别空间分层的效应越强。性别认知保护了低人力资本女性,高人力资本女性的效用会由于恶化的婚姻市场而降低。要减缓性别空间分层、降低婚姻市场空间不匹配的程度,需要政府稳定人们对房价的预期,坚持"房住不炒",并减少附属在房子上的公共服务,实施"租售同权"。

与本研究相似的文献是阿萨德等(Assaad et al., 2021),他们发现埃及夫妻组成家庭时往往希望买房或租房以过上独立自主的生活,并且埃及新郎在结婚时也承担提供房子的义务,从而将居住模式(租房还是买房)和婚姻市场结合起来。所不同的是,阿萨德等(Assaad et al., 2021)研究的是外生因素——放松房租管制对结婚年龄的影响,而我们用理论模型说明了人口空间分层与婚姻空间不匹配的成因以及公共政策对此的影响。在本研究中,房租或房价内生于居民迁徙带来的住房需求中,从而将居住模式、婚姻市场与房地产市场结合起来。

本章的结构安排如下:在对性别空间分层和婚姻市场性别认知的典型事实进行阐述的基础上,第二部分对婚姻与居民迁移之间关系的文献进行述评,表明本文的相对贡献;第三部分构建一个男性和女性数量相同的基准理论框架,分析居民的迁徙意愿;第四部分分析性别认知对性别空间分层、婚姻市场和居民福利的效果,通过数值模拟法考察政策变动时对空间分层的影响,并将模型延伸至男女性别比增加导致的分层变化,讨论模型的稳健性;第五部分则是利用 CGSS2015 数据进行实证检验;最后一部分是本章的小结。

二、典型事实

(一)性别空间分层的典型事实

中国性别空间分层的特征性事实体现在两个方面:第一,男性和女性的数量在不同地区间的分布。女性比男性更多地生活在经济繁荣的地区,

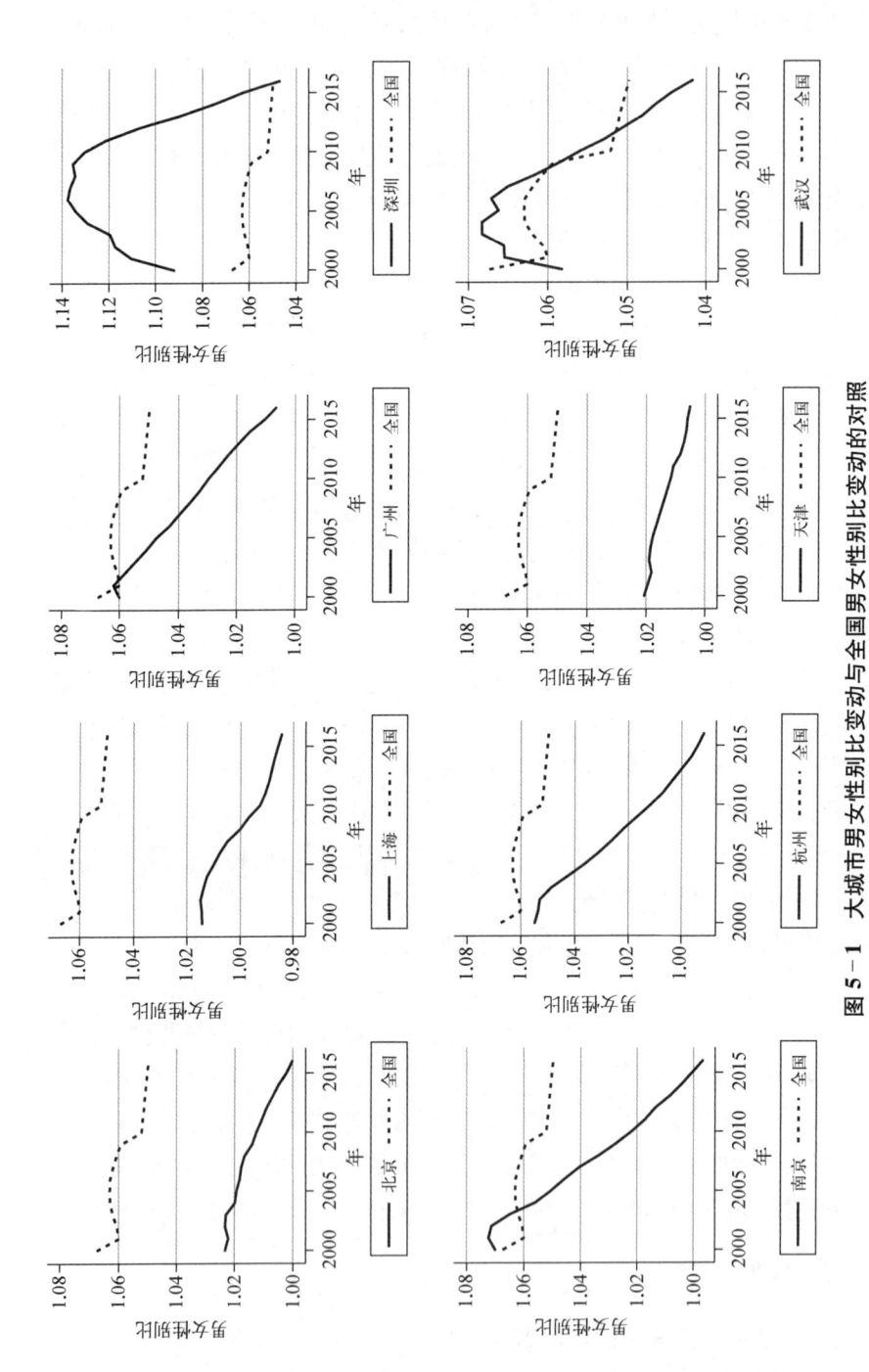

图 5-1 大城市男女性别比变动与全国男女性别比变动的对照

数据来源：2000—2016 年《中国统计年鉴》及各城市统计年鉴。

农村人口中,男性多出女性11.82%①,而城市家庭的男女性别比逐渐下降,2010年只有1.005 8②;大型城市中女性的比重越来越大,以中国几个最主要的大城市为例,2000—2016年间大城市男女性别比持续下降,且下降的速度快于全国平均水平。北京、上海、南京、杭州的男女性别比甚至低于1,和全国性别比仍然在1.05以上形成了对比,具体见图5-1。

性别空间分层的第二个方面是男性和女性的人力资本结构在空间上的差异。埃克豪特等(2014)在人口自由流动的假设下,用经过房价折算后的工资收入作为人力资本的表达式。本研究采用同样的方法,根据CHIP2013数据发现中国存在人力资本空间分层"两头翘"的特征:中等人力资本的居民倾向于去小城市,较高和较低人力资本的居民更愿意留在大城市(见图5-2左图)。这也与陆铭(2017)的结论一致。但是,这个公式假设每个居民承担的房价相同,而结婚时往往由男性买房的性别认知导致女性有一定的概率通过婚姻免费获得住房。中国社会调查数据(CGSS2015)中,社会上同意"干得好不如嫁得好"的人口比重为43.81%。以此作为女性的房价折扣,得到人力资本的性别空间分层:相对于男性,大城市较低和较高人力资本的女性更多,中等人力资本的女性较少③(见图5-2右图)。

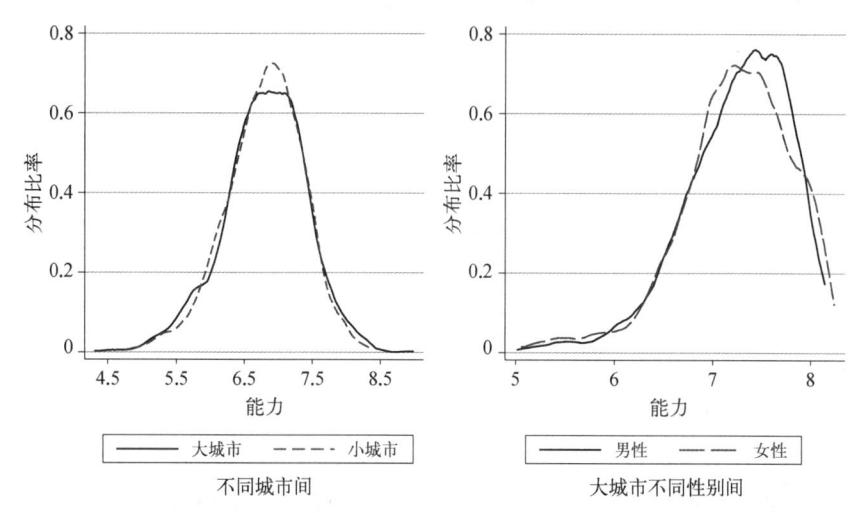

图5-2 不同能力者的空间分层[以 Eeckhout et al.(2014)衡量人力资本]

数据来源:CHIP2013。注:大城市为市辖区人口大于250万的城市,小城市为市辖区人口小于100万的城市,样本量分别为3 676个和3 269个。能力衡量标准为:$\alpha^\alpha(1-\alpha)^{1-\alpha}\omega/\varphi^\alpha$,其中 $\alpha = 0.3$,ω、φ 为各城市的工人收入和房价。

---

① 湖南省第三次农业普查数据。
② 国家统计局2010年人口普查数据。
③ 切里纳等(Cerina et al.,2017)发现,1980—2008年间,相对于男性,女性在高端技术和低端技术上的就业分布增速更快。

用受教育年限作为衡量人力资本的标准。CGSS2015 统计了居民对"是否同意干得好不如嫁得好"的态度,显然,如果男性同意"干得好不如嫁得好",他需要承担结婚买房时房价的压力;否则,他不必结婚时为女方承担买房的义务。将样本分为男性不同意"干得好不如嫁得好"(图 5-3 左图)以及同意"干得好不如嫁得好"(图 5-3 右图),结果表明,同意"干得好不如嫁得好"的高人力资本男性迁往大城市的意愿受到抑制,造成大城市中高人力资本中男性比重低于女性的情形;相反,如果男性不同意"干得好不如嫁得好",高人力资本男性迁往大城市的可能性增强。性别认知是否也会导致大城市的低人力资本男性比重低于女性,图形上的变化并不明显,还需要作进一步的分析①。

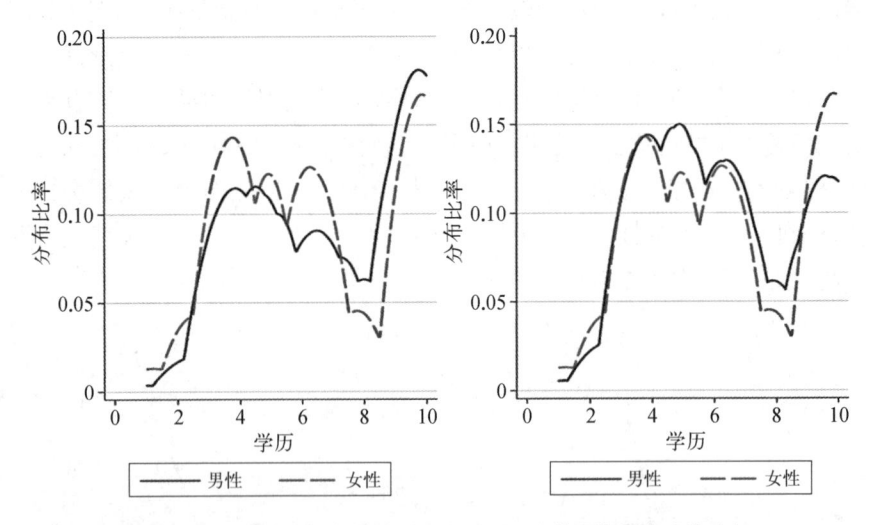

图 5-3 不同能力者的性别空间分层(以学历衡量人力资本)

注:左图表示男性不同意"干得好不如嫁得好"的样本,右图为同意此观念的样本。限于统计,大城市为北京、上海、天津,样本量 1 337 个。横轴表示受教育水平,小于 4 为初中及以下学历,大于 9 为本科及以上学历。

(二)性别认知的典型事实

为了说明婚姻市场上往往存在这种性别认知:结婚时,由男性提供住房或者男方家庭在买房中承担大部分义务,我们利用 CGSS2015 对居民是否同意"干得好不如嫁得好"的调查,发现社会上同意的比例达 43.81%,超过了反对的比例 34.57%(见表 5-2)。这可能源于社会分工中男性和女性角色的不同,男性有义务在家庭经济中承担更多的责任、要以事业为重,女方

---

① 赖德胜(2014)、聂晨和薛嘉成(2019)认为大城市的低技能女性多于男性,因为大城市有很多劳动密集型行业。这些行业技术含量低,且往往是重复性劳动,女性的性格特点使她们比男性更能胜任。

则要照顾好家庭(同意这种说法的,达58.52%)。但是,这种社会分工并不意味着女性的能力低于男性。即使是男性,认可男性能力高于女性的,也只比不认可这种说法的多出4%;整个社会认可"男性能力天生比女性强"的,比例有43.20%,与不认可"男性能力天生比女性强"这种说法的比例(41.54%)基本持平。

表5-2 男女性别关于婚姻及社会分工的认知

问 题	态 度	男	女	综 合
您是否同意干得好不如嫁得好	同 意	40.51%	46.71%	43.81%
	不同意	35.63%	33.65%	34.57%
您是否同意男人以事业为重,女人以家庭为重	同 意	60.09%	57.15%	58.52%
	不同意	27.52%	31.95%	29.88%
您是否同意男性能力天生比女性强	同 意	43.69%	42.77%	43.20%
	不同意	39.50%	43.33%	41.54%

数据来源:CGSS2015,样本量10 968个。

"干得好不如嫁得好"没有明确的定义,但是显然,男性拥有一所住房是女性"嫁得好"的条件之一。表5-3对2 384对夫妻进行调查,用了三种不同的询问口径,如"房子产权属于配偶""房子产权属于配偶父母""房子产权属于自己"。其中,832对回答房子产权属于配偶的夫妻中,房子产权属于男方的有70.07%,属于女方的29.93%;97对回答房子产权属于配偶父母的夫妻中,房子产权属于男方父母的有85.57%,属于女方父母的仅仅只有14.43%;1 455对回答房子产权属于自己的夫妻中,房子产权属于男方的有59.31%,房子产权属于女方的有40.69%。这几种口径的问题下,答案都是一致的,即结婚时,主要由男方或者男方的家庭提供房子。

表5-3 房子产权的归属

性 别	男 性	女 性	观察值
房子产权属于配偶	29.93%	70.07%	832
房子产权属于配偶父母	14.43%	85.57%	97
房子产权属于自己	59.31%	40.69%	1 455

数据来源:CGSS2015。

第二节 本研究相对于以往研究的改进

移民与婚姻的机制是一个历来已久的研究话题：中国男性经济条件优越，家庭住房质量高于越南男性，导致一些越南女性迁移至广西与中国男性结婚（Su，2012）。在印度，南方男女性别比高于北方，但北方女性通过嫁到南方乡镇改变在婚姻市场中的地位，使得从20世纪80年代起两个地区的性别比有收敛的趋势（Srinivasan and Bedi，2009；Basu，2010）。虽然说地区间性别比不同以及由此导致的妇女地位的差异都可以追溯到亲属结构关系（Dyson and Moore，1983），但女性移民的存在使得女性在婚姻市场中的地位（以嫁妆来衡量）在北方的北方邦和南方的卡纳塔克邦的村庄样本中，差别并不显著。甚至近几十年来，印度南部的婚姻市场上开始出现由男方给女方聘礼的习俗转向女方给男方嫁妆的现象（Caldwell et al.，1983；Kapadia，1993）。因此，出于婚姻匹配的目的，男性和女性在不同地区间迁移，由此形成当地的男女数量比，而这反过来又影响他们在婚姻市场上的地位。魏和张（Wei and Zhang，2011）虽然证实了全国数据上储蓄率与性别比正相关的关系，但他们认为有儿子的家庭并不必然意味着高储蓄率，只有当有儿子与当地较高的性别比结合在一起时，才会对储蓄率起到正向效应。

中国男性和女性在婚姻市场上的地位不同。其中一个重要的特征是：结婚时，女方或女方父母往往希望男方提供房子，或者至少为房子的成本贡献比较大的比例。魏和张（2011）引用2010年3月《上海日报》称，80%的母亲不会将自己的女儿嫁给没有房子的男人。陈等（Chen et al.，2020）提出了婚房刚需的说法，即女方父母要求男方必须买房才能娶自己的女儿。从而女性在一个城市定居下来的成本要低于男性，农村女性比男性更容易迁往城镇落户（张松彪等，2019）；中国贵州农村未婚男性与未婚女性的比例高达20∶1，也正是因为农村女性流向城市导致当地妇女短缺（Zhou et al.，2011）。但是，他们都没有考虑异质性人力资本者的选择，也没有确定一个空间均衡模型的框架。

结婚时女性要求男性买房而不是租房，总体上说，它是性别认知的历史传承性和现实功利性碰撞的结果（杨菊华，2015）。一个可能的原因是房子对女性的群体安全感、自主性的实现有独特影响（聂晨和薛嘉成，2019）；另一个原因是中国的一些公共服务专属于当地有房者，如学区资源等（冯皓和陆铭，2010）。因此，结婚时男性买房，可以增加女性在公共服务上的效用。

公共服务的这种异质性会对不同人力资本居民的迁移意愿造成不同的影响。高技能工人希望买房以获得优质的、与房子挂钩的公共服务,房价对他们迁移意愿的影响较大(周颖刚等,2019);低技能工人获得一般性的公共服务,他们一般居住在厂商提供的集体宿舍中,对房价变动的敏感度较低(范剑勇等,2015)。这将本书的研究由婚姻市场延伸到房地产市场和公共服务,并与其他研究中男性和女性地位不同产生的婚姻匹配摩擦区别开来,如结婚时男方会一次性给予女方家庭一笔钱以补偿将新娘哺育成人的费用(Zhang et al.,2012);新郎的家庭会承担举办婚礼和聘礼的费用,而女方家庭则没有这样的义务(Wei and Zhang,2011)。

综上所述,以往文献虽然也考虑了结婚时往往由男性买房的性别认知以及公共服务根据有无住房实行歧视性分配,却没有将它们融合在一个统一的空间均衡框架下研究不同人力资本居民的性别空间分层。本研究不去区分"结婚时男性买房"这种性别认知的来源,而是考察在公共服务"租售不同权"下性别认知对异质性性别和技能的居民造成的空间分层影响。显然,性别认知将买房、结婚的可能性与一部分公共服务的可得性捆绑在一起,改变了居民在不同地区的效用,从而影响迁移模式和空间分层。主要创新点有:第一,在一个空间均衡的框架下,将性别认知造成的婚姻市场上的摩擦与异质性居民的空间居住选择结合在一起。第二,房地产市场上,房子出售时有最小面积限制。这一方面可以区分买房和租房(能够购买得起最小面积住房的即为买房,买不起的工人只能租房,从而刻画出公共服务"租售不同权");另一方面,房子最小面积限制带来的非住宅消费品的非连续性导致居民对住房需求的收入弹性可能为零,产生的市场摩擦会影响他们迁移的意愿。第三,首次将性别认知与公共服务的"租售不同权"结合在一起,刻画异质性技能、异质性性别居民的空间分层。

第三节 模型的设定

假设有两个地区:大城市和小城市。大城市有更高的公共服务水平,生产效率也是小城市的 η 倍,$\eta > 1$。有一群居民,他们的性别和能力不同,其中男性和女性的数量相同,能力 a 是一个服从分布函数为 $F(a)$ 的随机变量,他们的目标是选择居住在哪个城市、买房还是租房。如果租房,他们可以得到属于当地任何人都能享有的公共服务(如公共交通、图书馆等),用 E 表示;如果买房,不仅能得到公共服务 E,还能获得专属于有房者的公共服务(如学区资源),用 D 表示。并且 $E_b > E_s$,$D_b > D_s$,下标 b、s 分别表示大城市和小城市。对于男性来说,买房还有一个好处,便是提高结婚的概率。而租房居民结婚的概率只有 $1-\theta$,θ 衡量了婚姻市场上性别认知的大小。社会越认可结婚时新郎必须承担买房的义务,租房男性结婚的可能性越低。居民的效用是住房面积、非住宅品消费、当地公共服务、婚姻匹配成功的效用 M 的函数,他们要在四种选择中选择效用最大的:在大城市租房、在大城市买房、在小城市租房、在小城市买房。由于不同性别的人选择不同,用 x_j^g 表示 j 城市性别为 g 的人口比重,$j=b,s$ 分别表示大城市和小城市,$g=m,f$ 分别表示男性和女性,则 $x_j^m + x_j^f = 1$;用 x_{hj}^g 和 x_{lj}^g 表示 j 城市性别为 g 的买房人口和租房人口,即 $x_j^g = x_{hj}^g + x_{lj}^g$。进一步假设,$j$ 城市性别为 g 的买房人口的比重为 γ_{hj}^g,租房人口的比重为 γ_{lj}^g,则 $\gamma_{hj}^g = x_{hj}^g / x_j^g$,$\gamma_{lj}^g = x_{lj}^g / x_j^g$,$\gamma_{hj}^g + \gamma_{lj}^g = 1$。

一、婚姻匹配

影响居民效用的因素,除了各个城市的收入和公共服务,还有在当地结婚的概率和结婚对象的经济状况。结婚的概率越高,结婚对象越富有,越能提升自身的效用。这里一个重要的假设是,居民婚姻匹配的概率取决于当地的男女性别比,而不是经济中总体的性别比。日常生活中虽然也有异地恋和夫妻两地分居的情形,但本研究作为一个静态模型,居民的决策是永久性的,而永久性分居的婚姻关系很少见。

婚姻匹配分成两个阶段:第一个阶段是约会,Q 表示约会的概率,它是当地异性比重的增函数;异性越多,居民约会的可能性越强,即 $Q_j^m = Q(x_j^f)$,$Q_j^f = Q(x_j^m)$。$Q(\cdot)$ 将 $[0,1]$ 映射到 $[0,\zeta]$,ζ 是一个小于 1 的正数,这保证了模型对 (x_j^m, x_j^f) 是一个压缩映射,模型能够收敛。第二阶段是约会后,居民得到对对方感情的信息,以此决定是否结婚。假设感情有"相爱""喜欢"和"没有感觉"三种,分别用 σ_1、σ_2 和 $1-\sigma_1-\sigma_2$ 表示,$\sigma_1 + \sigma_2 < 1$。两人"相爱"时,没房也可以结婚;"喜欢"时,要有房才能结婚;"没有感觉",则不能结婚。这种婚姻市场的经济含义是,每个个体实际上都在将对方的经济价值和情感价值进行排序,从中选择自己满意的对象。这个设定与魏和张(2011)类似。

有房男性可能匹配到有房的女性,也可能匹配到租房的女性。他与有房女性、租房女性结婚的概率以及结婚的总概率分别为:

$$P_{hhj}^m = Q_j^m \gamma_{hj}^f (\sigma_1 + \sigma_2), \quad P_{hlj}^m = Q_j^m \gamma_{lj}^f (\sigma_1 + \sigma_2), \quad P_{hj}^m = Q_j^m (\sigma_1 + \sigma_2)$$

(5-1)

P 下标第一个字母 h 表示居民的身份为有房者,第二个字母 h、l 为他匹配的对象是有房者还是租房者,第三个字母 j 表示地区。

如果男性租房居住,婚姻市场上的性别认知就会发挥作用,降低他们婚姻匹配的概率。用 θ 表示婚姻市场上的性别认知,θ 越大,租房男性结婚的概率越小。P 下标第一个字母 l 表示居民身份为租房者,租房男性跟有房女性、租房女性结婚的概率以及结婚的总概率为:

$$P_{lhj}^m = Q_j^m \gamma_{hj}^f (\sigma_1 + \sigma_2)(1-\theta), \ P_{llj}^m = Q_j^m \gamma_{lj}^f \sigma_1 (1-\theta),$$
$$P_{lj}^m = Q_j^m (\sigma_1 + \gamma_{hj}^f \sigma_2)(1-\theta) \tag{5-2}$$

有房女性与有房男性、租房男性结婚的概率以及结婚的总概率为:

$$P_{hhj}^f = Q_j^f \gamma_{hj}^m (\sigma_1 + \sigma_2), \ P_{hlj}^f = Q_j^f \gamma_{hj}^m (\sigma_1 + \sigma_2)(1-\theta),$$
$$P_{hj}^f = Q_j^f (\sigma_1 + \sigma_2)(1 - \gamma_{lj}^m \theta) \tag{5-3}$$

租房女性与有房男性、租房男性结婚的概率以及结婚的总概率为:

$$P_{lhj}^f = Q_j^f \gamma_{hj}^m (\sigma_1 + \sigma_2), \ P_{llj}^f = Q_j^f \gamma_{lj}^m \sigma_1 (1-\theta), \ P_{lj}^f = Q_j^f (\sigma_1 + \gamma_{hj}^m \sigma_2 - \gamma_{lj}^m \theta) \tag{5-4}$$

二、居民的最优选择

居民可以租住 l 面积的房子,也可以购买 h 面积的房子。居民只有在住房面积大于 $\bar{h}$ 时,才被视为买房者,否则为租房者;为了简化,把租房价格和买房价格视为相同,用 φ 表示①。租房还是买房,对效用 u 的影响分成两期:第一期,居民买房还是租房,其支出与非住宅消费 c 共同构成了居民的效用;第二期,进入婚姻市场,居住模式影响婚姻匹配的概率。用 $z_{1,kj}^g$ 表示结婚前的消费集,那么 $z_{2,khj}^g$、$z_{2,klj}^g$ 和 $z_{2,knj}^g$ 分别为第二期居民与有房者、租房者结婚以及不结婚时的消费集,$k = h, l$ 表示居民在第一期是买房者 h 还是租房者 l,有且仅有一种可能。j 城市居民的效用函数为:

$$U_{kj}^g = \max_{k,c} u(z_{1,kj}^g) + 1(k=h) D_j + E_j + $$
$$\beta \{ P_{khj}^g [u(z_{2,khj}^g) + M + 1(k=l) D_j] \} + $$
$$\beta \{ P_{klj}^g [u(z_{2,khj}^g) + M] + (1 - P_{kj}^g) u(z_{2,knj}^g) \}$$
$$\text{s.t.} \ c_j^g + \varphi_j k_j^g \leq \eta_j a, \ k \in \{h, l\}, \ 1(k=h) \cdot 1(k=l) = 0 \tag{5-5}$$

---

① 买房时须一次性支付一笔费用,租房时则每期支付房租。买房费用 = 房价×买房面积,租房费用 =(每期房租×租房面积)/利率,在金融资产的视角下,房价可视为房租的贴现值,即 租房费用 = 房价×租房面积。因此,静态模型中,居民基于终身效用买房还是租房,区别只在于面积上的不同。

1(·) 表示当括号内条件成立时为 1，否则为 0。即，租房者只有匹配到有房者才能得到附属在房子上的公共服务 D，而有房者不需要通过婚姻就可获得 D，并且有房者匹配到有房者不会出现 D 的增长。效用函数采用对数形式 $u(z) = \lg(z)$，租房或买房时的消费集服从：

$$z^g_{1,hj} = (c^g_j)^\alpha (h^g_j)^{1-\alpha}, \quad z^g_{1,lj} = (c^g_j)^\alpha (l^g_j)^{1-\alpha} \tag{5-6}$$

居民第二期将所有的收入用于非住宅品。对于婚姻匹配不成功的居民，第二期的消费集为 $c^g_{2,j} = \eta_j a$；对于婚姻匹配成功的居民，第二期的消费集为 $c^g_{2,j} = \eta_j(a+a')/2$①，其中 a' 为其配偶的能力。进一步假设，两个有房者结婚后消费的住房面积为各自房子面积的总和，租房者和买房者婚后消费买房者的房子，这意味着结婚对象的经济状况也会影响自身的效用。

三、房地产开发商

假设政府用于大城市和小城市房地产开发的土地面积为 L_b 和 L_s，单位面积土地上房子供给成本弹性为 $1/\delta$，Λ 为受住房建设技术影响的某个外生系数，住房供给成本函数为 $C(h^s_j + l^s_j) = \Lambda(h^s_j + l^s_j)^{1+\delta}/(1+\delta)$，那么单位面积土地上的住宅供给、住房总供给分别为②：

$$h^s_j + l^s_j = (\varphi_j/\Lambda)^{1/\delta}, \quad H^s_j = L_j(\varphi_j/\Lambda)^{1/\delta} \tag{5-7}$$

四、模型的均衡

居住地点和居住模式决定了居民有四种可能的决策：在小城市租房、在大城市租房、在小城市买房、在大城市买房。利用一阶最优条件和方程 5-5，得到这几种决策的间接效用函数 $V^g_{ls}(a)$、$V^g_{lb}(a)$、$V^g_{hs}(a)$ 和 $V^g_{hb}(a)$。居民最优的居住区域 j、最优买房面积 h^g_j、最优租房面积 l^g_j 应符合：

$$j, h^g_j, l^g_j = \arg\max\{V^g_{ls}(a), V^g_{lb}(a), V^g_{hs}(a), V^g_{hb}(a)\} \tag{5-8}$$

均衡时，大城市或小城市的房子总需求与房子总供给相等：

$$\sum_g (x^g_{hj} h^g_j + x^g_{lj} l^g_j) = H^s_j \tag{5-9}$$

模型均衡要求在城市特征 $\{D_b, D_s, E_b, E_s, \eta\}$、情感因素 $\{\sigma_1, \sigma_2, M\}$、房子供给参数 $\{L, \Lambda, \delta\}$ 给定时，存在一组房价 $\{\varphi_b, \varphi_s\}$ 和性别人口

---

① 婚后夫妻共享家庭的共同收入，即虽然居民在婚姻市场上的地位不同，但婚后地位是平等的。
② 在讨论模型均衡时不考虑以下这种极端情况：住房总供给面积过低导致房价非常高，以至于某一地区没有人选择购买房产和居住。

空间分层 $\{x_{hb}^g, x_{hs}^g, x_{lb}^g, x_{ls}^g\}$ 满足方程5-5、方程5-7、方程5-8和方程5-9。

为简便计算,把约会函数写成 $Q(x)=x$,房子最小面积 $\bar{h}$ 标准化为1,小城市公共服务 E_s 标准化为0,$\theta=0.2$。假设居民25岁决策是否要买房结婚,则 $\beta=0.6$(即 0.98^{25})。根据CHIP2013中大城市和小城市的平均收入,得到 $\eta=1.3$。数值模拟图如图5-4所示,居民效用线是能力 a 的增函数,并相交于 a_{1g}、a_{2g} 和 a_{3g} 三个点,从而人力资本空间分层为:最低能力者(能力小于 a_{1g})在小城市租房,次低能力者(能力在 a_{1g} 和 a_{2g} 之间)在大城市租房,次高能力者(能力在 a_{2g} 和 a_{3g} 之间)在小城市买房,最高能力者(能力高于 a_{3g})居住大城市。也就是说,居民能力很低时,只能住在租金比较便宜的小城市;当能力提高时,继续增加租房面积或非住宅消费品的边际效用较少,不如迁往大城市获得较好的公共服务 E_b;当能力再次提高时,迁往小城市买房,这样不仅能获得当地全部的公共服务,还能拥有房子以增加婚姻匹配的概率;对于最高能力的人,在大城市买房可以获得大城市较高的收入、较好的公共福利和婚姻匹配的优势。因此,大城市在吸引低技能者和高技能者方面具有优势,符合图5-2左图CHIP2013数据所示,也与现有理论符合(Gautier and Teulings,2009;陆铭2017;Arntz et al.,2023)①。

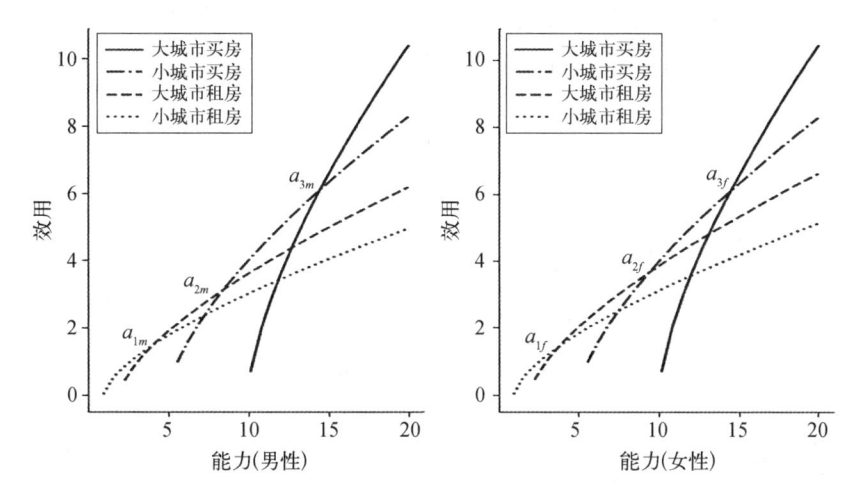

图5-4 不同性别者的人力资本空间分层

注:$D_b=0.5$, $D_s=0.2$, $E_b=0.1$, $L_b=1$, $L_s=1$, $\delta=1$, $M=0.5$, $\sigma_1=0.4$, $\sigma_2=0.5$。图5-5—图5-11中参数相同。

---

① 虽然此时最低技能者在小城市,但没有改变大城市技能方差较大的事实。根据本书的定义,大城市与小城市的区别在于其具有较高的相对效率和更好的公共服务 E,当这两者增加时,较高和较低技能工人都倾向于迁往大城市,见附录及图5-7、图5-9。

第四节 "租售不同权"的性别空间分层作用

一、性别认知的作用机制

如果没有婚姻市场上的性别认知,男性和女性的空间选择相同,即男性和女性的 a_{1g}、a_{2g} 和 a_{3g} 相等;当性别认知为正,婚姻市场上对租房男性施加惩罚,男性被迫减少非住宅品的消费、增强买房的动机。这提高了大城市和小城市的房价(见图 5-5),分析性别的空间分层需要比较 a_{1m} 和 a_{1f}、a_{2m} 和 a_{2f} 以及 a_{3m} 和 a_{3f} 之间的大小。为了买房以增加婚姻匹配的概率,大城市的一部分高能力男性(尤其是原先只能在大城市购买最小面积 $\bar{h}$ 住宅的)被迫迁往小城市;反之,大城市高能力的女性既可以凭自己的能力买房,也可以通过婚姻获得住房及附属在上面的公共服务,所承受的房价压力小于男性,更倾向于去大城市。所以大城市高能力女性的比重高于男性,小城市次高能力的男性比例升高(体现在数值模拟图 5-6 上, $a_{3m} > a_{3f}$)。小城市次高能力男性比例较高的另一个影响因素是:对于原先在大城市租房和小城市买房无差异的男性来说,婚姻市场上的性别认知将促使他们迁移至小城市买房以提高结婚的概率,而同等能力女性这方面的动力却小得多(即图 5-6 中 $a_{2m} < a_{2f}$)。

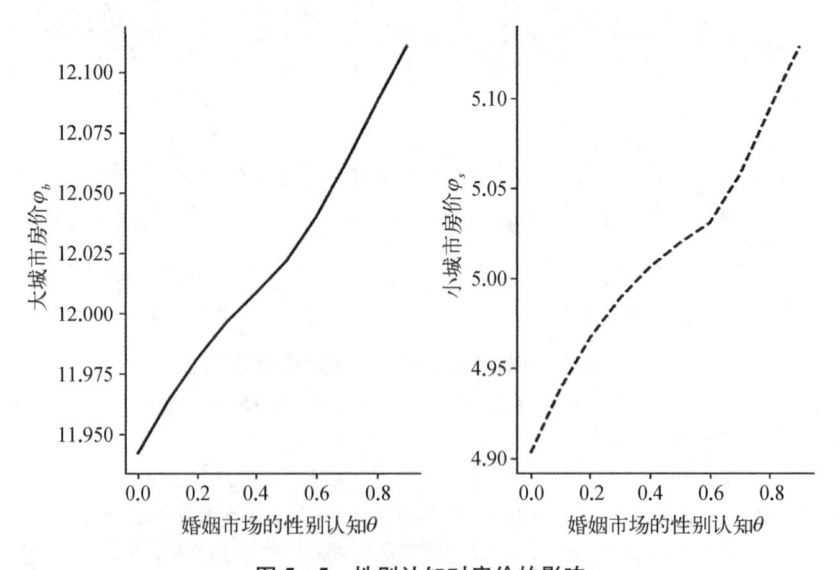

图 5-5 性别认知对房价的影响

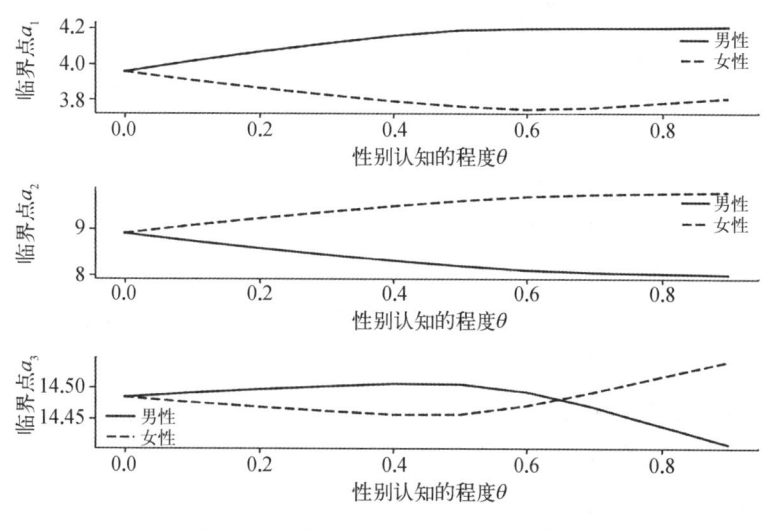

图 5-6　性别认知对空间分层的影响

对于能力小于 a_{2f} 的女性来说,租房是她们唯一的选择。但是大城市的收入更高、公共福利 E_b 更好,而且在大城市一旦匹配到有房的男性,效用增加得更多。因此她们中能力相对较高、能支付得起大城市房租的会迁往大城市,导致大城市租房的女性比重高于男性。而小城市租房的那些最低能力者中,男性多于女性,即图 5-6 中 $a_{1m} > a_{1f}$。

随着婚姻市场上的竞争进一步增强,更多男性被迫竞争性买房。这会导致房子的价格进一步提高,买不起房的居民增加。涌向大城市租房的女性也大为增加,因为她们在婚姻市场上更加具有优势,通过婚姻获得住房的效用更大;反之,更多男性在小城市租房,造成小城市中最低能力男性增加、女性减少,最低能力男性结婚的概率降低。体现在图 5-6 中, a_{1m} 和 a_{2f} 增加, a_{1f} 和 a_{2m} 减少。与此同时,面对较高的房价,更多的高能力男性被迫迁往小城市买房, a_{3m} 升高;而高能力女性在婚姻市场上性别认知的保护下,迁往小城市的动机不强,反而会由于大城市房子价值更高、附属在房子上的公共服务更加难得,留在大城市以通过婚姻获取住房, a_{3f} 降低。因此,大城市中高人力资本女性数目超过男性,她们匹配到同等能力男性的概率减少,产生"剩女"在大城市且人力资本水平较高的情况①。

因此,婚姻市场上性别认知的存在使得大城市中买房的最高能力女性

---

① 如果婚姻市场上的性别认知进一步增强,大城市高技能女性数量严重超过男性,出于婚姻匹配的目的,女性反而会搬离大城市,男性迁往大城市,即图 5-6 中 a_{3m} 下降、a_{3f} 升高且 $a_{3m} < a_{3f}$。

和租房的次低能力女性都要多于男性。这一方面表明大城市对女性更具吸引力,大城市男女性别比下降;另一方面表明高人力资本女性更容易在婚姻市场上被"剩下"。因此,"剩男"在农村、"剩女"在城镇、"剩女"人力资本高、"剩男"人力资本低的现象也能得到解释①。

婚姻市场上的性别认知将婚姻与住宅捆绑,迫使男性增大了购买住宅的需求,造成各城市房价普遍上涨。对于男性来说,性别认知增加了他们在婚姻市场上匹配的难度,并使他们承受比以往更高的房价,无疑损害了他们的福利;对于大城市那些原本买得起房的女性来说,她们不需要通过婚姻也能获得住房及住房背后福利 D 的好处,但却被迫承担更高的房价。并且大城市一部分高能力男性迫于结婚买房的压力退回小城市,降低了高能力女性匹配到高能力男性的概率,她们的福利也下降②。

在小城市买房的女性一方面面对更高的房价,另一方面小城市有房男性的数目增加,女性匹配到有房男性的概率增强。因此她们的福利可能上升,也可能下降。但是,对于能力较低的租房女性,婚姻市场上的性别认知使她们有一定的概率匹配到经济条件更好的男性,她们的福利得到了增长。因此,性别认知的出发点虽然是为了增加女性的福利,但对不同能力的女性影响不一样。

在男性和女性的效用对比上,对于在大城市买得起房的同等能力者,女性的效用小于男性。因为大城市买房的女性数量超过男性,男性更容易匹配到有房的配偶,并且男性可以"向下兼容"与无房女性结婚以获得感情价值 M,而女性与租房男性结婚的概率则要小得多;对于在小城市买得起房的同等能力者,买房男性多于女性,女性的择偶空间变大,女性的效用将大于男性;对于租房的同等能力者,女性租房者比男性租房者更容易匹配到结婚对象,尤其是小城市,买房男性较多,女性更容易匹配到有房男性,她们的效用大于小城市租房男性。

二、"租售不同权"对性别空间分层的影响

(一) 大城市每个居民可得到的公共服务的增长

大城市每个居民可得到公共服务 E_b,其增长会吸引更多的高人力资本者到大城市买房,即 a_{3m} 和 a_{3f} 减少(见数值模拟图 5-7)。他们的福利增

---

① 本书的两城市模型特征为一地的收入和公共服务高于另一地,也可以解释成城镇和农村的两地模型。

② 本书没有考虑女性买房也可以增强她们在婚姻市场上的竞争力,匹配到更加优质的男性。这些条件的放松可能改变她们的福利变化。

长,并使得大城市房价上升,小城市房价下降;因为这些服务不需买房即可获得,大城市也会吸引更多的低技能居民到大城市租房,a_{1m} 和 a_{1f} 减少。这两种情况下,迁往大城市的男性都会比女性增加得更多。因为大城市女多男少,男性去大城市还能获得婚姻匹配上的好处,即 a_{3m} 比 a_{3f}、a_{1m} 比 a_{1f} 下降得更快。

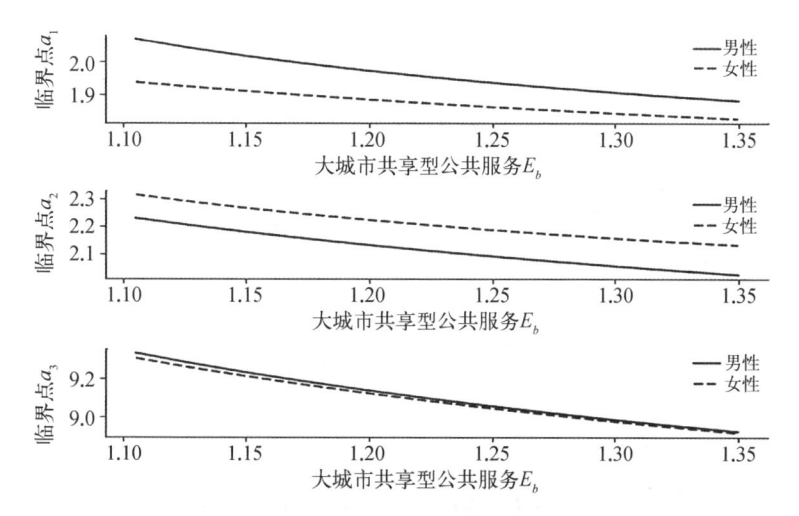

图 5-7 大城市共享型公共服务 E_b 增长对空间分层的影响

对于原先在大城市租房与在小城市买房无差异的人来说,面对大城市上涨的房租和小城市下降的房价,他们会迁移至小城市(即图 5-7 中 a_{2m} 和 a_{2f} 减少),福利也增加。但是,大城市租房女性有通过婚姻获得住房的优势,她们迁往小城市买房的动力不及男性,即 a_{2f} 减少的幅度要小于 a_{2m}。

因此,大城市公共服务 E_b 的优势不是造成性别空间分层的原因,E_b 使男性更有动力流向大城市,减弱了性别的空间分层。这是因为 E_b 的获得不因有无住房、性别不同而有所差异。因此,E_b 的增加反而弥补了大城市婚姻市场上性别认知对男性福利的损害。

(二)大城市房子专属型公共服务的增长

婚姻市场上的性别认知让女性可以通过婚姻获取住房及住房背后专属的公共服务 D_j,D_j 上升意味着性别认知带来的对女性福利的提升。因此,当大城市的 D_b 上升,能力较强的居民迁往大城市买房,且高能力女性比高能力男性更愿意去大城市。体现在数值模拟图 5-8 中,a_{3m} 和 a_{3f} 都下降,但 a_{3f} 下降的速度超过 a_{3m}。这个过程中,高能力居民的福利得到增加,并导致大城市房价上升和小城市房价下跌。对于原先在大城市租房和小城市买房无差异的男性来说,他们会搬往小城市买房,不仅可以获得小城市所有的公共服务,还有更多的结婚机会,福利上升;对于同等能力的女性来说,她们没有买房才能结婚的压力,而 D_b 增加表明匹配到大城市有房男性带来的福利更大,会更加坚定她们留在大城市的决心,即图 5-8 中 a_{2m} 减少、a_{2f} 增加。

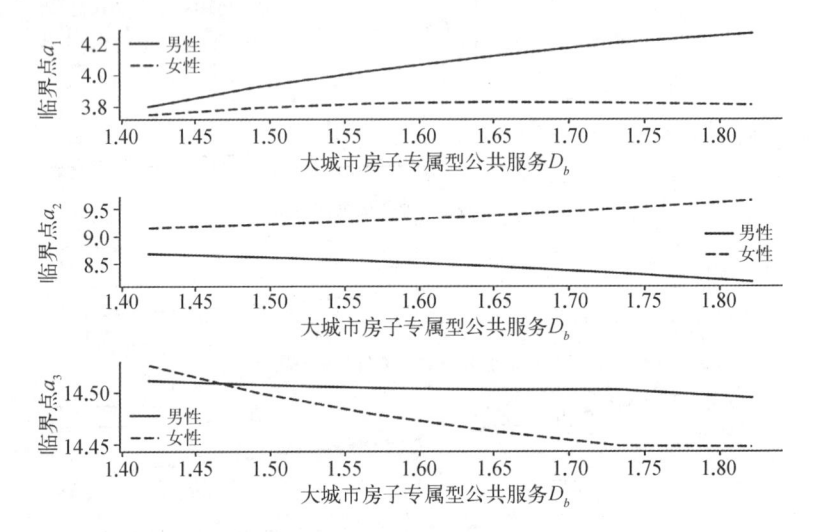

图 5-8 大城市房子专属型公共服务 D_b 增长对空间分层的影响

原先在小城市租房和大城市租房无差异的居民,他们再也负担不起大城市的房租,只能迁往小城市。但是,女性迁往小城市的数量不如男性,因为她们留在大城市有可能通过婚姻得到住房及更大的 D_b。这在一定程度上抵消了大城市房租上升对她们的负面影响。体现在图 5-8 中,a_{1m} 和 a_{1f} 都上升,但是 a_{1m} 上升的速度超过 a_{1f}。

因此,D_b 增加会加剧性别的空间分层,使大城市女性的整体数量、最高能力女性的数量都增加,高人力资本女性婚姻匹配的难度增强;在小城市,男性总量和买房男性数量较多,出现男性买房以提高在婚姻市场中的竞争力的情形,且最低能力男性婚姻匹配较为困难。也就是说,婚姻市场在空间上和人力资本结构上的不匹配来源于婚姻市场上的性别认知及房子背后的专属公共服务。这就解释了方等(Fang et al.,2016)对魏和张(Wei and Zhang,2011)的质疑:中国男女性别比失衡导致男性竞争性买房以增强婚姻中的匹配概率,这样的现象只发生在中小城市,在一线大城市反而未婚买房女性多于男性。

(三)"租售同权"改革后的性别空间分层预测

公共服务"租售同权"改革相当于让包括租房居民在内的所有居民都可

以享有原来附属在房子上的公共服务,这意味着一般性公共服务 E 的增加和专属型公共服务 D 的减少,且两者变化幅度一致。通过上述分析,我们可以预测出,大城市公共服务"租售同权"改革后,a_1 既有一般性公共服务 E 上升而往上拉的趋势,又有专属公共服务 D 减少而下降的趋势。也就是说,"租售同权"改革后,低技能工人在大城市租房能得到更多的公共服务,他们有动力迁往大城市;但低技能女性留在大城市通过婚姻得到的公共服务会相对减少,削弱这种效应。可以预测,大城市租房的低技能工人会增加,且大城市租房的低技能男性增加的数量比女性更多;小城市租房的低技能工人减少,且男性减少的数量多于女性。这使得小城市男性与女性过高的性别比有所减缓,男性的婚姻市场压力减小。

在大城市租房的相对技能较高的工人中,女性即使不通过婚姻也能得到完全的公共服务。这会削弱她们留在大城市的动力,迁往小城市、获得小城市男多女少婚姻市场上的福利便是她们的最优选择。因此,女性的 a_2 急剧下降。对于男性来说,一方面,大城市更好的公共服务会使他们更加愿意到大城市租房,另一方面,公共服务不再与房子挂钩,会使人们对房子的需求降低,降低大城市和小城市的房价。一部分男性也会迁往小城市买房以吸引女性,增加婚姻匹配的概率。因此,男性的 a_2 就算下降,也下降不多,甚至可能出现男性 a_2 上升的情形。

在公共服务"租售同权"改革前,高技能男性在大城市买房,得到全部公共服务;"租售同权"改革后,大城市的房价下跌,从小城市买房迁往大城市买房不仅能获得全部公共服务,还能从"租售同权"改革前男少女多的大城市婚姻市场中获利。因此,男性迁往大城市的数目会增加,男性 a_3 下降。对于高技能女性来说,她们在公共服务"租售不同权"时便可以在大城市买房以获得全部公共服务,并且承受着大城市对其不利的婚姻市场;"租售同权"改革后,她们的公共福利没有改变,在大城市婚姻市场上的地位反而会改善不少。因此,她们还是会留在大城市,但变化幅度不如男性大,即女性 a_3 变化幅度不大。

三、其他公共政策对性别空间分层的影响

(一)大城市效率增长对性别空间分层的影响

大城市效率提高时,意味着不需要买房,任何迁入大城市的居民都能享受到相对收入的增长,其对空间分层的影响与上文中 E_b 增加的分析类似。大城市相对收入的增长既体现了大城市相对优势下的性别空间分层特点,又可作为比较静态分析。工人在大城市工作的收入提高会导致低技能男性

和低技能女性都迁往大城市,所以大城市租房居民会增加,小城市租房居民会减少。数值模拟图5-9中,大城市每个居民可得到收入增加的好处,更多的高人力资本工人迁往大城市买房,即 a_{3m} 和 a_{3f} 减少。他们的福利增长,并使得大城市的房价上升,小城市的房价下降。这两种情况下,迁往大城市的男性都会比女性增加得更多,因为大城市女多男少,男性去大城市还能获得婚姻匹配上的好处,即 a_{3m} 比 a_{3f}、a_{1m} 比 a_{1f} 下降得更快。对于原先在大城市租房与在小城市买房无差异的人来说,面对大城市上涨的房租和小城市下降的房价,他们会迁移至小城市(即图5-9中 a_{2m} 和 a_{2f} 减少),福利也增加。但是,大城市租房女性有通过婚姻获得住房的优势,她们迁往小城市买房的动力不及男性,即 a_{2f} 减少的幅度要小于 a_{2m}。因此,大城市收入上的优势也不是造成性别空间分层的原因,它只会减弱性别的空间分层。

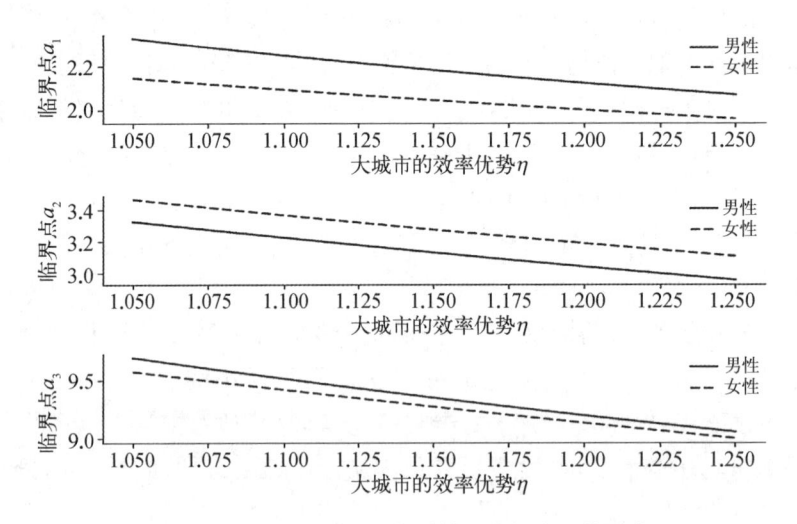

图5-9　大城市效率增长对性别空间分层的影响

与共享型公共服务 E_b 增加不同的是,大城市效率的提高带动居民迁入大城市的意愿增强,更多工人收入提高,他们对住房的需求也增加,整个社会的 GDP 和福利提高;但是,包括租房居民在内的所有人可获得的公共服务 E_b 的增加只会带来空间分层效应,其带动的收入增长不如前者,因此也不能很大地提升住房需求和 GDP 水平。

(二)大城市土地供给减少对性别空间分层的影响

中国政府有缩减城市住宅用地供给的倾向(范剑勇等,2015;余吉祥和沈坤荣,2019),对东部大城市的土地供给也要少于西部地区(陆铭等,2015)。当大城市土地供给减少时,大城市房价上升,迁往大城市租房和买房的居民减少,a_{1m} 和 a_{1f}、a_{3m} 和 a_{3f} 都将上升;同时迁往小城市买房的人增加,小城市房价也上升。对原有均衡中刚刚可以在小城市买最小面积 $\bar{h}$ 住房的居民来说，两个城市的房价上升导致他们再也买不起房，只能去大城市租房，即图 5-10 中 a_{2m} 和 a_{2f} 上升。在这个过程中，所有居民的福利都下降。

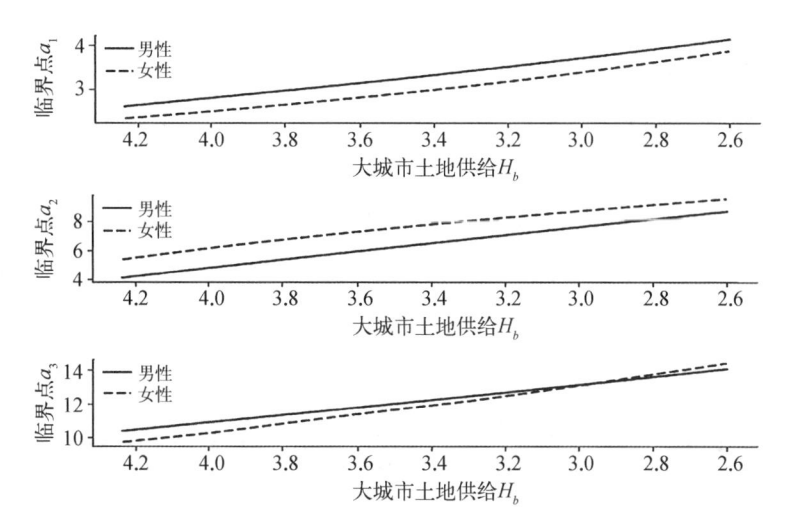

图 5-10 大城市土地供给减少对性别空间分层的影响

大城市土地供给减少会使买得起房的男性数量下降，进而削弱婚姻市场上女性的福利。对于高能力女性来说，她们有能力在大城市买房以获得专属有房者的公共服务，婚姻匹配对她们的边际效用更大。面对高能力男性迫于高房价离开大城市，她们迁往小城市以增强结婚概率的动机更强。可以设想，如果女性和男性迁往小城市的幅度一致，随着大城市土地供给进一步减少，将出现大城市高技能人口中只有女性的情形，这不可能是一个稳定的均衡。因此，a_{3f} 上升，且上升的速度快于 a_{3m}。此时，小城市买房者中男女性别比下降，小城市租房女性匹配到有房者的概率降低；但是，另一方面，小城市租房女性面对更多的男性，约会的概率增强。整体上她们福利变化的幅度与男性相比相差不大，即 a_{1m} 与 a_{1f} 相比变化幅度不明显。与此类似，a_{2m} 和 a_{2f} 相比变化幅度也不明显。

四、模型的延伸：性别比失衡

中国存在一定程度的性别比失衡。2015—2017 年初生婴儿男女性别比为 1.16、1.16、1.15，远远超出基准模型中性别比为 1 的设定。考虑性别比升高的情形对于预测中国未来的性别空间分层，具有重要的意义。

放松基准模型中男女数目相等的设定，假设男性数目是女性的 λ 倍，$\lambda \geq 1$，得到新的均衡。当 λ 增加时，数值模拟图如图 5-11 所示。可见，当性别比为 1，$a_{1m} > a_{1f}$，$a_{2m} < a_{2f}$，$a_{3m} > a_{3f}$，表明小城市中最低能力男性、买房的次高能力男性多于女性；大城市中最高能力女性、租房的次低能力女性多于男性。这与基准模型的性别空间分层一致。

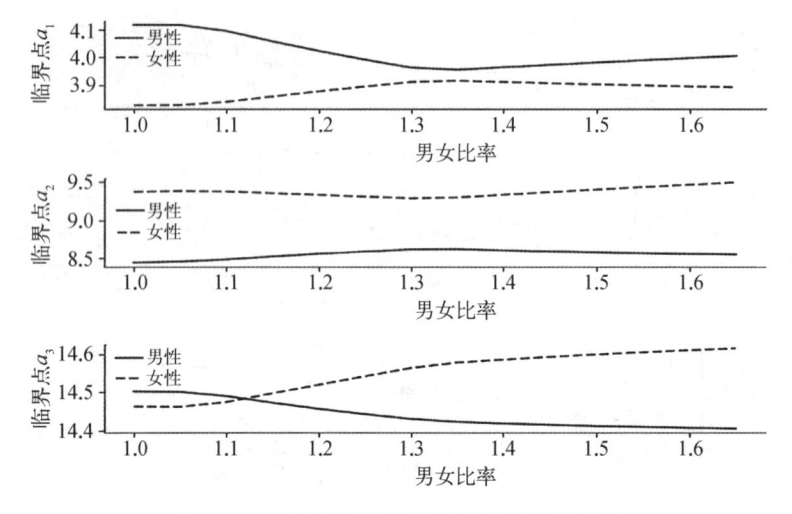

图 5-11　性别比增加对性别空间分层的影响

男女性别比大于 1 时，可以这样理解：在性别比为 1 的旧有均衡基础上，女性数量不变，男性增加。新增的男性会加剧婚姻市场上的竞争，婚姻带给居民的边际效用增强。由于旧均衡中小城市男性较多，新增的高能力男性倾向于流向大城市买房以增加婚姻匹配的概率。这会导致大城市房价上升，并迫使原先在大城市买房和小城市买房无差异的女性只能迁往小城市，即 a_{3m} 下降、a_{3f} 上升（见图 5-11），小城市房价上升。当性别比持续增加，可能出现 a_{3f} 大于 a_{3m} 的情形。此时大城市男性比例反而超过女性，有利于高人力资本女性的婚姻匹配。

同理，为增强婚姻匹配的概率，一部分小城市租房的低能力男性会迁往女多男少的大城市，那些原来在大城市租房和小城市买房之间无差异的男性也会迁往大城市，即 a_{1m} 下降，a_{2m} 上升。另一方面，小城市房价上涨也会使原来只能够在小城市购买得起最小面积住宅的女性再也买不起房，只能迁往大城市租房，a_{2f} 上升；同时，大城市房租的上升也使得一部分大城市的租房女性被迫迁移到小城市，a_{1f} 上升①。

因此，性别比过高不是性别空间分层的原因。性别比失衡加剧了男性

---

① 最低能力者中男性多于女性的情形有没有得到缓解，这里没有讨论。它是两个相反力量作用的结果：一方面 a_{1m} 和 a_{1f} 差距减小，另一方面男性绝对数量增加。

在婚姻市场上的竞争压力,为了增强婚姻匹配成功的概率,会促使高能力男性和低能力男性迁往女性比重较高的大城市,一定程度上缓解性别的空间分层。

第五节 实 证 检 验

一、数据来源及变量说明

微观数据来源于 CGSS2015。CGSS2015 统计了各个省份及北京、上海、天津各直辖市居民的微观情况,包括性别、家庭构成、对婚姻及男女地位问题的看法等。为了考察不同性别者的空间分层,本研究将北京、上海和天津视为大城市,将其他省份视为小城市。作这样的处理,是因为城市层面数据的不可得性。而省份的面积和经济总量虽然大,但人均收入、人均教育和其他公共服务水平都比较小,符合模型中对小城市的设定。用 city 表示城市,则大城市的受访者总数为 1 337 个,小城市的受访者总数为 9 631 个。将小城市记为 0,大城市记为 1。

受访者的性别 agenda 为 0—1 变量,男性为 0,女性为 1。

用 norm 表示居民对于婚姻市场中的性别认知。CGSS2015 数据中显示了居民对"你是否同意干得好不如嫁得好"这一说法的态度,用 1—5 分别表示完全不同意、比较不同意、无所谓同意不同意、比较同意、完全同意。$norm=0$ 表示居民完全不同意和比较不同意,$norm=1$ 表示比较同意和完全同意。

为了刻画技能的异质性,笔者用学历作为技能的代理变量。CGSS2015 将受访者的学历教育分为没有受过任何教育、小学、初中、普通高中、中专、大学专科(正规高等教育)、大学本科(正规高等教育)、研究生。我们把学历分成三类,$edu=0$ 表示没有受过任何教育、小学、初中学历,对应低技能工作者;$edu=1$ 表示普通高中、中专、大学专科(正规高等教育),对应中等技能工作者;$edu=2$ 表示大学本科(正规高等教育)、研究生,对应高等技能工作者。

CGSS2015 统计了居民对当地政府提供的公共服务的满意度,0 分代表完全不满意,100 分代表完全满意。公共服务共 9 项,包括:公共教育,医疗卫生,住房保障,社会管理,劳动就业,社会保障,低保、灾害、流浪乞讨、残疾、孤儿救助,基本养老、婚姻登记、殡葬等基本社会服务,公共文化与体育,城乡基础设施。计算出居民满意度的均值,用 public 表示。

income 表示居民去年总收入的对数。

hp 表示房价的对数,2015 年的《中国区域统计年鉴》统计了直辖市和各省份的房价数据。

删去各变量的极端值,删去农村居民的数据,删去 60 岁以上居民的数据,再删去学历在读的,共得到 3 377 个数据。其中大城市 714 个,小城市 2 663 个;男性 1 715 名,女性 1 662 名;低技能工作者 1 318 名,中等技能工作者 1 594 名,高等技能工作者 465 名;不同意"干得好不如嫁得好"的居民 2 085 名(其中男性 1 060 名,女性 1 025 名),同意"干得好不如嫁得好"的居民 1 292 名(其中男性 655 名,女性 637 名)。核心变量的描述性统计如表 5 - 4 表示。

表 5 - 4 核心变量的描述性统计

	样本值	均　值	方　差	最小值	最大值
city	3 377	0.211	0.408	0	1
agenda	3 377	0.492	0.500	0	1
norm	3 377	0.382	0.486	0	1
edu	3 377	0.747	0.681	0	2
public	3 377	66.939	12.377	41.111	86.666
income	3 377	10.491	0.743	9.210	13.592
hp	3 377	8.951	0.533	8.367	10.027

二、实证分析

为了验证不同性别的人如何选择城市,采用 logit 模型,设定如下:

$$city = \beta_0 + \beta_1 agenda + \beta_2 edu + cons + \varepsilon \quad (5-10)$$

被解释变量"居民居住的城市(city)"为离散型变量 0 和 1,city = 0 表示此城市为小城市,city = 1 表示此城市为大城市。为了验证结婚时"是否同意干得好不如嫁得好"对居民城市选择的影响,模型设定如下:

$$city = \beta_0 + \beta_1 agenda + \beta_2 edu + \beta_2 norm + cons + \varepsilon \quad (5-11)$$

在面对"是否同意干得好不如嫁得好"时,男性和女性的答案影响了他们的城市选择。因为根据理论模型,如果男性同意"干得好不如嫁得好",他将迁往小城市;如果女性同意"干得好不如嫁得好",她将迁往大城市。计量模型设定如下：

$$city = \beta_0 + \beta_1 agenda + \beta_2 edu + \beta_3 norm + \beta_4 agenda \times norm + cons + \varepsilon \quad (5-12)$$

计量结果如表5-5所示。列1—列3表明,性别agenda的前面系数为正,表明女性比男性更倾向于去大城市。对技能层次edu的回归结果显示,总体上来说,学历越高的居民流向大城市的愿望越容易受到抑制。这是因为本计量模型将低技能工人当作比较组,低技能工人在面对大城市更好的公共服务和更高的收入时,更愿意流向大城市,他们的人口流动不容易受到当地高房价的抑制(周颖刚等,2019)。而高技能工人更加关注城市的公共服务,学区资源等优质服务与房子挂钩,当地房价便显著地影响他们的迁移意愿(黎嘉辉,2019;周颖刚等,2019)。因此,学历较高的高技能工人迁往大城市的意愿不如低技能工人。列4—列6中加入了技能的平方项edu×edu以验证高技能工人和低技能工人在大城市分布厚尾的情形。技能的平方项系数为负且显著,表明大城市技能分布呈U形:相对于低技能工人,中等技能工人迁往大城市的意愿较低;相对于中等技能工人,高技能工人迁往大城市的意愿则较高。这也与埃克豪特等(2014)、梁文泉和陆铭(2015)的发现一致。

表5-5 不同性别、技能者的城市选择

	(1)	(2)	(3)	(4)	(5)	(6)
agenda	0.249***	0.445***	0.447***	0.259***	0.462***	0.462***
	(0.086)	(0.091)	(0.090)	(0.086)	(0.090)	(0.090)
edu	-0.755***	-0.341***	-0.483***	1.564***	1.402***	1.403***
	(-0.063)	(-0.068)	(0.068)	(0.183)	(0.187)	(0.187)
income		0.686***	0.689***		0.710***	0.709***
		(0.064)	(0.065)		(0.065)	(0.065)
public			0.002			-0.001
			(0.744)			(0.003)
edu×edu				-0.417***	-0.480***	-0.481***
				(0.087)	(0.090)	(0.090)
常数项	-2.081***	-9.23665***	-9.461***	-2.293***	-9.720***	-9.666***
	(0.087)	(-0.690)	(-2.367)	(0.102)	(0.703)	(0.740)
样本量	3 377	3 377	3 377	3 377	3 377	3 377
调整后R²	0.078	0.078	0.079	0.051	0.086	0.086

注:括号内为方差值;***、**、*分别表示1%、5%、10%的显著性水平。

为了验证性别认知对城市选择的影响，采用计量模型方程 5-11、方程 5-12，得到表 5-6。可以发现，列 1、列 3 和列 4 中，性别 agenda 的系数仍然为正且显著，表明女性更加倾向于流向大城市；在控制了性别认知 norm 后，教育层次 edu 的整体系数为正，说明在考虑到"是否同意干得好不如嫁得好"后，教育层次越高的居民移民能力越强。一个原因是高人力资本工人比低技能工人更有能力留在大城市，另外一个可能的原因是高技能女性流向大城市的愿望要比高技能男性逃离大城市的愿望更强。毕竟这部分高技能女性留在大城市是受到大城市效用增加的刺激，而男性逃离大城市是婚姻市场上被迫的选择。列 1—列 3 没有考虑性别与性别认知的交叉项，发现列 2 和列 3 中 norm 的系数为负且显著，表明控制了性别差异后，同意干得好不如嫁得好的，迁往大城市的意愿受到了负面影响；为了考察不同性别的人"同意干得好不如嫁得好"后的迁徙决策，列 4—列 6 加入了性别与性别认知的交叉项 agenda_norm，列 4 和列 6 的 agenda_norm 前面系数为正但不显著，列 5 的 agenda_norm 前面系数为正且显著。表明女性同意干得好不如嫁得好时，比男性更愿意迁往大城市。

表 5-6　性别认知对城市选择的影响

	(1)	(2)	(3)	(4)	(5)	(6)
agenda	0.249** (0.086)	0.198 (0.186)	0.251*** (0.190)	0.248** (0.109)	0.018 (0.225)	0.051 (0.228)
edu	0.759*** (0.063)	0.245* (0.132)	0.221 (0.135)	0.759*** (0.063)	0.251* (0.132)	0.228* (0.135)
hp		0.001*** (0.000)	0.001*** (0.000)		0.001*** (0.000)	0.001*** (0.000)
public			0.028*** (0.007)			0.029*** (0.007)
norm	0.048 (0.090)	-0.418** (0.200)	-0.358* (0.204)	0.047 (0.129)	-0.717* (0.197)	-0.693** (0.302)
agenda_norm				0.003 (0.178)	0.564* (0.202)	0.635 (0.409)
常数项	-2.103*** (0.096)	-15.700*** (1.585)	-16.979*** (1.513)	-2.103*** (0.102)	-15.667*** (1.591)	-16.971*** (1.518)
样本量	3 377	3 361	3 361	3 377	3 361	3 361
调整后 R^2	0.044	0.791	0.795	0.044	0.791	0.796

注：括号内为方差值；***、**、*分别表示 1%、5%、10%的显著性水平。

第六节 本章小结

本研究发现中国的婚姻市场极不匹配,大城市未婚女性的数量及其人力资本水平均高于小城市,虽然整体上男性数量多于女性,大城市却出现未婚女性买房吸引男性的情形。笔者认为,婚姻市场中男性或女性的地位取决于不同性别者的数量及人力资本的空间分层,从而构造了一个包括结婚时男性买房的性别认知、公共服务根据有无住房实行歧视性分配的空间均衡模型。研究发现:(1)不管男性还是女性,都服从人力资本分布"两头翘"的特征:大城市在吸引较高和较低人力资本工人上有优势,而小城市在吸引中等技能者上有优势。这与埃克豪特等(2014)、陆铭(2017)的结论相同,但机制完全不一样。埃克豪特等(2014)、陆铭(2017)从高、低技能互补的角度出发,认为低技能工作者在大城市与高技能者匹配,能得到更高的收入加成;本书的人力资本空间分层则是居民鉴于城市特征、婚姻匹配"用脚投票"的结果。(2)婚姻市场上性别认知的存在使得女性比男性更愿意居住在大城市,并且大城市在吸引较高和较低人力资本女性上有优势,而小城市在吸引中等人力资本女性上有优势。不同于本研究的婚姻-移民互相影响的空间均衡框架,切里纳等(Cerina et al.,2017)虽然也发现女性的就业比男性更多地集中在较高和较低技术的行业,但他们认为这是因为技术变革偏向女性,从而高技能女性会增加工作时间,减少家庭生产,产生了对于市场替代品及低端技术女性的需求。因此,本研究的模型为理解空间分层提供了新的视角。(3)本研究还发现,婚姻市场上性别认知的初衷是为了提高女性的福利,但由于此性别认知提高了整体房价、恶化了大城市高人力资本女性的婚姻市场,对她们反而不利。

进一步,笔者对大城市的收入优势、异质性公共服务和土地政策进行反事实分析,发现:(1)性别的空间分层源于婚姻市场上性别认知的强弱以及与房子产权捆绑的公共服务的大小。此性别认知越强,或者专属于有房者的公共服务越多,越会加剧不同人力资本者的性别空间分层。(2)大城市每个居民都可得到的公共服务的优势,使得去大城市买房或租房的男性都要多于女性,会削弱性别的空间分层,并增加所有人的福利;专属于有房者的公共服务优势会加深性别的空间分层,有利于有房者福利的提高,但降低租房者和再也买不起房的居民的福利。(3)大城市土地供应的减少也有利于性别空间分层的削弱,但是是以所有居民福利的下降作为代价。

将模型延伸至男性超过女性的情形,发现性别比失衡也不是造成中国性别空间分层的原因。性别比失衡会增加大城市租房男性和买房男性的比重,降低性别空间分层的程度。

本章内容主要聚焦于婚姻市场上的性别认知产生的婚姻匹配摩擦如何与人口迁移互相影响。房价内生于空间分层,又影响婚姻匹配和人口迁移。研究中把婚姻市场上的性别认知当成外生,一个潜在的假设是此性别认知独立于男女性别比。但可能会忽略这样的分析:在某个城市,女性数量严重多于男性时,结婚给女性带来的效用超过了男方提供住房带来的价值,从而婚姻市场上男性买房这样的性别认知就会弱化。但是,这并没有影响本章的整体结论,因为本章的基准模型建立在女性和男性数量相同的基础上。因此,未来研究考虑在如下几个方面进行:(1)建立起婚姻市场上的性别认知与当地男女性别比之间的正向关系。结婚时往往要求男性买房,这是由当地未婚男性多于女性、婚姻市场上的竞争所致,而不同性别人口地区间的迁移也可以改变男性或女性在婚姻市场中的地位(Kapadia,1993)。(2)本章考虑了婚姻匹配成功时的情感价值,却没有考虑匹配不成功时的情感负价值,并且这个负价值对男性和女性不同。比如,女性不结婚承受的社会压力要比男性大,这在一定程度上会阻碍女性涌往大城市。这些问题需要未来进一步细化研究。

既然性别空间分层的程度与婚姻市场上性别认知的强弱、"租售不同权"的程度呈正相关,要缓解婚姻市场上的不匹配,又不以居民福利的损失为代价,应该:第一,政府保持房价稳定,坚持"房子是用来住的,不是用来炒的"。结婚时往往由男性买房反映了男性和女性在婚姻市场中的地位,是人们在工作和婚姻之间理性考虑的结果,房价越高,女性越倾向于通过婚姻抵抗不确定性(赵文哲等,2019)。为此,要降低社会中男性买房才能结婚的思想,城市管理者需要综合运用法律、土地、金融、税收等政策,加快建立多主体供应、多渠道保障、租购并举的住房制度,保障房价的平稳。第二,减少专属于有房者的公共服务,贯彻落实基本公共服务"租售同权"。结婚时需要男性买房而不是租房,一个原因是只有买了房才能获得子女义务教育、基本医疗和养老等方面的公共服务。为此,政府需要进行户籍制度的改革,改变公共服务按户籍分配的局面,并通过立法明确租房者的权利和义务,建立起稳定租户和出租人关系的制度,逐步使租房者和买房者享有同等公共服务的待遇。

第六章 异质性收入者在同一城市、不同区域上的选择

这一章我们将空间分层的视角转向同一城市的不同区域,分析异质性收入的居民在城区和郊区间的分布。不同于两个城市间,城区和郊区空间分层的特殊性在于:第一,城区有良好的公共服务和工作中心,郊区居民付出一定的通勤成本后到城区工作,获得和城区居民一样的收入;即使公共服务作为不可贸易品往往归居住在当地的居民享有,但郊区居民也可以付出一定的成本跨区消费城区优良的公共服务,并对城区的公共服务产生拥堵效应或集聚效应。第二,公共服务"租售不同权"在理论上能产生住房消费不随收入变动而变动的住房面积刚性需求者,使空间分层的模式和公共政策的效应产生不一样的变化。因此,本章关于城市内部的描述,有助于推进公共服务"租售不同权"对空间分层影响的研究。

第一节 空间分层现状及问题的提出

中国同一城市、不同区域居民的空间分层既有政治原因,也有经济原因。计划经济时代,居民住房通常是根据单位性质和个人工作年限、资历分配,大量同一单位的家庭居住在一起。即使是1998年住房市场化改革后,在相当长的一段时间内,这种住房再分配机制仍然起到很大作用。政府机关单位和企事业单位委托房地产开发商建房,以单位名义给予员工便宜的价格和完整的产权,相同单位和类似收入的居民居住在一起,构成中国城市居民居住的分异(边燕杰和刘勇利,2005)。住房市场化改革后带来的另一种分配方式是以经济手段实现不同收入居民空间上的配置。但鉴于数据的缺失,目前的研究大多侧重于不同户籍(或本地人与外地人之间)居民空间居住的聚集。微观尺度的分异指数大于宏观层面的数据,不管是以居委会为计算单元还是以街道为单元,计算出来的户籍居住分异指数(index of segregation)都是城区最低,镇区次之,乡镇最高,中国居住分化严重(李志刚等,2006;Massey et al.,2009;陈杰和郝前进,2014)。陈钊等(2012,2014)利用上海居民调查数据发现户籍居住分异有所增加,上海本地人口主要居住在外环以内地区,外地人居住在外环以外地区;钟奕纯和冯健(2017)以深圳外来人口居住的圈层结构特征为研究对象,发现省外移民的人口主要居住在工业园较多的关外街道,省内迁移人口主要分布在商业中心周围,市内迁移人口则集中在行政中心周围。这些文献以统计为主,大部分从外来文化融入困难、本地人对外地人关于子女教育和社会治安的不信任等角度解释外地人聚集的原因,而忽略了一个非常重要的因素:收入。外来人口聚集在棚户区或廉租房,根本原因可能是他们没有足够收入居住在好的地段和小区而不仅仅是因为户口因素。本地户籍人员如果收入较低,也会和外地人一样聚集在价格低廉的房屋中。户籍的作用应该体现在外来移民是否能够获得与当地居民同等的社会福利。第六次人口普查数据显示,上海外来常住人口有79.4%为农民。相对于本地户籍人口,他们整体收入较低,购买商品房的比例只有5.5%,租赁居住的比例达到80%。这就说明了他们另外一个共同的本质特征:收入低。因此,一些经济学家试图从收入层面解释居住分层。孙斌栋和吴雅菲(2008)以拥有住房价格的高低把上海居民收入等级从低到高分成0—8级,发现最低收入阶层居住聚居现象严重,而最高收入阶层分异指数达到0.87,居住隔离严重。蒋亮和冯长春(2015)以居住的房型作为社会阶层的划分指标,发现长沙住别墅的居民隔离指数达到0.637,天心区甚至达到0.958。这些都表明中国也存在异质性收入居民空间分层的现象。

人口规模和人力资本结构在同一城市的内部分布也不均匀。以上海市为例,第六次人口普查期间,上海市常住人口相比较"五普"期间增加了661万人,其中郊区人口增加了45.84%,中心城区人口增加了23%。但最核心的中心区域——内环内人口却减少了39万人,这表明人口迁移在城市内部的不同区域间是不同的。另一方面,不同技能或收入的居民也会聚集在不同的地区生活,形成与其他收入群体的隔离:利用中原地产2017年12月上海市29 888套二手房网上挂牌价格作为居民收入的代理变量,将上海市居民收入分成9个等级,计算出他们的居住分异指数①,结果如图6-1所示。

---

① 分异指数的计算公式为 $\frac{1}{2}\sum_{i=1}^{n}|x_i-y_i|$,其中 x_i 为某类群体占所有研究区域内(共 n 个区域)同类对象的比重,y_i 为其他类群体所占的比重。

发现上海底层收入居民居住集聚的现象较为严重,分异指数高达 0.647 2,顶层收入居民居住隔离指数也达到了 0.442 2。这表明中国也存在居民居住区域隔离比较严重的社会现象。

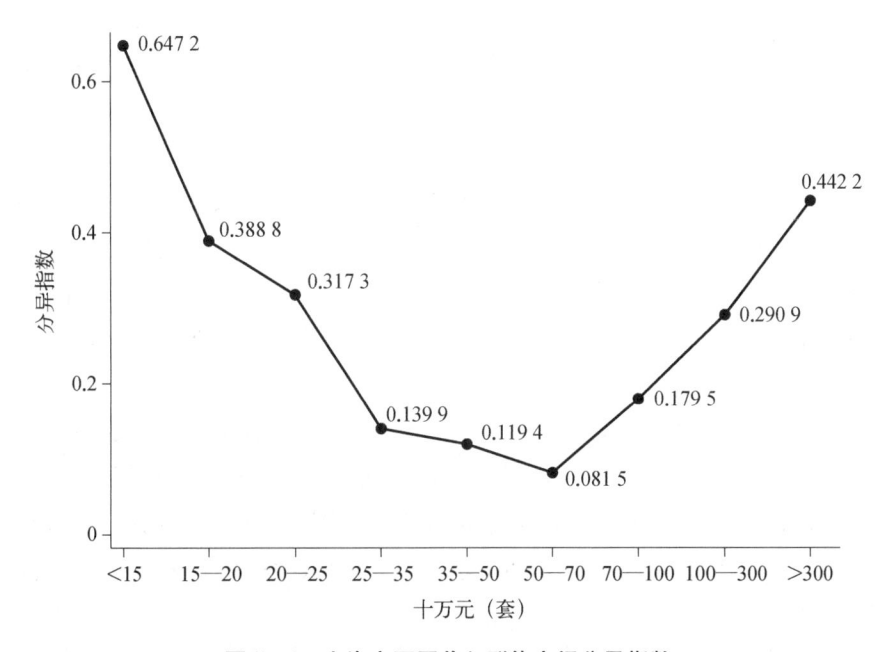

图 6-1　上海市不同收入群体空间分异指数

因此,这一章将焦点聚焦在城市内部,考察不同收入居民的空间集聚和空间居住选择。为了凸显不同收入居民的买房和居住行为,我们将研究聚焦在"以房定人"上,即只有买了房的居民才算在一个城市立足。作这样极端的假设是因为,在我们的静态模型中,租房和买房行为都是均衡下居民的永久性决策。公共服务"租售不同权"时,在一个城市永久性租房居住,将得不到对福利至关重要的子女教育、社会保障等服务,这会导致居民的效用降为零。因此,一些经济学家也取这样的假设,将租房居民的效用设为零,只有买了房的居民才能获得正的效用(Wang and Xie,2014;Garriga et al.,2017)。那么,在这种公共服务"租售不同权"的极端假设下,留在当地的居民在空间上的分布如何?这种居住分层与他们的收入呈现怎样的关系?

历史经验数据表明,一个城市内部,具有某些相同特质的人往往会居住在同一地区,形成居住的空间分层。巴黎的富人普遍喜欢住在城区,穷人倾向于住在郊区;底特律则相反。这两种空间居住分层模式,前一种在欧亚、拉美国家较为普遍,后者主要集中在北美(Ingram and Carroll,1981;Hohenberg and Lees,1995;Kemeny and Storper,2023)。然而,一个国家的居住模式不是一成不变的。以美国为例,20世纪50年代到90年代,美国城市人口增长了72%,但中心城市总人口却下降了17%,并且大城市中心穷人的比例高达19.9%,远超郊区穷人7.5%的比例(Glaeser et al.,2008);20世纪70年代,美国一些城市出现了富人搬往城区的现象(LeRoy and Sonstelie,1983);90年代后这个趋势更加明显,到了21世纪,美国受过良好教育的年轻人在市中心聚集,年老的或教育层次比较低的选择郊区(Couture and Handbury,2020)。

什么因素造成不同收入居民空间居住上的不同?相关研究的一个模型是单中心模型(Monocentric Model),与市中心的距离产生了通勤费用,但郊区较低的房价又吸引了不同收入的居民。早期的单中心模型中,阿隆索(Alonso,1964)、贝克尔(1965)、穆斯(1968)认为只要居民对住房需求的收入弹性大于每公里交通成本的收入弹性,就会产生穷人住城区、富人住郊区的分层。但是土地需求的收入弹性仅为0.1—0.5,数值太小以至于不能解释这种收入空间上的分层,穷人住在城区,可能是因为他们支付不起住郊区需要的汽车等交通工具(Glaeser et al.,2008)。即使住在同一地区,穷人和富人所支出的通勤成本是不同的(LeRoy and Sonstelie,1983;Madariaga et al.,2014)。

研究居民居住分层离不开对公共服务和便利设施的分析。盖涅等(2017)在Stone-Geary偏好的基础上,论证了没有公共便利设施的标准单中心模型不能准确预测城市的社会结构,也不会导致异质性收入家庭空间上的居住分层。鲍姆·斯诺(Baum-Snow,2016)认为城区便利设施的增加是21世纪后中心城市中产阶级化的重要动力。英格(Yinger,2015)在一个公共服务多样化的框架内,建立起社区间家庭竞价和居住分层的包络函数,并检验了空间分层存在的条件。

综上所述,城郊居住分层是居民基于自身收入"用脚投票"选择福利最大地区的结果。但是,在分析不同收入者的住房需求收入弹性上,多数文献都假设不同收入者的住房需求收入弹性不同。现实生活中,买房时不能购买任意面积的住房,住房市场上的房子存在最小面积①。当居民购买最小面积住宅时,会在住宅上有一笔大额的支出,导致非住宅品的消费下降很多。这使得居民收入增加时,会将额外的收入全部用于边际效用较大的非住宅品,而保持住宅需求不变。只有当居民增加的收入继续用于非住宅品、

---

① 2013年版《住宅设计规范》规定,新建住宅应该包括卧室、起居室(厅)、厨房和卫生间等基本空间,使用面积不能小于34平方米。

其边际效用下降至与住房面积的边际效用相等时,居民才会同时增加住房面积和非住宅品的消费。换句话说,某个收入区间内的居民,其住房面积的收入弹性为零;超过某个收入的居民,其住房面积的收入弹性为正。我们将前者称为对房子面积的"刚性需求者",后者称为房子面积的"改善性需求者"。

其次,大部分文献已经认识到公共服务或者便利(amenities)在居住分层中不可或缺的作用,并且只有居住在当地的居民才能获得(Epple and Sieg,1999;Lee 和 Lin,2015;Albouy,2016;Koster and Rouwendal,2017)。但他们都疏忽了一点:在公共服务的获取上,购买最小面积住宅和更大面积的房子并没有区别。尤其在中国,义务教育实行"就近入学"的政策(冯皓和陆铭,2010),因而父母必须在教育质量较好的社区买房,且购买的房子面积往往很小。房子这种同时具有公共服务获取权和居住功能的消费品,在"买房时有最小面积限制"这个市场摩擦下,必然对居民居住空间的选择产生影响。

本章在单中心模型中引入"买房时有最小面积限制"以解决上述不同收入者的空间分层,目的是重新考虑这样一个问题:面对城区较好的公共服务和较高的房价,人们是选择在城区买小房子还是在郊区买较大的房子?余下内容安排如下:第二节建立模型,讨论公共服务只能够由当地居民获得时的空间分层模式,讨论其分层模式的种类和居民福利状况,并分析公共政策变动时空间分层模式的变化和人口的迁移;第三节放松"公共服务只能由本地居民获得"的假设,而是认为外地流动人口付出一定的通勤费用也可获得,进而讨论公共服务的拥堵效应和集聚效应,分析空间分层模式及居民福利的新变化;第四节对模型进行补充和拓展,讨论公共服务内生于经济系统以及通勤成本是收入函数时的情形,以检验模型的稳健性;第五节是本章的总结。

第二节 情形1:居民只可以消费本地的公共服务

一、模型的设定

与传统的单中心模型类似,本研究将城市分为城区和郊区两个区域,城区有更好的公共服务,有所有人的工作地点——中央商务区(CBD)。居民到 CBD 上班需要付出交通费用,它是距离的增函数,如图 6-2 所示。将城区居民到 CBD 的距离标准化为零,则郊区居民到 CBD 的距离为 d。居民的收入 M 是一个服从分布函数 $F(M)$ 的随机变量,最小值为 $\underline{M}$,最大值为 $\overline{M}$。居民对住房面积 h、非住宅消费品 c 和公共品 g 的需求构成了居民的效用函数,且房子有最小面积限制,只有购买了最小面积住房的居民才能获得当地的公共服务 g。

(一) 居民

为简化分析,将住宅最小面积标准化单位 1,即只有购买了不少于 1 单位住宅的居民才能获得公共服务。如果不能获得公共服务,效用为零。作这样的假定,是假设附属在房子上的公共服务很重要。比如在中国这样一个重视子女教育的国家,如果父母不能买房落户、得到这些公共服务,就不会定居在这个区域。这样做有利于将研究集中在"以房定人"上,也与其他学者的处理类似(Wang and Xie,2014;Gaigne et al.,2017)。居民 i 选择区域 j 的效用函数为:

能力为 a 的工人,其目标是选择在城区和郊区居住时效用最大的那个区域居住,目标函数为 $W(a) = \max\{W_s(a), W_b(a)\}$,$W_s$ 可以写为:

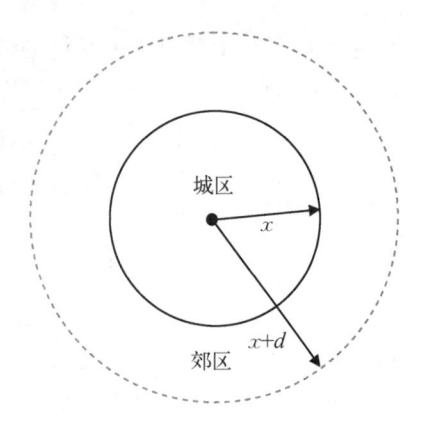

图 6-2 城市区域分布

$$\max_{c_{ij}, h_{ij}, g_j} U(c_{ij}, h_{ij}, g_j) = \begin{cases} c_{ij}^{\alpha} g_j^{\beta} h_{ij}^{\theta} & h_{ij} \geq 1 \\ 0 & h_{ij} < 1 \end{cases} \quad (6-1)$$

$$s.t. \quad c_{ij} + h_{ij}(\varphi_j)\varphi_j + \gamma d_j = M_i$$

$j = c$ 表示城区,$j = s$ 表示郊区。效用函数为柯布-道格拉斯形式,α、β、θ 分别表示居民对个人消费品的重视程度,三者之和等于 1。房价为 φ,系数 γ 是单位距离的通勤成本,取决于交通技术的进步和道路的状况。公共服务是一个随着离 CBD 的距离而递减的外生变量,$g_c > g_s$。

住宅有最小面积限制,居民的决策分为两种:买不买 1 单位面积住房,购买超过 1 单位面积住房时买多少。前者是离散条件下的抉择,存在一个收入阈值,当居民收入超过这个值时才会购买 1 单位面积住房:

$$M_{oj} = \varphi_j + \gamma d_j \quad (6-2)$$

居民刚开始购买 1 单位面积住房时,会在住房消费上有一笔突然的、大额的支出,实现住房面积从 0 到 1 的跳跃,这需要以普通品消费的减少为代价。根据边际效用递减的规律,此时再有额外收入的增加,居民会将其用于边际效用较大的普通品,而不是继续增加房子面积。只有当收入继续增加、能维持两者的边际替代率相等时,才会出现住房面积随收入增长的情况。用 M_{1j} 表示这个收入的临界值,可表示为:

$$M_{1j} = (1 - \beta)\varphi_j/\theta + \gamma d_j \tag{6-3}$$

显然有 $M_{1j} > M_{0j}$,表明收入高于 M_{0j} 且低于 M_{1j} 的居民会购买 1 单位住宅,在此收入间,住宅面积需求保持不变。此时,居民的消费:

$$h_{ij}^{h=1} = 1, \quad c_{ij}^{h=1} = M_j - \varphi_j - \gamma d_j \tag{6-4}$$

收入超过 M_{1j} 时,住宅面积和普通品的消费都是收入的增函数:

$$h_{ij}^{h>1} = \frac{(1 - \alpha - \beta)(M_j - \gamma d_j)}{[(1 - \beta)\varphi_j]}, \quad c_{ij}^{h>1} = \alpha(M_j - \gamma d_j)/(1 - \beta)$$
$$\tag{6-5}$$

以往文献分析建立在不同收入者住房需求收入弹性不同的基础上,这只有在居民有能力购买超过最小面积住宅时才成立($M_j > M_{1j}$)。收入介于两个阈值之间的居民,他们的住房需求保持在 1 单位不变,住房需求收入弹性恒为零,我们把这部分收入的居民称为对住房面积的"刚性需求者",而把收入超过 M_{1j} 的居民称为对住房的"改善性需求者"。

当居民收入 M_j 符合 $M_{1j} > M_j > M_{0j}$ 时,住房面积刚性需求者的间接效用函数可以写为:

$$V_{ij}^{h=1} = (M_j - \varphi_j - \gamma d_j)^\alpha (g_j)^\beta \tag{6-6}$$

当居民收入 $M_j > M_{1j}$ 时,住房改善性需求者的间接效用函数为:

$$V_{ij}^{h>1} = \alpha^\alpha (1 - \alpha - \beta)^{1-\alpha-\beta} (1 - \beta)^{\beta-1} (M_j - \gamma d_j)^{1-\beta} (\varphi_j)^{\alpha+\beta-1} (g_j)^\beta$$
$$\tag{6-7}$$

当居民收入为 M_{0j} 时,居民买房和不买房时效用无差异;当居民收入为 M_{1j} 时,居民在买 1 单位面积住房和多单位面积住房时效用无差异。

(二)房地产开发商

城区和郊区土地面积 H_c、H_s 都为外生变量。单位土地面积上,房地产开发商住房供给的成本函数为 $C(h_j) = A(h_j)^{1+\sigma}/(1 + \sigma)$,其中 A 为受房地产开发技术影响的某个固定系数,$1/\sigma$ 为供给弹性,则单位面积土地上住宅的供给为：

$$h_j^s = (\varphi_j/A)^{1/\sigma} \qquad (6-8)$$

各地区通过"招拍挂"的方式转让住宅用地，并将得到的费用统一上交给政府，由政府统一规划，用于气候治理、环境保护、国防建设等全民福利上，因此不改变城市各地区间的福利对比，也不改变居民的效用表达式 6-1。

（三）均衡

用 S_{c1} 和 S_{c2} 分别表示城区住房面积的刚性需求者和改善性住房居民的集合，郊区相应集合用 S_{s1} 和 S_{s2} 表示。均衡时，居民收入服从分布函数 $F(M)$，在效用参数 $\{\alpha, \beta, \theta\}$、住房供给参数 $\{A, \sigma\}$ 及城市各地区特征 $\{\gamma, g_c, g_s\}$ 给定的情况下，存在一组变量 $\{\varphi_c, \varphi_s, h_c, h_s, c_{ic}, c_{is}\}$，满足：

（1）最优条件方程 6-4、方程 6-5。

（2）对 S_{c1}、S_{c2}、S_{s1} 和 S_{s2} 的定义。当 $V_{ic}^{h=1} > \max(V_{ic}^{h>1}, V_{is}^{h=1}, V_{is}^{h>1})$ 时，$i \in S_{c1}$；当 $V_{ic}^{h>1} > \max(V_{ic}^{h=1}, V_{is}^{h=1}, V_{is}^{h>1})$ 时，$i \in S_{c2}$。S_{s1} 和 S_{s2} 定义类似。

（3）住房市场均衡：

$$\int_{i \in S_{c1}} 1 \mathrm{d}F(M) + \int_{i \in S_{c2}} \frac{(1-\alpha-\beta)M_j}{(1-\beta)\varphi_c} \mathrm{d}F(M) = h_c^s H_c \qquad (6-9)$$

$$\int_{i \in S_{s1}} 1 \mathrm{d}F(M) + \int_{i \in S_{s2}} \frac{(1-\alpha-\beta)(M_j - \gamma d)}{(1-\beta)\varphi_s} \mathrm{d}F(M) = h_s^s H_s \qquad (6-10)$$

引理 6-1：$\varphi_c > \varphi_s + \gamma d$。

引理 6-1 说明市中心的房价比郊区高，超过了城区通勤成本上的优势。这可能是因为城区公共服务的优势会资本化到房价上。同时，引理 6-1 还说明在城区购房的收入门槛高于郊区，即 $M_{0c} > M_{0s}$，$M_{1c} > M_{1s}$。

定理 6-1：存在两种均衡的分层模式，一种为：最富有和最贫穷的居民居住郊区，中等收入的居民居住城区；另一种为：高过某个收入的富人住城区，低于这个收入的穷人住郊区。

定理 6-1 表明，分层模式依赖参数的不同。一个区域内同时有富人和穷人，把这现象称为"混合分层"；如果一个区域将居民分成收入截然不同的两种群体，则称为"完全分层"[1]。给 α 和 β 取值，都为 0.4，图 6-3 作出了居

---

[1] 彭和王（Peng and Wang, 2005）将不完全隔离（incompletely segregation）定义为有且只有一个区域同时包括穷人和富人，即本文的"混合分层"。

民间接效用的数值模拟图。实线表示城区居民,虚线表示郊区居民,左图为混合分层的情形,右图为完全分层的情形。

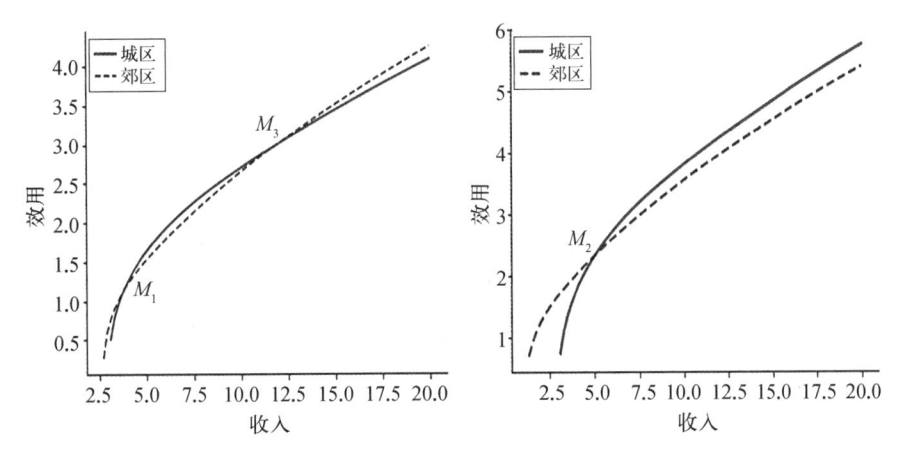

图 6-3 空间分层模式的数值模拟

注:混合分层参数:$g_c = 4$, $g_s = 1.2$, $\gamma = 1.7$, $H_c = 0.7$, $H_s = 0.85$;完全分层参数:$g_c = 4$, $g_s = 2$, $\gamma = 2$, $H_c = 0.55$, $H_s = 0.9$。由于政府决定房地产开发的住房的容积率,假设住房供给完全取决于土地供给数量。下图参数一致。

这就解释了为什么有些地区富人住在郊区,有些地区富人住在城区。根据定理 6-1,还可以得到混合分层模式的必要条件(见本章附录):

$$(g_c/g_s)^\beta < (\varphi_c/\varphi_s)^\theta \qquad (6-11)$$

即如果经过效用权重调整后的城区公共服务相对优势不能抵消城区高房价的劣势,收入最高者和最低者居住郊区,中间收入者居住城区;反之,富人住城区、穷人住郊区的分层模式就可能出现。布鲁克纳等(Brueckner et al., 1999)认为巴黎、伦敦历史悠久,市中心很多公共服务都是中央集权时代建造,因而富人住在城区,穷人住郊区;美国的城市历史较短,政治权力分散,没有在市中心建立很好的文化中心和娱乐胜地,富人大多住在郊区。

如果不考虑房子有最小面积,居住分层建立在"不同收入者的住房收入弹性不同"的假设上,这使得分析居住分层对象时只有改善性需求者而缺少了刚性需求者的情况。图 6-3 中,刚性需求者的收入-效用线要比改善性需求者的陡峭。这是因为房子有最小面积,会导致居民对非住宅消费品的需求出现不连续性,非住宅消费品与住宅面积的边际替代率接近无穷。这一方面产生效用曲线凸向原点、低收入者与高收入者同时居住郊区的混合分层(而以往没有考虑"房子有最小面积"的模型,在通勤成本固定的情况下,是不能产生混合均衡的);另一方面,非连续性消费带来福利分析上的不同，居民不再根据平滑性消费调整自己的效用，即以往文献高估了这些低收入者的真实效用。显然，完全分层时，刚性需求者的行为与其他低收入者一样，从而掩盖了刚性需求者的存在，而混合分层更凸显了刚性需求者的存在、福利及迁移。

二、福利分析

混合分层时富人住在郊区，完全分层时富人住在城区，这会带动完全分层时的城区房价高于混合分层时的城区房价。对于城区住房面积的刚性需求者来说，完全分层时的福利可能小于混合分层时，即 $(M-\varphi_{c,com})^{\alpha}$ $g_{c,com}^{\beta} < (M-\varphi_{c,mix})^{\alpha} g_{c,mix}^{\beta}$ ①，下标 com、mix 分别表示完全分层和混合分层。相反，对于住在郊区的住房面积的刚性需求者来说，完全分层时的郊区房价要低于混合分层时，从而刚性需求者的效用要大于混合分层时。图6-4将图6-3中混合分层模式和完全分层模式下的居民福利合并在一张图上，显示最低收入的刚性需求者的效用，虚线表示的完全分层高于实线表示的混合分层，并且完全分层时郊区刚性需求者的收入阈值更低，这是由完全分层时郊区房价更低造成的。

假设居住分层模式不影响公共服务数量，即 $g_{s,mix}=g_{s,com}$，调整城区公共服务以产生混合分层和完全分层。由混合分层的必要条件6-11，可以发

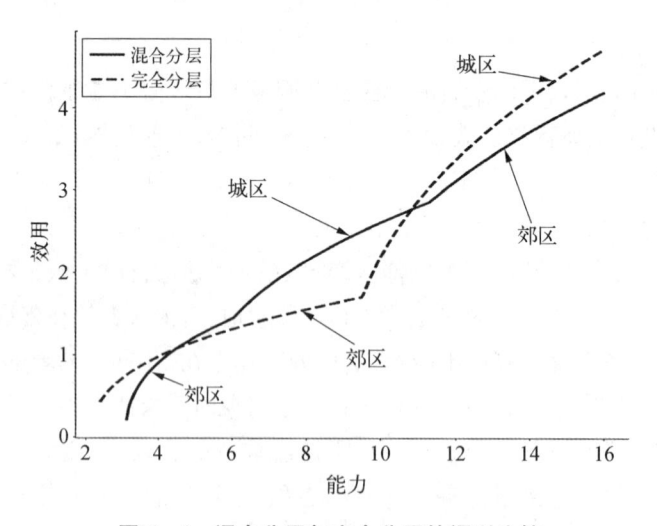

图6-4 混合分层与完全分层的福利比较

---

① 由不等式(6-11)，城区公共服务不变时，郊区公共服务不同可以产生混合分层和完全分层。

现,只有$(g_{c,com}/g_{s,com})^\beta > (\varphi_{c,com}/\varphi_{s,mix})^\theta$才存在混合分层。对此公式进行化简,可以得到这样一个不等式:$M^{1-\beta}(\varphi_{c,com})^{-\theta}(g_{c,com})^\beta > (M-\gamma d)^{1-\beta}(\varphi_{s,mix})^{-\theta}(g_{s,mix})^\beta$,根据效用函数式6-7,这个公式说明富人的福利在完全分层时超过了混合分层时。对于中间收入的居民来说,由于效用的连续性,混合分层时他们的福利要高于完全分层时,具体见图6-4。

三、公共政策对居住分层的影响

(一)完全分层

公共政策的变动也会影响居民的效用,从而改变他们居住空间的选择。用$\Delta\varphi_c$、$\Delta\varphi_s$来表示城区和郊区的房价变动率,作出政策变动时的效用函数模拟图。考虑完全分层的情况。当居民到CBD上班的通勤成本减少,郊区低收入者的数量和福利都得到增长,城区中的刚性需求者会被吸引至郊区,带动郊区房价上涨、城区房价下跌,城区居民的福利也上升(如图6-5左图)。如果城区的公共服务相对郊区更加有优势,城区居民的福利增长,会吸引郊区居民中收入较高者流向城区,城区住房价格上升、郊区房价下跌。对于原先刚刚只能够在城区购买最小面积住宅的刚性需求者来说,他们再也买不起房,福利下降;而郊区刚性需求者的福利则有所增加(如图6-5右图)。

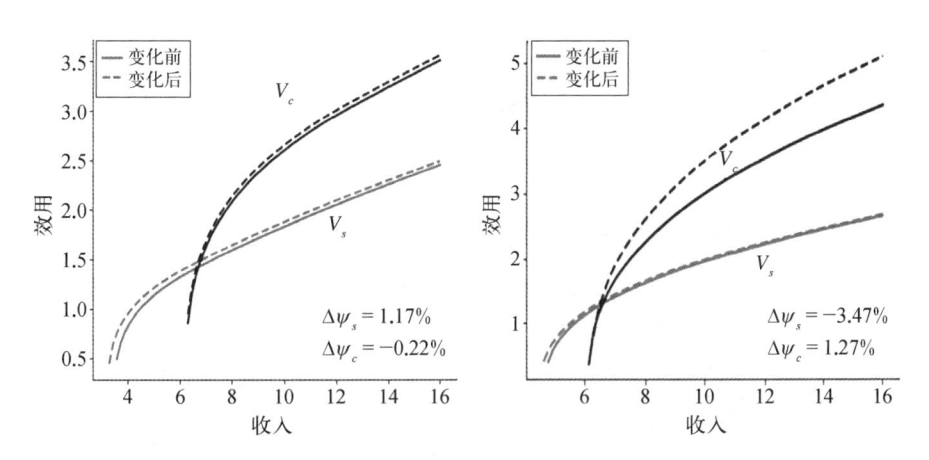

图6-5 完全分层的公共政策分析

注:左图表示通勤成本降低(γ由2降到1),右图为城区公共服务增加(g_c由4增加到6-5)。

城市在发展过程中会逐渐沿着中心城区向郊区扩张;城区开发早,可用于房地产新开发的土地较少,政府还会通过拆迁将一部分城区人口置换出去,置换出来的土地用于建筑便民设施、打造文化名城,而不是商品房开发

(陆铭，2017)。考虑两种情形：当郊区土地供给增加，郊区房价下跌，居民福利提高，一部分城区居民出于对大面积住宅的追求搬迁到郊区，导致城区的房价下跌，居民福利也增加(如图6-6左图)；如果城区住宅用地减少，房价上升，一些居民搬迁到郊区，郊区房价也提高，所有人的福利下降。因此，这两种土地政策都会减少城区人口、增加郊区人口，但福利和房价效果完全不同(如图6-6右图)。

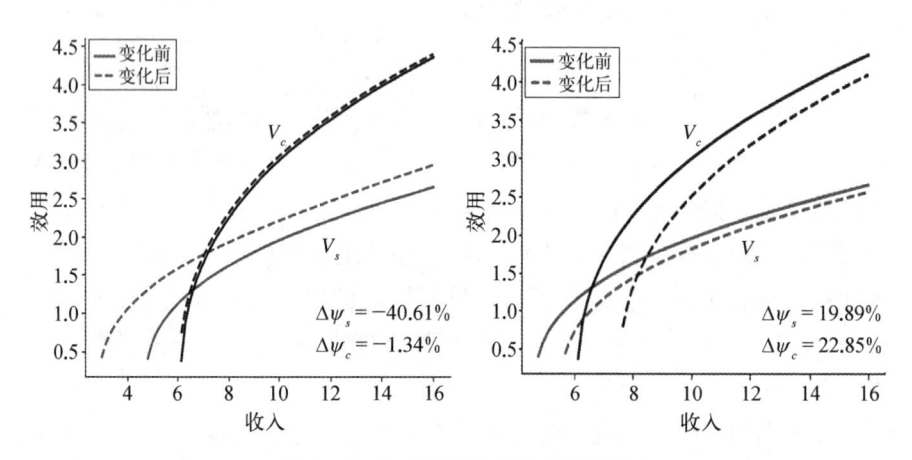

图6-6 完全分层的公共政策分析

注：左图表示郊区土地供给增加（H_s 由 0.9 增加到 1），右图为城区土地供应收紧（H_c 由 0.55 减少到 0.5）。

(二) 混合分层

当交通改善导致通勤成本降低时，也可以作出相应的数值模拟图，见图6-7。其中左图为不同收入者的效用，右图表示不同收入居民分布的密度函数。

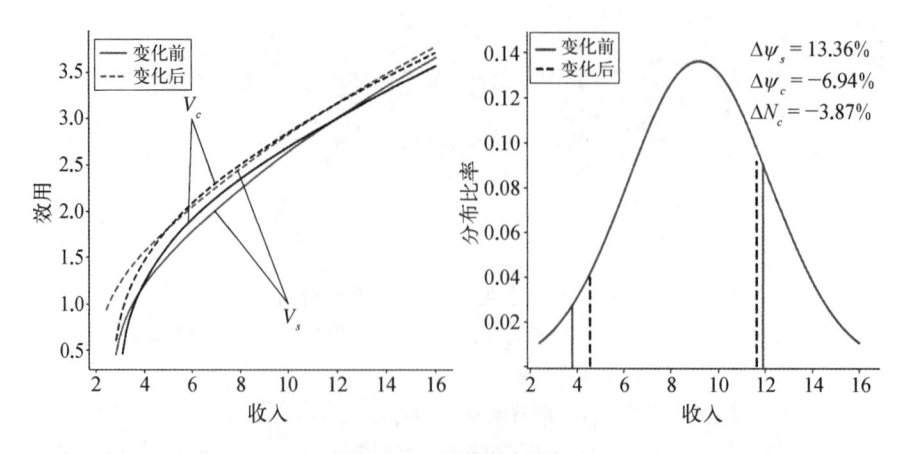

图6-7 通勤成本降低

注：γ 由 1.7 减少到 1.2。

图 6-7 的右图中,垂直线是居民城市选择的收入阈值,左垂直线左端面积为居住在郊区的低收入者比重,右垂直线右端面积为郊区的高收入者比重,两根垂直线之间的面积即为城区的人口比重。为了比较政策的作用,用实线表示变化前,虚线为变化后,前缀 Δ 表示相应变量的变化率,如 ΔN_c 表示大城市人口的变化率。图 6-7 发现,通勤成本降低时郊区居民的福利提高,富人和穷人都会涌向郊区[①]。这会提高郊区住房价格,降低城区房价,城区居民的福利也因此增加。

传统观点认为,城区公共服务的提高增加了城区居民的福利,会吸引郊区居民迁入城区。但是,由于"房子有最小面积"这个市场摩擦和公共服务附属在房子上,只有买得起房的居民才能得到城区上涨的公共服务。因此城区公共服务增加会导致郊区的高收入者流向城区买房,带动城区房价上涨。而原来只能支付 1 单位面积住宅的城区刚性需求者,便再也不能在城区买房以获得这些好处,从而被迫离开。因此,城区公共服务的增加不仅不会吸引郊区低收入的刚性需求者,反而使部分人从城区流向郊区。如果城区公共服务的优势越来越明显,会出现低收入者居住郊区、高收入者居住城区的完全分层,这和定理 6-1 相符。并且,两个地区的居民福利都得到了增长,具体见图 6-8。

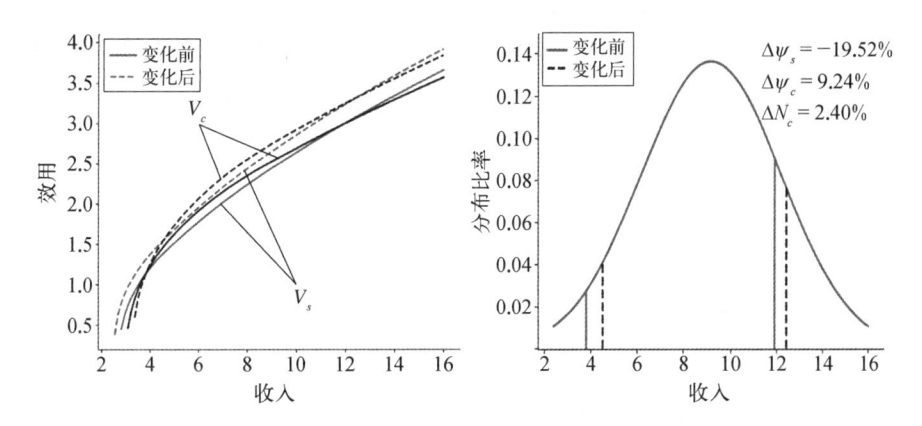

图 6-8 城区公共服务增加对空间分层的影响

注:g_c 由 1.7 增加到 2。

当郊区土地供给增加,如图 6-9 所示,郊区房价下降,高收入者在郊区购买到的住房面积会更大,他们的福利上升。这会吸引更多富人到郊区买房,城区房价下降;对于低收入的刚性需求者来说,他们的住宅需求收入弹

---

① 一条通过市中心的高速公路可以减少 18% 的城区人口(Baum-Snow,2007)。

性为零——郊区下跌的房价并不会使他们去郊区购买大面积住宅——出于城区房价的下降,他们更愿意迁移至城区。这个过程中,所有人都因为房价的下跌而提高了福利①。

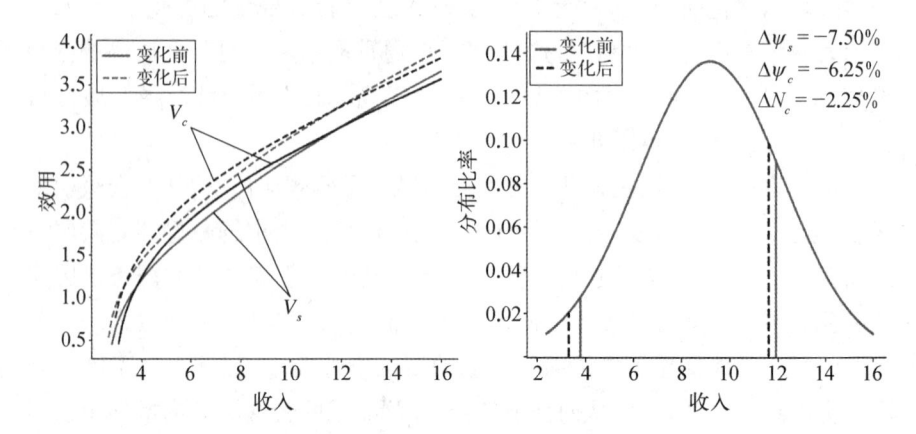

图 6-9 郊区土地供给增加对空间分层的影响

注:H_s 由 0.85 增加到 1。

如果城区土地供给减少,如图 6-10,城区房价上升,原先在城区买 1 单位住宅的居民会因为买不起房而迁往郊区;原先城区的高收入者也会到郊区购买住宅,郊区的房价随之上升。由于面对更高的房价,所有人的福利下降。

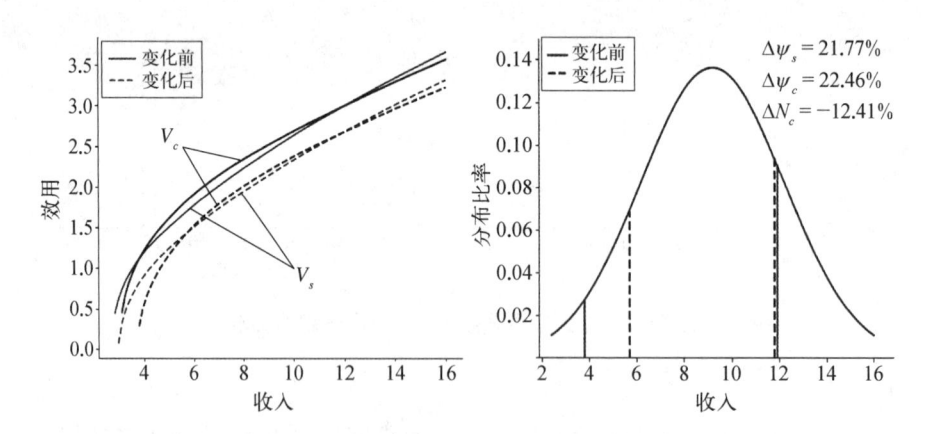

图 6-10 城区土地供给减少对空间分层的影响

注:H_c 由 0.7 减少到 0.55。

---

① 如果郊区土地供给足够大,高收入者住郊区、低收入者住城区的完全分层就会产生。

通过比较图6-9和图6-10,还可以发现:土地政策变动时,为了规避一地的房价上涨,人口会流动到另一地,导致当地房价也上涨,两地房价呈同方向变动。由于土地政策直接作用于本地房价,外地房价只是溢出效应,两地房价受到的影响大小并不对称。这与布雷迪(2014)、科恩等(2016)得出的结论类似。因而有以下引理(证明见本章附录):

引理6-2:土地政策对两个地区的房价有同向变动的效应,并且土地政策对本地房价影响的程度超过外地。

完全分层中的刚性需求者被掩盖在低收入者中,而混合分层更能看出刚性需求者选择的不同:在完全分层中,土地政策使郊区房价下跌或者城区房价上升,都会导致低收入者流向郊区;然而,混合分层中,城区土地收紧带来的房价上升对低收入者的作用相同,但郊区土地供给增加带来的房价下降却会使低收入的刚性需求者流向城区。造成这一现象的原因就在于房子有最小面积的限制。它使不同收入者的住房弹性在某个收入领域里为零,即郊区房价下跌并不对郊区的刚性需求者更有吸引力,他们不会买更大面积的房子。随着城区房价也下跌,混合分层中的刚性需求者更愿意获得边际效用更高的城区公共服务,反而会迁往城区。

定理6-2:混合分层时,郊区或城区土地供给增加都会提高城区低收入人口的比重。

定理6-2是图6-9、图6-10低收入人口流向的数学解释。由于房价地区间扩散的联动效应,不管郊区土地供给增加,还是城区土地供给增加,城区和郊区的房价都会下降。对于住在郊区、零收入弹性的住房刚性需求者来说,他们不会因此而增加住房面积的购买,只会因为预算约束的放松选择迁往城区购房,以追逐边际效用更大的城区的优良公共服务。

第三节 情形2:跨区消费与居住的空间分层——兼论公共服务的外部性

公共服务虽然不可贸易,但它不必然只能被当地居民享有。只要付出一定的成本,居民也可以居住在一地、跨区消费另外一地的公共服务(Fujita,1986;Thisse and Wildasin,1992;Bellettini and Kempf,2013;Dokow and Luque,2019)。居民的选择便成为:在城区还是郊区买房,要不要跨区消费另一地的公共服务(由于单中心模型一般假设城区的公共服务优于郊区,问题就变为郊区居民需不需要跨区消费城区的公共服务)。斯塔雷特

(Starrett,1988)认为,公共服务是一种拥堵的物品,只有特定的地区才有,居民只有迁往这个地点才能消费到。奥道(2016)也认为,社区之所以形成,便在于人们聚集在一起消费当地具有拥堵效应的公共服务。彭和王(Peng and Wang,2005)则利用理论模型证实了跨区消费拥堵性公共服务的异质性偏好也能产生居住分层。但是,他们没有考虑公共服务的集聚效应,即随着消费人数的增加,公共服务的质量也增加。虽然大部分公共服务具有俱乐部产品的性质,但在一定范围内,公共服务也有集聚效应,即消费人数的增加能够提升公共服务的质量:研讨中心会因为参与人数的增加而产生知识外溢;消费人群较多的商场能产生规模效应、降低商品成本和价格;经常性跨区能增加与当地居民的交流,增加当地文化的多样性和社会的包容度。例如皮齐(Pizzi,2018)认为,与外来移民的接触可以减少隔离、吸引外部资金、获得更多的公共饮用水。

一、模型的设定

与前面的假设一样,只有买了房的居民才能获得公共服务并得到正的效用,否则效用为零。城区公共服务高于郊区公共服务,两者都是外生;如果郊区居民到城区获得公共品,则他们的公共服务将与城区居民一致,居民效用函数为:

$$\max_{c_{is}, h_{is}, n_{is}} U_{is} = \begin{cases} (c_{is})^{\alpha} (n_{is} G_c)^{\beta} (h_{is})^{1-\alpha-\beta} & h_{ist} \geq 1 \\ 0 & h_{ist} < 1 \end{cases}$$

$$s.t.\ c_{is} + \varphi_s h_{is} + \gamma d + n_{is} \Psi d = M_{ist}, 0 < n_{is} < 1 \quad (6-12)$$

与以上分析一致,下标 s 表示郊区,c 表示城区;d 为郊区距城区的距离,γ 为单位距离的通勤成本;n_{is} 为郊区居民消费城区公共服务的次数,$n_{is} \leq 1$,例如 $n = 1/2$,表示每隔一天去一次城区;θ 则衡量了居民跨区消费公共服务时的单位距离成本,包括路费、由于当地政府准入限制产生的费用等。城区提供的公共服务数量为 g_c,但郊区居民实际面对的公共服务是 G_c。G_c 是城区公共服务供给能力 g_c 和公共服务消费总次数 Λ 的函数,$G_c = g_c/\Lambda^\delta$,表明公共服务的质量受到外地人口消费的影响,内生于其消费次数。这就刻画了公共服务的邻群效应(neighbour effects):$\delta > 0$ 时,公共服务水平随着消费次数的增加而下降,公共品存在拥堵效应,如交通设施、公园等;$\delta < 0$ 时,公共服务的质量与消费次数成正比,这是集聚效应,比如研讨中心会因为规模的扩大而产生知识外溢,劳动力市场会随着人数的增多而更利于岗位和工人的匹配。当所有郊区居民都不跨区消费城区公共服务时,$\Lambda = 1$,

城区公共服务就与当地政府提供的数量相等，$G_c = g_c$。卡拉布雷斯等（Calabrese et al,2006）、拜尔和麦克米兰（Bayer and McMillan,2012）讨论了这种邻群效应。我们假设对本城区的人来说，他们对公共品消费的次数不会对公共服务水平产生影响，邻群效应全部来自外地来的、郊区人口的作用。作这样的假定，是因为在中国，户籍是社会资源配置的重要手段。就业、教育、医疗等社会保障和社会福利都是按照当地户籍人数由政府提供，政策制定者会调整公共服务以适应当地户籍人口数量的变化，但他们没办法精确估算外来人口数量。外来人口的涌入会对公共服务产生拥挤效应或集聚效应，并对房价和居住分层产生影响（江依妮,2013;陈杰和郝前进,2014）。其中，公共服务消费总次数 Λ 的表达式为：

$$\Lambda = 1 + \sum_{i \in S} N_{is} \quad (6-13)$$

n_{is} 为类型 N_{is} 的郊区居民去城区消费公共品的次数，令 S 为郊区居民的集合，$\sum N_{is} = N_s$。如果每一类居民对应一个 n_{is}，$N_{is} = 1$。不允许居民跨区消费公共服务时，$n_{is} = 0$。此时城区居民实际所得的公共服务与所提供的相等 $G_c = g_c$，郊区公共服务便由 $n_{is} G_c$ 变为 g_s，居民选择如方程 6-14 所示。方程 6-13 相当于把城区人口标准化为 1，而 N_s 为郊区人口相对于城区人口的比重。

$$\max_{c_{is}, h_{is}} U_{is} = \begin{cases} (c_{is})^{\alpha} (g_s)^{\beta} (h_{is})^{1-\alpha-\beta} & h_{is} \geq 1 \\ 0 & h_{is} < 1 \end{cases}$$

$$s.t. \ c_{is} + \varphi_s h_{is} + \gamma d = M_i \quad (6-14)$$

相应地，存在郊区居民跨区消费城区公共服务时，城区居民的效用函数为：

$$\max_{c_{ic}, h_{ic}} U_c = \begin{cases} (c_{ic})^{\alpha} (G_c)^{\beta} (h_{ic})^{1-\alpha-\beta} & h_{ic} \geq 1 \\ 0 & h_{ic} < 1 \end{cases}$$

$$s.t. \ c_{ic} + h_{ic} \varphi_c = M_i \quad (6-15)$$

注意到居民的住房消费有最小面积的约束，这将居民分成两种类型：住房面积收入弹性为零的刚性需求者和对住房面积随着收入上升而上升的改善性需求者。原因在于房地产市场上买房时住房有最小面积限制带来的市场摩擦：因为最小面积限制的存在，居民对住房的支出并不是平稳的。在收入较低、居民实现买房面积从零到法律规定的最小面积时，住房支出一次性大幅度的增加必然导致非住宅消费品的需求急剧性下降,从而使非住宅消费品的边际效用增长很快;如果居民的收入开始增长,他会将额外的收入用于边际效用较高的非住宅消费品,而不是继续增加住宅面积;只有当收入高至使每个单位货币花在住宅和非住宅消费品上所带来的边际效用相等时,才会出现住宅面积随收入增加而增加的情形。换句话说,在一定的收入内,居民对住房面积的需求是刚性的,不随收入的变化而变化;当收入超过某个阈值,他才能改善自己的住房条件,住房面积的需求随收入的增长而增加。具体来说,根据方程 6-12、方程 6-15,居民购买最小面积住宅时,$h_{ij}^{h=1}=1$ 时,$c_{ij}^{h=1}=M_{ij}-\varphi_j-\gamma d_j-n_{ist}\Psi d_j$;$h_{ij}^{h>1}>1$,且最优住房需求为:

$$h_{ij}^{*}=\frac{\theta(M_{ij}-\gamma d_j-n_{ist}\Psi d)}{(\alpha+\theta)\varphi_j} \quad (6-16)$$

为了简便分析,由于城区居民离 CBD 的距离 $d_c=0$,直接用 d 表示郊区离 CBD 的距离 d_s。郊区居民最优消费次数 n_{is} 是一个大于零的连续变量,并且与住房面积无关,一阶最优条件为:

$$\frac{\beta}{n_{is}}=\frac{(1-\beta)\gamma d}{M_{is}-\gamma d-n_{is}\Psi d}+\frac{\beta\delta}{\Lambda} \quad (6-17)$$

这里,居民没有把公共品当成固定不变的,他不仅要考虑到公共品实际供给数量,还要考虑其他人的行为对公共服务数量和质量的影响,公共服务内生于居民跨区消费的选择。跨区消费公共品的次数是城郊距离的减函数,是公共服务重视程度 β 的增函数。赵农和刘小鲁(2008)认为公共品与居民的相对位置是公共品区位因素的一个重要层面,居民出行半径与居民使用这些公共品的概率相关;距离公共品越远,使用的概率越低。如果不考虑公共服务的属性和其他人行为的作用,跨区消费次数便是收入的线性函数,即 $n_{is}=\beta(M_{is}-\gamma d)/(\Psi d)$。

居民在城区和郊区消费最小住房面积所需的最低收入阈值分别为:

$$M_c^{h=1}=\varphi_c,\ M_s^{h=1}=\varphi_s+\gamma d+n_{ist}\theta d \quad (6-18)$$

居民在城区和郊区改善住房面积时,所需的收入阈值分别为:

$$M_c^{h>1}=(1-\beta)\varphi_c/(1-\alpha-\beta),$$

$$M_s^{h>1}=(1-\beta)\varphi_s/(1-\alpha-\beta)+\gamma d+n_{ist}\theta d \quad (6-19)$$

也就是说,居民收入超过 $M_j^{h=1}$ 但小于 $M_j^{h>1}$ 时,他是住房面积的刚性需求者,他对住房面积的需求保持在最小住房面积 1 不变;居民收入超过 $M_j^{h>1}$

时,他是住房面积的改善性需求者,会购买大于 1 单位面积的房子。

进一步,表示出跨区消费公共服务的郊区居民和城区居民的间接效用函数。为了与没有跨区的情况区分开,用下标 t 表示跨区的行为。郊区居民可以买 1 单位面积的住房,也可以购买超过 1 单位面积的住房。在不跨区消费城区的公共服务时,这两种居住模式带来的间接效用函数为:

$$V_{is}^{h=1} = (M_i - \varphi_s - \gamma d)^\alpha (g_s)^\beta, \quad V_{is}^{h>1} = \forall \ (M_i - \gamma d)^{1-\beta} (g_s)^\beta (\varphi_s)^{\alpha+\beta-1} \quad (6-20)$$

其中 $\forall = \alpha^\alpha (1-\alpha-\beta)^{1-\alpha-\beta} (1-\beta)^{\beta-1}$。如果郊区的居民决定跨区获得城区的公共服务,他们在郊区作为购买 1 单位面积住房的刚性需求者和购买超过 1 单位面积住房的改善性需求者,间接效用函数分别为:

$$V_{ist}^{h=1} = (M_i - \varphi_s - \gamma d - n_{ist}\theta d)^\alpha (n_{ist}G_c)^\beta \quad (6-21)$$

$$V_{ist}^{h>1} = \forall \ (M_i - \gamma d - n_{ist}\theta d)^{1-\beta} (n_{ist}G_c)^\beta (\varphi_s)^{\alpha+\beta-1} \quad (6-22)$$

类似地,对于住在城区的居民,住房的刚性需求者和改善性需求者的间接效用函数也可写出:

$$V_{ic}^{h=1} = (M_i - \varphi_c)^\alpha (G_c)^\beta, \quad V_{ic}^{h>1} = \forall \ (M_i)^{1-\beta} (G_c)^\beta (\varphi_c)^{\alpha+\beta-1} \quad (6-23)$$

假设城区和郊区的土地面积为 H_c 和 H_s,由政府决定供给的数量。单位土地面积上,房地产开发商住房面积供给的成本弹性都是 $1/\sigma$,即开发商的成本为 $C(h) = Ah^{1+\sigma}/(1+\sigma)$,$A$ 为受房地产开发技术影响的某个固定系数,则 j 地区住宅供给面积 h_j^s 为:

$$h_j^s = \left(\frac{\varphi_j}{A}\right)^{1/\sigma} \quad (6-24)$$

$j = c, s$ 分别表示城区和郊区,各自的住房面积总供给为 $H_c h_c^s$ 和 $H_s h_s^s$。

二、均衡

均衡时,居民首先会在居住在郊区享有郊区的公共服务与跨区消费城区的公共服务之间进行比较,选择最大值。然后与他迁移到城区可获得的效用比较,从而决定他的最终居住区域。因此,均衡时,在效用参数 $\{\alpha, \beta\}$、城市地区间的特征 $\{\gamma, \theta, g_c, g_s\}$、房地产市场 $\{A, \sigma, H_c, H_s\}$ 给定时,存在一组变量 $\{\varphi_c, \varphi_s\}$,满足以下条件:

(1) 选择居住在何地、买多大面积的住宅,当且仅当其带来的效用在所有选项中最大时才成立。例如,在郊区买1单位面积住房且不跨区消费城区的公共服务,当且仅当 $V_{is}^{h=1} > \max(V_{is}^{h>1}, V_{ist}^{h=1}, V_{ist}^{h>1}, V_{ic}^{h=1}, V_{ic}^{h>1})$。

(2) 城区和郊区的房地产市场均衡:

$$\int_{i \in C_1} 1 \mathrm{d}F(M) + \int_{i \in C_2} h_c^{h>1} \mathrm{d}F(M) = H_c h_c^s,$$

$$\int_{i \in S_1} 1 \mathrm{d}F(M) + \int_{i \in S_2} h_s^{h>1} \mathrm{d}F(M) = H_s h_s^s \qquad (6-25)$$

其中 C_1、C_2 为城区购买1单位面积住房和多于1单位面积住房的居民的集合,S_1、S_2 为郊区购买1单位面积住房和多于1单位面积住房的居民的集合。城区和郊区多于1单位面积住房需求 $h_c^{h>1}$ 和 $h_s^{h>1}$ 来自方程6-12、方程6-15、方程6-16一阶最优条件下的住房面积。

根据方程6-17,郊区居民最优消费次数 n_{is} 是一个大于零的连续变量,并且与住房面积无关,将 n_{is} 关于收入 M_i 求导,得到:

$$\frac{\mathrm{d}n_{is}}{\mathrm{d}M_i} = \frac{\alpha \gamma d}{(M_{is} - \gamma d - n_{is}\Psi d)^2} \left\{ 1 / \left[\frac{\beta}{(n_{is})^2} + \frac{(1-\beta)(\theta d)^2}{(M_{is} - \gamma d - n_{is}\Psi d)^2} - \frac{\beta \delta}{\Lambda^2} \right] \right\}$$

$$(6-26)$$

当城市公共品有集聚效应时,上式表明 $\mathrm{d}n/\mathrm{d}M > 0$,郊区居民消费城区公共服务的次数随收入而上升,高收入居民可以同时获得郊区便宜的住宅和城区良好的公共服务。集聚效应越强,城区公共服务越好,人们愿意跨区消费的次数就越多。当居民把增加的收入全部用于去城区,只可以去 $1/(\Psi d)$ 次。反之城市公共品有拥堵效应时,当 δ 较小,方程6-26右端分母为正数,$\mathrm{d}n/\mathrm{d}M > 0$,表示如果拥堵效应不严重,郊区居民仍愿意去城区;如果拥堵效应很大,$\mathrm{d}n/\mathrm{d}M < 0$,此时郊区居民宁愿消费当地公共服务。由于 M 和 δ 的连续性,显然存在某个收入使 $\mathrm{d}n/\mathrm{d}M = 0$。因此有引理6-4。

引理6-4:$\delta < 0$ 时,$\mathrm{d}n/\mathrm{d}M > 0$,且 $\lim\limits_{\delta \to -\infty} \mathrm{d}n/\mathrm{d}M = 1/(\Psi d)$;$\delta > 0$ 且较小时,$\mathrm{d}n/\mathrm{d}M > 0$;$\delta > 0$ 且很大时,$\mathrm{d}n/\mathrm{d}M < 0$,并存在某个 δ 使得 $\mathrm{d}n/\mathrm{d}M = 0$。

这里界定了郊区居民跨区消费城区公共服务次数的范围,由于假设城区居民自动获取所有公共服务,并将其消费次数标准化为1,所以郊区居民对城区公共服务的消费不可能超过1。根据反证法可看出,在 $M_c^{h=1} > M_s^{h=1}$ 的设定中,同等收入居民拥有城区1单位面积的住宅不如其在郊区拥有1单位面积的住宅,即 $(M - M_c^{h=1})^\alpha (G_c)^\beta < (M - M_s^{h=1})^\alpha (n_{is} G_c)^\beta$,这与模型设定矛盾。

定理 6-3：$\delta < 0$ 或者 $\delta > 0$ 且较小时，郊区居民跨区次数 n_{is} 有唯一解；$\delta > 0$ 且很大时，郊区居民跨区次数 n_{is} 可能无解，可能一个解，也可能多于一个解。

证明见本章附录。图 6-11 左图中描述了 $\delta < 0$ 或者 $\delta > 0$ 且较小时的情况，函数的单调性和介值定理保证了方程 6-26 左端和右端只有一个交点；右图列举了方程 6-26 右端（用 Γ 表示）的三种情况：$\Gamma_1 < \beta$ 表示居民不会跨区消费公共服务；$\Gamma_2 > \beta$ 表示穷人会因为没有大面积住宅的补偿而从郊区赶往城区获取公共服务；中间收入的人有多种选择。在公共服务具有集聚效应时，公共服务的数量与 n_{is} 和 G_c 都成正比，郊区居民倾向于跨区消费公共服务，次数 n_{is} 唯一。当公共服务具有强拥堵效应时，公共服务的数量 $n_{is}G_c$ 与跨区次数 n_{is} 成正比，与 G_c 成反比。居民跨区消费次数少时城区公共服务大，跨区次数多时会由于拥堵效应导致公共服务质量下降，$n_{is}G_c$ 是关于 n_{is} 的一个倒 U 形函数。存在一种可能：对于某种收入的居民来说，其跨区次数 n_{is} 存在两类不同的解，使公共服务总量 $n_{is}G_c$ 不变，这就是定理 6-3 的内容。

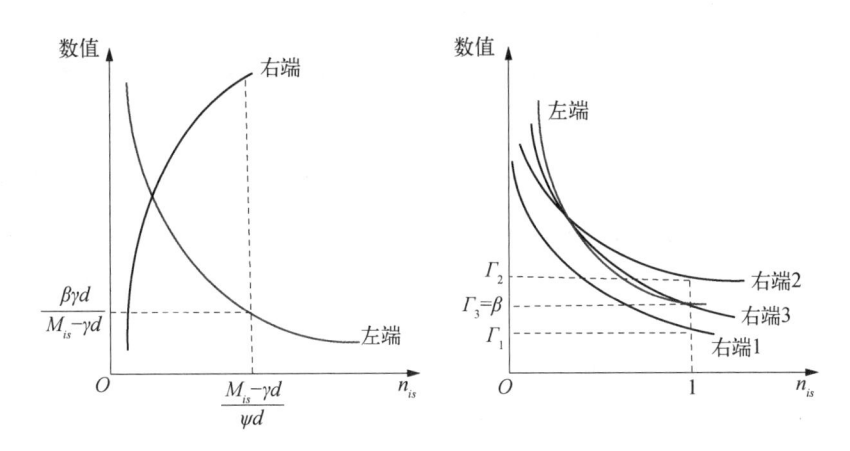

图 6-11 n_{is} 解个数的示意

三、居住分层

当收入小于 $M_c^{h=1}$，居民居住郊区。如果 M_{t1} 是均衡时居民在郊区和城区效用无差异的第一个交点，那么收入稍有增加后，居民会居住城区。否则 $[M_c^{h=1}, M_{t1}]$ 间必定有另外一个收入值使得居民地区间效用无差异，不符合定义。由于 $V_{st}(\varphi_s, G_c, M_{t1}) = V_{ct}(\varphi_c, G_c, M_{t1})$，在 M_{t1} 收入附近对方程 6-19 求效用关于收入的导数，有 $dV_{ct}/dM > dV_{st}/dM$，即：

$$\frac{\alpha(\varphi_c - \varphi_s - \gamma d - n_{is}\Psi d)}{(M_{t1} - \varphi_c)(M_{t1} - \varphi_s - \gamma d - n_{is}\Psi d)} > \frac{\delta\beta}{\Lambda}\frac{dn}{dM} \quad (6-27)$$

如果居民有足够高的收入 M_{t3}，在郊区和城区购买超过 1 单位面积住宅无差异。收入额外增加后居于哪个地区同样取决于 dV_{ct}/dM 和 dV_{st}/dM 的大小，由方程 6-19，如果所有最高收入的人都选择郊区生活，要求：

$$\frac{-(\alpha + \theta)(\gamma d + n_{is}\Psi d)}{M_{t3}(M_{t3} - \gamma d - n_{is}\Psi d)} < \frac{\delta\beta}{\Lambda}\frac{dn}{dM} \quad (6-28)$$

上式左边为负值，关于 M_{t3} 递增，当 $\delta > 0$ 且较小时，$dn/dM > 0$，不等式成立。即拥堵效应不大时，富人会生活在郊区。根据引理 6-2，此时 M_{t1} 点必然存在。

如果存在 M_{t2} 的收入使得居民在城区买 1 单位面积住宅和在郊区买大房子的效用相等，对方程 6-19 中两个间接效用函数关于收入求导。得到的结果是：只有方程 6-29 成立时，超出收入 M_{t2} 的居民将居住在城区：

$$\frac{\alpha}{M_{t2} - \varphi_c} > \frac{\beta(\alpha + \theta)}{n_{is}(M_{t2} - \gamma d - n_{is}\Psi d)}\left(1 - \frac{dn}{dM}\Psi d\right) \quad (6-29)$$

定理 6-4：当公共服务有拥堵效应时，存在混合分层。当公共服务的集聚效应不大时，存在混合分层；集聚效应很大时，存在完全分层。

证明：当 $\delta > 0$ 并且 δ 较小时，$dn/dM > 0$，取 δ 无限接近于 0^+，式 6-27、式 6-28 成立。当 $\delta > 0$ 并且 δ 非常大时，由引理 6-4 存在 $dn/dM = 0$，式 6-27、式 6-28 成立。因此，低收入和高收入的居民选择郊区，存在混合分层。

当 $\delta < 0$ 并且 $|\delta|$ 较小时，$dn/dM > 0$，取 δ 无限接近于 0^-，式 6-27、式 6-28 成立，存在混合分层。当 $\delta < 0$ 并且 $|\delta|$ 非常大时，由引理 6-4，存在 $dn/dM = 1/(\Psi d)$，式 6-29 成立；如果 M_{t1} 存在，表明式 6-27 也成立，并在 δ 非常小时不等式 6-29 不等符号相反。但由于与引理 6-2 一样的原因，点 M_{t2} 存在时 M_{t1} 便不再成立，此时分层模式为富人住城区、穷人住郊区的完全分层。

证明完毕。

定理 6-4 表明，当公共服务的拥堵效应或集聚效应不明显时，低收入者居住郊区，中等收入者居住城区，高收入者居住郊区；这相当于城区公共服务的相对优势不显著、公共服务专属于当地有房者的情况。当集聚效应非常大时,很多人会涌向城区消费公共服务,使公共服务的价值进一步提高,穷人住郊区、富人住城区的完全分层便出现;这相当于城区公共服务优势非常大并且公共服务专属于当地有房者的情况。由于跨区消费的次数取决于集聚或拥堵效应的大小,不同的跨区次数会导致房价和居民居住地不同,带来均衡是否唯一的讨论,这就有了定理6-5。

定理6-5:当公共服务有集聚效应时,存在唯一的空间分层均衡;公共服务存在较小的拥堵效应时,空间分层均衡唯一;拥堵效应很大时,分层均衡多重。

证明:只证明拥堵效应很大时存在多重均衡。

由定理6-3的证明,拥堵效应很大时,方程6-27、方程6-28成立。由定义:

$$M_{t1} = \frac{\varphi_c - n_{is}^{\frac{\alpha}{\beta}}(\varphi_s + \gamma d + n_{is}\Psi d)}{1 - n_{is}^{\frac{\alpha}{\beta}}} \quad (6-30)$$

$$M_{t2} = n_{is}^{\frac{\beta}{\alpha+\theta}} \left(\frac{\varphi_c}{\varphi_s}\right)^{\frac{\theta}{\alpha+\theta}} \left[n_{is}^{\frac{\beta}{\alpha+\theta}}\left(\frac{\varphi_c}{\varphi_s}\right)^{\frac{\theta}{\alpha+\theta}} - 1\right]^{-1}(\gamma d + n_{is}\Psi d) \quad (6-31)$$

由定理6-3,跨区次数n_{is}不唯一,从而均衡时的城区房价φ_c和郊区房价φ_s不存在多重均衡解。

证明完毕。

关于模型均衡解的存在情况,格拉泽和沙因克曼(Glaser and Scheinkman,2000)认为社会关系中存在足够多的非线性函数可以保证多重均衡解的存在,居民战略互补的中度异质性既不是多重均衡解存在的充分条件也不是必要条件。拜尔和蒂明斯(Bayer and Timmins,2005)将这一问题用数值模拟的方法予以解决,发现拥堵或弱集聚效应并没有改变各社区效用优先等级的序列,它们都可以产生唯一的居民空间分布均衡。但很强的集聚效应却改变了社区效用优先等级,其是否会产生均衡的唯一性取决于经济环境和参数值、外生数据产生的过程,以及内在选择的多样性。但是,拜尔和蒂明斯(2005)的模型中居民不需要承担房价,移民决策完全受当地公共品、地区属性及选择此地区的其他人数量的影响,并且他们把跨区消费次数对公共服务的影响当成外生。这就使得公共服务在具有强拥堵效应时,公共服务数量关于消费次数仍然是线性的,这就导致了结论与本研究不同。本研究的结论类似于彭和王(2005),他们通过一个拟线性效用函数说明,即使住宅面积不进入效用和预算约束,拥堵效应也可以产生多重均衡。这取决于财产税和各种参数(居民收入的异质性、对公共服务偏好的不同程度、累进税率)对房价影响的幅度,并且这种多重均衡还可能是不完全分离(incompletely segregation)[①]。我们更进一步:只要城区拥堵效应没有大到改变 $g_c > g_s$,即使住房需求有弹性,此结论仍然成立。奥道(Oddou, 2016)分析了公共服务的溢出效应和拥堵效应对居住选择的影响和社区的形成,认为居民居住在一起形成社区以消费拥堵的当地公共服务,家庭居住分层有稳定均衡的充分必要条件是:公共服务必须与私人物品有一种巨大的替代或者互补关系。

四、一个特殊例子

多重均衡的存在不利于公共政策分析,公共服务和房价既影响人口流动,又内生于人口流动和其他人的影响,其他人对决策的影响在于 δ 大于零还是小于零。为了集中考虑居民跨区消费对空间分层的影响,将模型进一步简化:假设城区公共服务的拥堵效应和集聚效应正好相等,即 $\delta = 0$;跨区消费公共服务的次数要么为零,要么为 1。在图标 suburb 后加后缀 t 表示居住郊区且跨区消费公共服务的情况,如数值模拟图 6-12 显示。不管城区公共服务相对优势是否会导致定理 6-1 所示情况,最终均衡都是唯一的:最低收入者居住郊区,消费当地公共服务;收入最高者会居住郊区且花费一定费用获取城区公共服务;中间收入的居民居住在城区。这种均衡的唯一性有利于政策效果的分析。

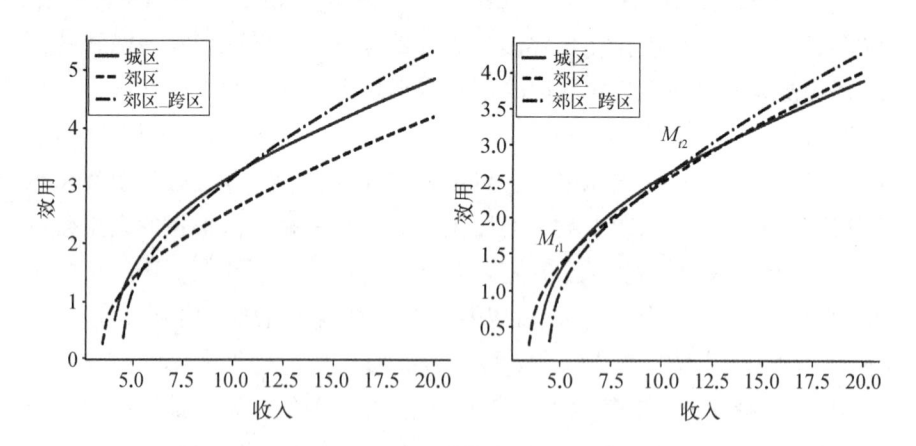

图 6-12 跨区消费时的空间分层

[①] 彭和王(2005)将 incompletely segregation 定义为有且仅有一个区域同时包括穷人和富人,即本文的"混合分层"。

居民的类型可以分成三类：城区居民、住在郊区获取当地公共服务的居民、跨区消费的郊区居民。为了比较政策分析，用一张图表示政策变化前后三类居民效用的对比，实线代表比较静态前，虚线代表比较静态后（如图6-13左图）；另一张图表示不同收入人口在城区和郊区的分布比重，横轴表示收入，纵轴为人口分布的概率密度（如图6-13右图）。当郊区居民上班的通勤成本降低，他们的效用增加，城市中高收入的人就会迁移郊区购买大面积住宅并得到和城区居民一样的公共服务。这会导致郊区房价上升，城区房价下跌；此时住在郊区而获得当地公共服务的居民，面对下降的城区房价，会移民到城区以获得城区公共服务。与图6-5相比，如果公共服务是住房所有者专享，通勤成本下降虽然也带动城区房价下降，但城区公共服务与住房捆绑，对公共服务的追求使得城区房价不会下跌太多，居民居住城区的成本较高。一旦公共服务面向所有城市居民，郊区居民福利的增加将直接导致城区房地产需求急剧下降，房价暴跌，即城区房价下降的幅度超过郊区房价上升的幅度，$|\Delta\varphi_c|>|\Delta\varphi_s|$。与定理6-2的证明类似，城区房价对低收入居民的吸引力足够使他们移民到城区。此时城区低收入人口增加，高收入人口减少，总人口变化不大，所有人的效用增加。

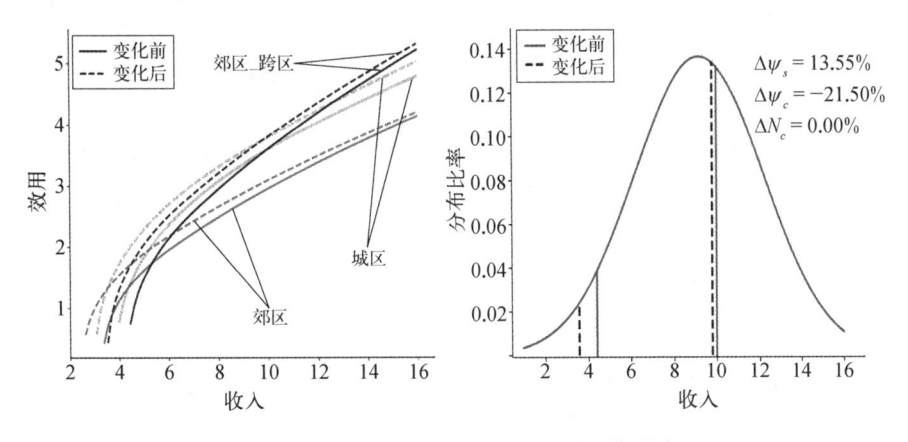

图 6-13　通勤成本降低对空间分层的影响

图6-14表示城区公共服务增加时的情形。对于那些不会到城区消费公共服务的人来说，城区公共服务的增加对他们没有影响，却会增加跨区消费者的效用。由于郊区有便宜的住宅，又能跨区消费与城区一样的公共服务，那么城区公共服务的增加会使更多有钱人愿意居住郊区，郊区房价上升；此时低收入居民迁往城区能获得边际效用更大的公共服务，从而城区低收入人口增加、高收入人口减少，总人口变化不大。与图6-8相比较，如果

公共服务与住房捆绑,城区公共服务的增加只会提高高收入人口比重,因为他们买得起城区住宅以获取公共服务提高的好处。而公共服务一旦所有人都可获得,城区良好的公共服务由郊区居民跨区消费的优势更加明显,城区高收入人口反而被排斥出。另外,城区公共服务增加,但只归买房者独享时,郊区的高收入者流向城区,城区房价增长很快,郊区房价下跌,低收入者无力支付得起房价不得不放弃城区生活;而公共服务归所有居民时,城区高收入人群流出,抑制城区房价的上涨,郊区房价上升,低收入人口流入城区购买住宅以获得城区增加的公共服务。

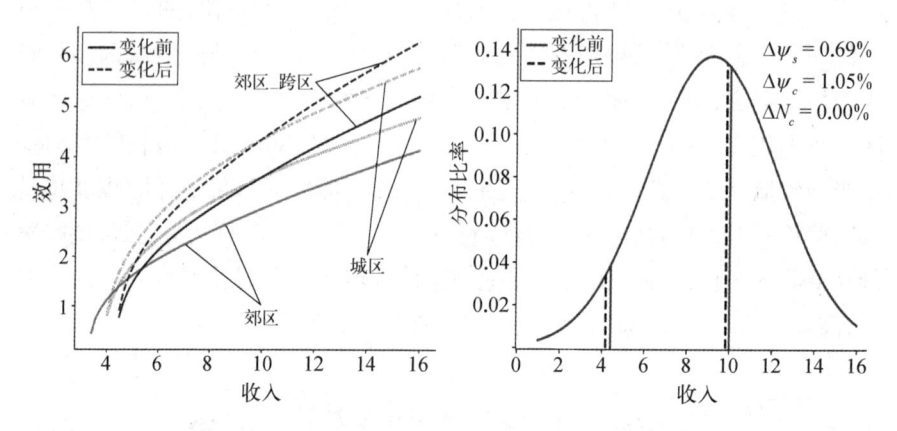

图 6-14 城区公共服务增加对空间分层的影响

郊区土地供给变化时的情形如图 6-15 所示。郊区土地供给的增加会降低郊区房价,郊区居民的效用增加。城区的高收入居民会迁移到郊区,购买郊区的房子并到城区消费与城区居民一样的公共服务,他们的效用也会增加。这会导致城区房价下跌,土地政策引起的两地房价同向变动的"波纹

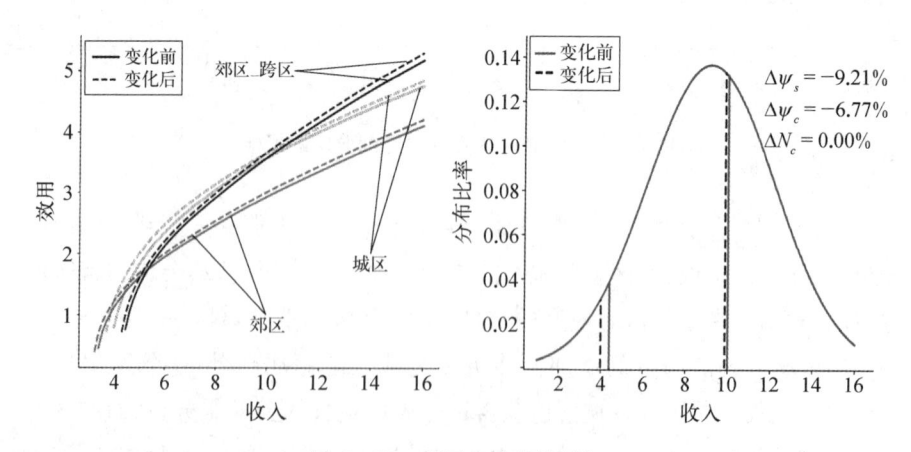

图 6-15 郊区土地供给增加

效应"依旧成立;城区居民因房价下跌而效用提高,由引理6-4和定理6-2会出现这样一种情况:低收入居民居住城区的效用上升幅度超过住在郊区的上升幅度,低收入居民从郊区移民到城区更有利,城区高收入者减少,低收入者增加,总人口变化不确定。低收入者住城区、高收入者住郊区的完全分层会随郊区土地供给进一步增加而出现。这与图6-9公共服务为买房者专享、郊区土地供给增加时的情形类似。

城区土地供给减少的直接后果是城区房价上升,居民福利下降。不管低收入者还是高收入者,都会由于城区居住成本上升而搬离到郊区,城区人口减少,郊区居民数量上升,房价也上升,所有郊区居民的福利都会下降,如图6-16所示。这与图6-10公共服务为买房者专享时城区土地供给减少的情况一样。

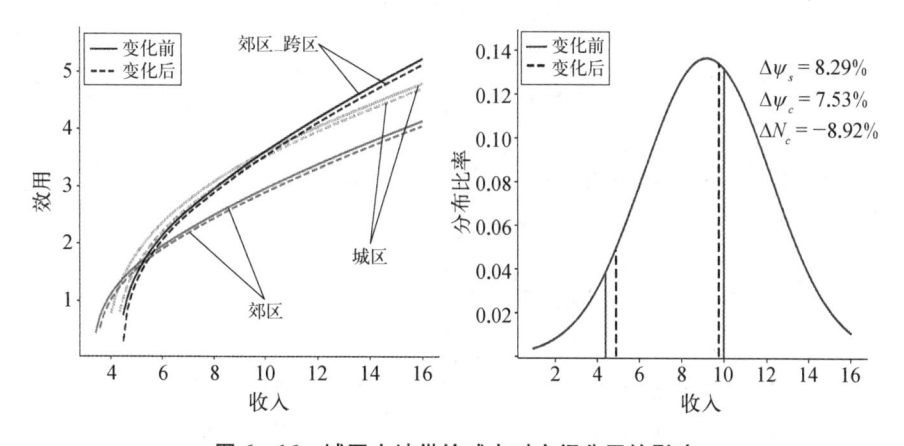

图6-16 城区土地供给减少对空间分层的影响

第四节 模型的补充

一、公共服务内生于经济系统的情形

居民所获公共服务专属于有房者时,如果政府征收房产税以对公共品进行融资,税率为t,用p表示房子的净税价格,φ为住宅的含税价,$\varphi = (1+t)p$。如果郊区住宅面积严重大于城区,可能造成郊区房产税总额多于城区。为避免郊区的公共服务优于城区,我们将公共服务定义为每单位住宅上附属的便利,一单位税收产生一单位公共服务,即$g = t\varphi/(1+t)$。将

其代入方程 6-12 得到富人居住郊区的必要条件 $\theta > \beta$，此时中间收入者居住城区，郊区由低收入者和高收入者组成。$\theta < \beta$ 时，居民可能存在完全分层：高收入家庭居住城区，低收入家庭居住郊区。因此，公共品是否内生不影响居住分层模式。

二、通勤成本是收入函数的情形

如果居民收入是通勤的机会成本：迟到会扣工资的一个比例、节约的时间可以用于第二副业。此时通勤成本 $T(d, M)$ 是距离和收入的增函数（Glaeser et al., 2008），用下标表示偏导，符合 $T_d > 0$, $T_M > 0$, $T_{dM} > 0$。

假设城区居民到 CBD 也有通勤距离，并且这个距离小于郊区居民。居民两个区域无差异时，刚性需求居民和改善性需求居民的住宅意愿标价（bid function）对通勤距离和收入的偏导分别为：

$$\frac{\partial \varphi_j^2(h_j = 1)}{\partial d \partial M} = -T_{dM}, \quad \frac{\partial \varphi_j^2(h_j > 1)}{\partial d \partial M} = -\frac{T_d(E_T - E_h)}{M h_j} \quad (6-32)$$

其中 E_T 表示边际距离成本的收入弹性，E_h 表示住宅需求的收入弹性，表达式为：

$$E_T = \frac{\partial T_d}{\partial M} \frac{M}{T_d}, \quad E_h = \frac{\partial h}{\partial M} \frac{M}{h} \quad (6-33)$$

如果不考虑住宅最小面积的存在和住房收入弹性为零的情况，分析则集中在方程 6-32 的第二个式子上，即只要边际距离成本的收入弹性大于住宅需求的收入弹性，富人愿意住在城区而不是郊区（Madariaga et al., 2014）。但是，这忽略了第一个式子以及两个式子间的比较。由于刚性需求者住房的收入需求弹性为零，$E_T > E_h$ 时可能存在混合均衡：最低收入者居住郊区，收入稍高的居民住城区，收入再高一些的居民在郊区买大面积住宅，而最高收入者则会在城区买大房子①，见图 6-17 左图。这对应纽约、波士顿、费城的情形：中心区为富人，靠步行或公共交通上下班；第二区居住穷人，依靠公共交通上下班；第三区为富人，驾车上下班；第四区为偏远地带，穷人依靠驾车上下班。如果 $E_T < E_h$，且符合：

$$\frac{\partial \varphi_j^2(h_j > 1)}{\partial d \partial M} > 0 > \frac{\partial \varphi_j^2(h_j = 1)}{\partial d \partial M} \quad (6-34)$$

---

① 这种分层对应了彭和王（2005）中的整体隔离（integrated segregation）。

此时,最富有和最贫穷的居民都将居住在郊区,中等收入居民则居住在城区,如图6-17中右图所示。

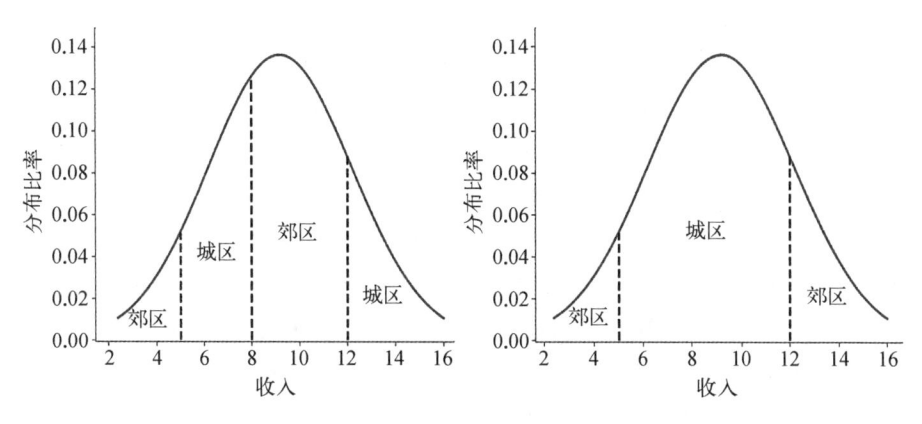

图 6-17　异质性通勤成本时的空间分层

第五节　本 章 小 结

居民城郊分层理论考察了异质性收入的居民面对城区更好的公共服务、更高的房价时,是居住在城区买小房子还是在郊区买大房子。以往文献解决了这个问题,但一般都是基于"不同收入者住房需求不同"的假设,并没有考虑到房子在其中起到的二重作用:最小面积的住房既有居住属性,又能让居民获得当地全部的公共服务,而更大面积的房子只能增加房子的居住舒适度。本研究对以上两个缺陷进行弥补,并注意到生活中买房时房子有最小面积的限制,在一个单中心模型中引入"房子有最小面积"的设定,发现居民收入低至某个范围时,对住房的需求保持不变,会把额外的收入全部用于非住宅品。也就是说,存在住房需求收入弹性为零的住房面积的刚性需求者。

在理论上,"房子有最小面积"产生消费的不连续使房子和其他消费品之间的边际替代率陡峭,并界定了最优化过程中一阶最优条件的适用范围;在应用上,笔者刻画了住房需求收入弹性为零的刚性需求者,并将公共服务根据有无住房实行歧视性分配的特点考虑进来。居民的空间分层模式取决于地区间的公共服务、内生于居民"用脚投票"过程中房价的对比,这可以解释以往文献所揭示的分层模式。除此之外,笔者发现了新的居住分层模式:富人和穷人都住在郊区、中等收入者居住在城区的混合分层。

混合分层中刚性需求者的存在给公共政策的影响带来新的变化。城区公共服务中专属于有房者的部分,其增长会增强居民迁移城区的吸引力。但对于刚性需求者却相反,因为公共服务与住房捆绑会吸引高收入者进入城区提高房价,刚性需求者反而被迫迁移到郊区;郊区土地供给增加会吸引其他收入者到郊区买更便宜的房子,而刚性需求者因为对住宅面积需求的收入弹性为零,更加愿意去房价也下降的城区以获得边际效用更大的公共服务。刚性需求者处在买房者中收入的最底层,对他们福利和迁移意愿的关注能够体现政府的关怀和正义。虽然公共服务专属于城区的有房者有利于郊区的刚性需求者(郊区房价更便宜),但会损害其他社会主体的利益。如果政府希望提升刚性需求者的福利,一个更直接的方法是增加住宅用地供应。因为无论城区还是郊区,土地供应增加都能显著提高居民的福利。不同的是,前者增加郊区富人的数量,后者减少郊区富人的数量。

为了简化分析,笔者在研究中将城区和郊区的房子最小面积设置为一样大小,这种做法有利于将注意力集中在房地产市场摩擦带来的空间分层效应上。但是,现实中的情形要更加复杂:为了最大化利润,房地产开发商会有意在城区建造面积相对小的住宅,而在郊区建造面积普遍较大的住房,这无疑使得更多的高收入居民迁往城区。因此,将房地产开发商的动机和房子最小面积的限制内生化是今后研究的一个方向。另一个本章忽略的地方是模型并没有刻画租者的行为,居民的空间分层情形实际上是买房市场中的"以房定人"。但是根据第四章和第五章的内容,公共服务显然同样能影响租房者的迁徙意愿和居住地选择。

附　录

引理 6-1：$\varphi_c > \varphi_s + \gamma d$。

证明：反证法。假设 $\varphi_c \leqslant \varphi_s + \gamma d$,则 $M_{0c} \leqslant M_{0s}$,且收入小于 M_{0s} 的居民居住城区。情形 1：$M_{0c} \leqslant M_{0s} < M_{1s} < M_{1c}$,当居民的收入 M 符合 $M_{0s} < M < M_{1s}$ 时,居住城区的效用 V_c 与居住郊区的效用 V_s 满足 $V_c / V_s > 1$,居民在城区买房。情形 2：$M_{0c} \leqslant M_{0s} < M_{1c} < M_{1s}$ 时,收入在 M_{0s} 与 M_{1c} 之间的居民在城区买房,由于偏好的传递性,收入在 M_{1c} 与 M_{1s} 间的居民也会留在城区。情形 3：$M_{0c} < M_{1c} < M_{0s} < M_{1s}$ 时,与情形 2 类似,收入在 M_{0s} 与 M_{1s} 之间的居民在城区买房。综上,所有居民都不会在郊区买房,从而郊区房价为零。这表明居民可以迁往郊区买无穷大的房子,使得效用也趋于无穷大。

矛盾。

证明完毕。

定理 6-1：存在两种均衡的分层模式。一种为：最富有和最贫穷的居民居住郊区，中等收入居民居住城区；另一种为：高过某个收入的富人住城区，低于这个收入的穷人住郊区。

证明：收入在 M_{0c} 和 M_{1s} 之间的居民，存在收入阈值 M_1，使他居住在城区和郊区无差异，符合：

$$M_1 = \left[\varphi_c \left(\frac{g_c}{g_s} \right)^{\frac{\beta}{\alpha}} - \gamma d - \varphi_s \right] / \left[\left(\frac{g_c}{g_s} \right)^{\frac{\beta}{\alpha}} - 1 \right]$$

收入在 M_{1s} 和 M_{1c} 之间的居民，存在收入阈值 M_2，使他居住在城区和郊区无差异，符合：

$$\left(\frac{g_c}{g_s} \right)^{\beta} = \frac{\alpha^\alpha (1-\alpha-\beta)^{1-\alpha-\beta} (1-\beta)^{\beta-1} (M_2 - \gamma d)^{1-\beta} \varphi_s^{\alpha+\beta-1}}{(M_2 - \varphi_c)^\alpha}$$

超过 M_{1c} 的居民，存在收入阈值 M_3，使他居住在城区和郊区无差异，符合：

$$M_3 = \gamma d / \left[1 - \left(\frac{g_c}{g_s} \right)^{\frac{\beta}{1-\beta}} \left(\frac{\varphi_s}{\varphi_c} \right)^{\frac{\theta}{\alpha+\theta}} \right]$$

居民居住城区的效用为 V_c，居住郊区的效用为 V_s，

通过 dV_s/dM 与 dV_c/dM 的比较，可以证明点 M_2 不会与 M_1 同时存在，也不会与 M_3 并存；点 M_3 存在时，M_1 一定存在。还可以发现，M_3 存在的必要条件为 $(g_c/g_s)^\beta < (\varphi_c/\varphi_s)^\beta$。

证明完毕。

引理 6-2：土地政策能引起两个地区的房价同向变动，并且土地政策对本地房价影响的程度超过外地。

证明：以 M_3 存在的时候为例。对房地产市场均衡的方程 6-9、方程 6-10 等式两边关于土地供给 H_s 和 H_c 求导，根据 Cramer 法则，$d\varphi_c/dH_s$ 与 $d\varphi_s/dH_s$ 同方向，同理可得 $d\varphi_c/dH_c$ 与 $d\varphi_s/dH_c$ 同方向，即房价的"波纹效应"存在。

接着，判断土地政策变化对城区房价的影响程度大，还是对郊区房价的

影响程度大。显然,如果 $\left|\dfrac{\mathrm{d}\varphi_s}{\mathrm{d}H_s}/\varphi_s\right| > \left|\dfrac{\mathrm{d}\varphi_c}{\mathrm{d}H_c}/\varphi_c\right|$ 成立,土地政策对郊区房价的影响更大,即:

$$\left[\dfrac{\partial M_1}{\partial \varphi_c}f(M_1) + \int_{M_1}^{M_3}\dfrac{\theta M}{(1-\beta)(\varphi_c)^2}\mathrm{d}F(M) - \dfrac{\Omega}{\varphi_c}\dfrac{\partial M_3}{\partial \varphi_c} + \dfrac{\delta(\varphi_c)^{\delta-1}H_c}{A^\delta}\right]\varphi_c$$

$$> \left[\dfrac{\partial M_1}{\partial \varphi_s}f(M_1) - \dfrac{\Omega}{\varphi_s}\dfrac{\partial M_3}{\partial \varphi_s}\right]\varphi_s$$

其中 $\Omega = \theta M_3 f(M_3)/(1-\beta)$。由 M_1 和 M_3 的表达式,计算出 $\dfrac{\partial M_1}{\partial \varphi_c}$、$\dfrac{\partial M_1}{\partial \varphi_s}$、$\dfrac{\partial M_3}{\partial \varphi_c}$ 和 $\dfrac{\partial M_3}{\partial \varphi_s}$ 的值,代入,得:

$$\int_{M_1}^{M_3}\dfrac{\theta M}{(1-\beta)\varphi_c}\mathrm{d}F(M) + \dfrac{\delta(\varphi_c)^\delta H_c}{A^\delta} > \dfrac{f(M_1)}{(g_c/g_s)^{\beta/\alpha}-1}[\varphi_s - \varphi_c(g_c/g_s)^{\beta/\alpha}]$$

此不等式左端为正,右端为负,成立。也就是说,郊区土地政策对郊区房价变动百分比大于对城区房价的影响。

证明完毕。

定理 6-2:混合分层时,郊区或城区土地供给的增加都会提高城区低收入人口的比重。

证明:如果居民在城区和郊区都可以购买超过最小面积的住房,当他们居住在城区和郊区的效用无差异时,在 j 地的他们对住宅的意愿标价 φ_j 与距离商务中心的距离 d 之间的关系式可表示为:

$$\dfrac{\partial \varphi_j}{\partial d} = -\dfrac{\gamma}{h_j} + \dfrac{\beta\varphi_j}{\theta g_j}\dfrac{\partial g}{\partial d}$$

通过计算,可以得到:

$$\left[\left(\dfrac{g_c}{g_s}\right)^{\frac{\beta}{\alpha}} - 1\right][(M_1)' - M_1] = \left(\dfrac{g_c}{g_s}\right)^{\frac{\beta}{\alpha}}\dfrac{(\varphi_c)' - \varphi_c}{\varphi_c}\varphi_c - \dfrac{(\varphi_s)' - \varphi_s}{\varphi_s}\varphi_s$$

(Ⅰ)

上标"'"表示土地供给增加后的变量。根据引理 6-2:

$$\left[\left(\dfrac{g_c}{g_s}\right)^{\frac{\beta}{\alpha}} - 1\right][(M_1)' - M_1] < \left[\dfrac{(\varphi_c)' - \varphi_c}{\varphi_c} - \dfrac{(\varphi_s)' - \varphi_s}{\varphi_s}\right]\varphi_s \quad (\text{Ⅱ})$$

当城区的土地供给增加，由引理 6-2，$\dfrac{(\varphi_c)' - \varphi_c}{\varphi_c} < \dfrac{(\varphi_s)' - \varphi_s}{\varphi_s}$，有 $(M_1)' < M_1$。将 $\dfrac{\mathrm{d}\varphi_c}{\mathrm{d}H_s}$ 和 $\dfrac{\mathrm{d}\varphi_s}{\mathrm{d}H_s}$ 代入方程 I，由于收入 M_1 只买得起 1 单位面积住宅，M_1 关于 H_s 的导数为：

$$\left[\left(\dfrac{g_c}{g_s}\right)^{\frac{\beta}{\alpha}} - 1\right]\dfrac{\mathrm{d}M_1}{\mathrm{d}H_s} = \dfrac{\Omega\theta M_3(M_3 - \gamma d)}{(1-\beta)\gamma d}\left[\dfrac{1}{\varphi_c} - \dfrac{\left(\dfrac{g_c}{g_s}\right)^{\frac{\beta}{\alpha}}}{\varphi_s}\right] \quad (\text{III})$$

其中 $\Omega = \theta M_3 f(M_3)/(1-\beta)$。方程 III 右边小于零。

证明完毕。

定理 6-3：$\delta < 0$ 或者 $\delta > 0$ 且较小时，郊区居民跨区次数有唯一解；$\delta > 0$ 且很大时，郊区居民跨区次数可能无解，可能一个解，也可能多于一个解。

证明：以购买住房面积超过 1 单位为例。

当 $\delta < 0$，方程 6-17 左端是 n_{is} 的减函数，$n_{is} \to 0$ 时，左端 $\to +\infty$，$n_{is} \to (M_{is} - \gamma d)/(\Psi d)$ 时，左端 $\to \beta\Psi d/(M_{is} - \gamma d)$；方程 6-17 右端是 n_{is} 的增函数，$n_{is} \to 0$ 时，右端小于 $(\alpha + \theta)\gamma d/(M_{is} - \gamma d)$，$n_{is} \to (M_{is} - \gamma d)/(\Psi d)$ 时，右端 $\to +\infty$。从而，$\delta < 0$ 时 n_{is} 有唯一解。

当 $\delta > 0$，n_{is} 有界。令 $\delta^* = (\alpha + \theta)\gamma d\Lambda^2/[\beta(N_{is})^2(M_{is} - \gamma d - n_{is}\Psi d)^2]$，$\delta < \delta^*$ 时，方程 6-17 右端关于 n_{is} 的偏导大于零，证明过程与上面类似，n_{is} 有唯一解；当 $\delta > \delta^*$ 时，右端是 n_{is} 的减函数，$n_{is} \to 0$ 时，右端 $\to$ 某一有界正数，$n_{is} \to 1$ 时，右端 $\to \Gamma$，其中 $\Gamma = (\alpha + \theta)\gamma d/(M_{is} - 2\gamma d) + \delta\beta N_{is}/(N_c + N_s)$，$n_{is} \to 1$ 时，左端 $\to \beta$，Γ 随郊区居民的收入 M_{is} 变动，可能小于 β 或大于 β，也可能等于 β。因此，n_{is} 解的个数不确定。

证明完毕。

定理 6-4：当公共服务有拥堵效应时，存在混合分层。当公共服务的集聚效应不大时，存在混合分层；集聚效应很大时，存在完全分层。

证明：当居民的收入小于 M_{0tc}，居民居住郊区。如果 M_{t1} 是均衡时居民在郊区和城区效用无差异的第一个交点，那么收入稍有增加后，居民会居住城区，否则 $[M_{t0c}, M_{t1}]$ 间必定有另外一个收入使得居民地区间效用无差异。在 M_{t1} 附近有 $\mathrm{d}V_{tc}/\mathrm{d}M > \mathrm{d}V_{ts}/\mathrm{d}M$，即：

$$\frac{\alpha(\varphi_c - \varphi_s - \gamma d - n_{is}\Psi d)}{(M_{t1} - \varphi_c)(M_{t1} - \varphi_s - \gamma d - n_{is}\Psi d)} > \frac{\delta\beta}{\Lambda}\frac{\mathrm{d}n}{\mathrm{d}M} \qquad (\text{IV})$$

如果有收入 M_{t3}，使居民在郊区和城区的效用无差异，高于此收入的居民选择郊区的要求：

$$\frac{-(\alpha + \theta)(\gamma d + n_{is}\Psi d)}{M_{t3}(M_{t3} - \gamma d - n_{is}\Psi d)} < \frac{\delta\beta}{\Lambda}\frac{\mathrm{d}n}{\mathrm{d}M} \qquad (\text{V})$$

上式左边为负值，关于 M_{t3} 递增，当 $\delta > 0$ 且较小时，$\mathrm{d}n/\mathrm{d}M > 0$，不等式成立。即拥堵效应不大时，富人会生活在郊区。M_{t1} 点存在。

如果存在收入 M_{t2} 使得居民在城区买 1 单位面积住宅和在郊区买大房子的效用相等，利用方程 6-19 得到超出收入 M_{t2} 的居民居住城区的要求：

$$\frac{\alpha}{M_{t2} - \varphi_c} > \frac{\beta(\alpha + \theta)}{n_{is}(M_{t2} - \gamma d - n_{is}\Psi d)}\left(1 - \Psi d\frac{\mathrm{d}n}{\mathrm{d}M}\right) \qquad (\text{VI})$$

当 $\delta > 0$ 并且 δ 较小时，$\mathrm{d}n/\mathrm{d}M > 0$，取 $\delta \to 0^+$ 时，IV、V式成立。当 $\delta > 0$ 并且 δ 非常大时，由引理 6-3 存在 $\mathrm{d}n/\mathrm{d}M = 0$，IV、V 不等式符号成立。因此，低收入和高收入的居民选择郊区，存在混合分层。

当 $\delta < 0$ 且 δ 较小，$\mathrm{d}n/\mathrm{d}M > 0$，取 $\delta \to 0^-$，IV、V式成立，存在混合分层。当 $\delta < 0$ 且 δ 较大，由引理 6-3 存在 $\mathrm{d}n/\mathrm{d}M = 1/(\Psi d)$，VI式成立；如果 M_{t1} 存在，IV式也成立，并在 δ 非常小时 V式不等式符号相反。点 M_{t2} 存在时 M_{t1} 便不再成立，此时出现富人住城区、穷人住郊区的完全分层。

证明完毕。

第七章　研究结论与对策建议

本章对公共服务"租售不同权"影响空间分层的机制进行归纳总结,分析现有模型的不足,指明今后进一步研究的方向,并预测公共服务"租售同权"改革后,不同技能、性别、收入居民的福利和空间分层将会出现怎样的变化。最后,结合已有政策的得失,从户籍制度、公共资源供给、财政事权三方面的改革提出中国基本公共服务"租售同权"的实施路径。

第一节　"租售不同权"影响空间分层理论机制的总结

一、"租售不同权"影响空间分层的路径

本书主要研究公共服务"租售不同权"对异质性居民的空间分层的影响,但为了比较居民在不同地区的居住地选择,自然不可避免地涉及不同地区之间公共服务的不均等问题。这在第四章人力资本空间分层的分析中尤为明显,我们相应地变动公共服务以进行反事实分析:包括租房居民可获得的公共服务的变动,专属于有房居民的公共服务的变动,总的公共服务不变而将一部分专属于有房者的公共服务转移为每个人都可获得的部分。总的来说,在本研究展示的人口流动—房价一般均衡模型中,公共服务"租售不同权"影响居民空间分层的主要机制有以下两个:

第一个影响机制是直接的效用影响。公共服务"租售不同权"将公共服务切割成两部分:一部分为包括租房居民在内的所有居民都可得到,另一部分专属于有房居民。"租售不同权"的程度越大,表明租房居民得到的部分越少。笔者将这些公共服务直接纳入居民效用函数中,将其视为人口迁移的重要影响变量。在其他条件相同的情形下,"租售不同权"的程度越小,低收入的居民迁往该城市租房的意愿越强;反之,考虑到公共服务的稀缺性

和拥堵效应,为了避免和更多的居民共享这些公共服务,高收入居民更加愿意涌进该城市买房,并希望借助"租售不同权"政策将其他居民排除在公共服务的获得之外;考虑到结婚时男性买房这样的性别认知,"租售不同权"将降低低收入男性结婚的概率,低收入男性的效用受损,他们更愿意迁往"租售同权"的地区。但是,低收入女性则可以通过婚姻获得住房以及其对应的公共服务,她们对"租售不同权"的程度并不敏感。

第二个影响机制是房价。公共服务"租售不同权"对房价的影响不仅体现在居民出于对公共服务的渴求而造成的买房需求上涨和房价上升,还包括"租售不同权"对人口迁移的作用以及这种空间分层对房价的作用,而房价反过来又影响异质性居民的空间分层。公共服务不需要居民直接对其进行标价,但公共服务的优劣可以资本化到房价上,影响居民的获得。在公共服务"租售不同权"下,房价与人口流动的一般均衡作用迫使人们承受着高昂的房价,并在不同技能、收入、性别的居住者中呈现明显的空间分层现象。缺少某些公共服务能使居民的效用下降为零,如王和谢(2014)、加里加等(2017)所假设。而"租售不同权"意味着更多的公共服务与住房捆绑,从而引起居民购房需求和房价的上涨。由于房地产市场上出售的房子有最小面积的限制,房价的上涨将导致一些居民买不起房,损失专属于有房者的公共服务,最终产生新的空间分层。举例来说,当大城市专属于有房者的公共服务增加,小城市中技能相对较高的居民会迁往大城市买房,导致房价上升;而那些原来在大城市买得起最小面积住房的居民再也买不起房,只能迁往小城市买房。在城郊居民的空间分层中,较高收入居民和较低收入居民更愿意居住在郊区,中等收入居民倾向于居住在城区。此时提高城区公共服务并不会吸引郊区的低收入居民,原因就在于郊区的高收入居民涌向城区会带动当地房价上涨,反而使更多人买不起房而只能迁往郊区。有些实证经济学家利用数据,验证了异质性居民的买房能力、对房价需求的敏感程度以及对房子的偏好,发现高技能工人对房价需求的敏感度较高,而低技能工人一般居住在企业提供的厂房或集体宿舍中,对房价敏感度较低(范剑勇等,2015)。此外,男性对房价的敏感度更高,因为他们需要提供一套房子以满足结婚需求,而拥有一套住房对女性群体安全感的影响更大(聂晨和薛嘉成,2019)。

除了这两个理论机制外,公共服务"租售不同权"还通过其他机制影响居民的空间分层,如本研究模型中所缺少的劳动力市场。一个比较直观的看法是,"租售不同权"也可以影响就业工人和失业工人的居住地选择。他们需要在短期利益和长期利益之间进行决策:居住在距离劳动力市场较近的城区需要承担高昂的房租,但可以快速找到工作;居住在远离劳动力市场的郊区,虽然房租较低,但需要支付很大的搜寻成本才能匹配到合适的工作岗位(Smith and Zenou,2003);城市结构影响劳动力市场中工人的收益,失业工人的获得①和工作岗位的破坏率能影响到城市的发展,居住在远离劳动力市场的工人搜寻强度较低,失业率也相对较高(Zenou,2009)。如果把视角扩展到不同地区间,公共服务"租售不同权"对劳动力市场的影响更为明显:中国户籍人口的城镇化进程始终慢于常住人口的城镇化,一个重要原因便是"租售不同权"要求居民买房落户才能获得当地的公共服务。而高涨的房价迫使这些流动人口在当地以打工赚钱为主,将收入汇回老家。这容易造成劳动力市场分割,降低低技能工人迁往城市的愿望,改变城市产业结构,造成劳动密集型产业出现"民工荒",而大学生的就业反而比较困难(汤希和任志江,2018)。即使逐步放松落户政策,也仅有1/3的农业户籍流动人口有落户的意愿。社保、健康保障、子女教育等公共服务制度和心理融入等,成为他们不愿落户的关键解释因素(田旭,2022)。

二、现有理论机制的不足及需要改进之处

如前所述,本研究的理论框架中缺乏劳动力市场。一个主要的原因是,以往的研究无论是技能互补理论(Eeckhout et al.,2014;梁文泉和陆铭,2016;陆铭,2017;Cerina et al.,2020)还是岗位极化理论(Goos et al.,2014;Michaels and Reenen,2010;Oesch and Menes,2011;Dingel et al.,2019;Davis and Dingel,2020),都着重强调从劳动力市场出发分析人力资本空间分层:不同技能之间的合作能带来双方收入不成比例的增长;大城市的集聚效应带来技术偏向型增长,更多的技能和人力资本带来更强劲的增长,反过来使得城市越来越技能化,产生集中度更高、更高技能和较低技能的认知型行业,而中等技能岗位出现"空心化"。有些学者甚至认为,影响人口迁移最重要的因素是劳动力市场。笔者并不是否认劳动力市场的作用,而是将对空间分层分析的视角转向公共服务,尤其是第一次从公共服务"租售不同权"的角度。为了模型的干净和避免多重因素的共同作用,本研究在设定上将劳动力市场视为外生,即人们迁移到某一地区后总能找到与之匹配的工作,这符合经济学的研究范式。未来的一个研究方向也许是将劳动力市场与公共服务的空间分布、人口空间分层的互相影响纳入一个统一的分析框架中。比如,在一个城市内部,城郊公共服务的不同也会影响就业工人和失业工人的空间分层,而距离劳动力市场中心的远近影响失业工人的搜寻成本,最终

---

① 失业工人的获得可以有失业保险、闲暇等。

作用于劳动力市场。失业工人需要在房租这种短期收益与寻找工作这种长期收益之间进行权衡,选择理想的居住地点。如果在不同城市间,劳动力市场与公共服务"租售不同权"的联动更为明显:异质性人力资本、收入、性别居民的空间分层影响了不同城市劳动力市场上的劳动供给和就业率;公共服务"租售不同权"所产生的效用差异决定了一些工人在当地工作,但收入汇回老家,在老家购房和生活。而另一些希望生活地和工作地是同一地点的工人则可能一开始就不会迁入该城市。

本研究的第二个不足之处是将公共服务视为外生,忽略了公共服务与人口迁移之间的关系。公共服务由所有当地工人的税收进行融资,人口净流入的城市,其公共服务的数量要优于人口净流出的城市。但现有公共服务根据当地户籍人口而不是常住人口和流动人口的数量进行提供,这就可能产生公共服务的拥堵效应,其真实质量与政策制定者的预期相去较大。这两种方向相反的力量决定了均衡时的人口流入数量。在本书的第六章第三节,我们也讨论了人口流动对公共服务的拥堵效应和集聚效应,并发现这会影响郊区居民跨区消费城区公共服务的次数,且公共服务的拥堵效应会造成收入较高和较低的居民居住在郊区、中等收入居民居住在城区的混合分层现象。但是,限于均衡的不确定性,我们并没有深入研究其公共政策的影响,也没有把公共服务的这种特征推广到不同城市间。未来的一个研究方向是进一步拓展模型,充分考虑现有地方财政下公共服务的供给模式,将其纳入公共服务数量、质量与人口流入互相影响的一般均衡机制,在此情景下分析人口空间分层的新变化,并结合实证分析加以佐证。

第二节 "租售同权"改革后可能的变化

一、人力资本空间分层的变化

公共服务"租售同权"改革既可以直接改变居民公共服务方面的福利,也能通过人口迁移改变不同地区的房价,对居民福利和空间分层产生影响。对公共服务"租售同权"改革进行评估,需要分析谁的福利受损、谁的福利将得到有效改善,尤其需要关注低技能居民和低收入居民等弱势群体的利益,关注居民之间的福利差距有没有缩小。

考虑不同城市间的人力资本空间分层。在世界各国,一个普遍的现象是大城市的人力资本分布呈现厚尾的情形,即大城市在吸引较高和较低技能工人上有优势,而小城市在吸引中等技能工人上有优势。虽然总体上来说,中国的人力资本分布也符合这一规律,但中国大城市在吸引较低技能工人方面并不明显,既不如这些城市对高技能工人的吸引力,也不如国外相应城市对低技能工人的吸引力。其中一个重要的原因便在于大城市公共服务的"租售不同权",一部分公共服务没有对买不起房的低技能工人开放,降低了大城市对他们的吸引力。当大城市进行"租售同权"改革,公共服务为包括租房工人在内的每个当地居民所能获得,那些原有均衡中处于租房和买房临界值的居民不再需要买房,可以降低大城市的房价和房租。这两种力量都将吸引更多的低技能工人流向大城市租房居住;对于高技能工人来说,大城市房价的下跌可以提高他们在大城市的福利,他们也将流向大城市。也就是说,中等技能工人中那些能力相对较低和较高者都将被吸引到大城市,大城市技能分布厚尾的现象会更加明显。这种人口流向也将导致小城市房价和房租的下跌。可以想象,"租售同权"改革后,在两个城市买得起房的居民的数量都将上涨,他们的福利上升。因为"租售同权"改革前后都在小城市租房的居民只能得到房价下降带来的好处,而在大城市租房的居民可以同时享受到房租下降和公共服务上升带来的福利,所以低技能工人迁往大城市的动机会更强。我们相信,"租售同权"改革会压低房价,房地产产值和整个社会的 GDP 受到一定程度的拖累。但所有居民的福利都将得到上涨,尤其是低技能工人的福利增长幅度更大,并且使更多居民买得起房。

如果在大城市未实现相应变革的情形下,小城市率先实现公共服务"租售同权"改革,那些想要通过买房获得小城市全部公共服务的工人,其购房动机会下降,会导致小城市的房价和房租都下降。原先均衡中在大城市中租房的低技能工人迁往小城市买房或者租房,都将得到福利上的增长;原先在大城市买较小面积住房和在小城市买较大面积住房之间无差异的居民也将迁往小城市,导致大城市的房价也下降。整个过程中,小城市的吸引力增强,可以吸引到城市发展所需的人才。

这也部分解释了各个城市的"抢人大战"。为了争夺人口以及优质人力资源,2017 年开始,中国各个城市纷纷取消或放松落户条件,对城市发展急需的高科技、创新人才加大补贴力度,并取消以往买房才能获取的一部分公共服务的限制。如:2017 年武汉市从降低落户门槛、提供安居住房和最低薪酬保障三个方面吸引大学生;2019 年,西安市发布了《关于进一步放宽我市部分户籍准入条件的通知》,规定本科(含)以上学历者不管年龄、具有本科(不含)以下学历者 45 周岁以下,可以直接落户;2022 年北京市推行《北京市引进人才管理办法》,要求在引进人才时要提供教育、卫生、文化、体育、城市运行等方面的公共服务,满足人才的基本需求;2023 年,南京市实施了《南京市人才安居办法》,不仅给人才配套共有产权住房、人才公寓和保障性租赁住房,还在房子的位置、公共设施的配套方面满足这些人才的需求。这些政策表明,谁先改革当地公共服务与户籍制度捆绑、公共服务"租售不同权"的制度,谁就能在人才吸引和城市高质量发展中占据有利地位。

二、婚姻市场的变化

公共服务"租售不同权"与结婚时往往由男性买房的性别认知结合在一起,加剧了中国婚姻市场上的空间不匹配。虽然中国整体上未婚男性多于女性,但很多女性并没有匹配到合适的男性,且未婚女性主要分布在大城市,她们的人力资本水平较高;而未婚男性主要分布在小城市和农村,他们的人力资本水平普遍较低。从异质性人力资本、不同性别居民的空间分层中也能看出这一点:居民的人力资本被分为四个等级,最低技能居民在小城市租房,其中男性比女性更倾向于居住在小城市;次低技能的居民在大城市租房,其中女性比男性更愿意留在大城市,这是因为她们可以通过性别认知获得与有房男性结婚的机会,增加效用;能力稍高一点的居民将在小城市买房,且男性的数量要多于女性,这也体现了婚姻市场上的性别认知对男性居住地选择的影响;能力最高的居民在大城市买房,且女性的数量要多于男性。

以大城市的公共服务"租售同权"改革为例,改革相当于让包括租房居民在内的所有居民都可以享有原来附属在房子上的公共服务,在大城市租房所获得的公共服务上升势必吸引在小城市租房的最低技能工人流向大城市租房。对于最低技能的女性来说,她们流向大城市的一个额外好处是利用婚姻市场上的性别认知与有房男性结婚,获得专属于有房者的公共服务;而"租售同权"改革后,这部分的吸引力必然降低,导致她们流向大城市的动力不如男性,这无疑有助于改善大城市低技能工人中女性多于男性的局面。相反,对于小城市中最低技能的工人来说,"租售同权"改革将改变小城市婚姻市场上男性多于女性的局面,有利于提高男性匹配到合适对象的概率。

"租售同权"改革将公共服务从住房所有权中松绑出来,会降低人们对住房的需求,导致所有城市的房价和房租下降;女性从婚姻中的获得也降低,因为她们不再需要通过婚姻获得住房背后的公共服务。这一方面将使在小城市买得起房的居民增加。另一方面,在大城市租房的相对技能较高的工人中,女性留在大城市的动力下降,她们可能反而迁往小城市买房,从而导致小城市中买房女性与买房男性之间的数量差距逐渐缩小,有利于男性的择偶。反之,高技能男性迁往大城市买房便有利可图,他们可以从大城市下降的房价和大城市高技能女性较多的婚姻市场中获利。高技能女性的行为受到两种相反力量的作用：当专属于有房者的公共服务减少,在女性有能力买房的情形下,其通过婚姻获得的大城市的公共福利急剧降低,迁往小城市买房的高技能女性数量增加,而高技能男性这方面的动机则明显要小很多;当大城市一般性公共服务相应增加时,女性迁往大城市的动力与男性相差不大。这导致"租售同权"改革后,在大城市的高技能人口将会增加,但男性增加的数量要大于女性。显然,这也将改善大城市高技能女性在婚姻市场中的福利。

由此可见,公共服务"租售不同权"的程度越高,性别的空间分层以及中国婚姻市场上的空间不匹配程度越深。"租售同权"改革后,虽然性别认知的存在仍然会使婚姻市场上存在空间不匹配,但四个人力资本层次下男性和女性在各个城市分布不均的现象将得到减缓,中国婚姻市场上的空间不匹配也得到有效遏制。不管男性还是女性,通过公共服务以及房价的变动,他们的福利会增加,在婚姻市场上匹配到异性的概率也将提高。

三、城郊空间分层的变化

根据居民对公共服务的看重程度、城区和郊区公共服务的数量以及房价的对比,可以得到两种分层模式:一种为完全分层,即收入较高的居民居住在城区,收入较低的居民居住在郊区;一种为混合分层,即收入较高和较低的居民居住在郊区,中等收入居民居住在城区。

在模型中,为了处理方便,我们模仿以往的研究,将不能买房的居民的效用视为零,这相当于假设专属于有房者的公共服务比较重要。比如,如果不能让子女受到正常的义务教育,父母就不会迁入该地。因此本章空间分层的对象实际是有房居民,实行"以房定人"。从而,也能分析出公共服务"租售同权"改革后买房者的空间分层变化。以城区实施"租售同权"改革为例:首先,在完全分层中,城区房价体现出的公共服务资本化的程度降低,城区房价下跌,吸引郊区中收入相对较高的居民迁往城区,带动郊区房价也下跌;有能力在郊区买最小面积住房的低收入居民增加,所有人的福利都得到增长。其次,在混合分层中,城区率先进行"租售同权"改革会将住房需求从对公共服务的渴望中解脱出来,带动房价下跌;出于对城区更好的公共服务的追求,郊区的低收入居民和高收入居民都将迁往城区买房,这势必会带动郊区房价下跌。因此,所有居民的福利都将得到增长。最后,考虑到一部分居民可能居住在郊区、付出一定的通勤成本跨区消费城区的公共服务,如果城区实施"租售同权"改革,表明这些外地居民能够跨区消费到更多的城区公共服务,他们的福利上升。因此愿意居住在郊区的低收入居民和高收入居民的数量都将增长,而居住在城区的中等收入居民将减少;另一方面,城区的房价也将下跌,这会阻碍城区人口进一步流失,并最终在某一个点达到均衡。

因此,公共服务"租售同权"改革不仅能使居民从公共服务的获得中获利,还能通过房价的下跌和居住地的迁移使福利得以增长。"租售同权"改革后,居民不必聚集在优质公共服务的周围居住,对降低当地房价、减缓公共交通的拥堵、减少不同收入居民的居住隔离和增强社会群体信任感,都具有重要意义。

第三节 "租售同权"改革对策建议

居民拥有完整的房屋所有权,往往便能将住房进行抵押获得财产上的流动性、对住房装修而不用担心租房契约到期造成的损失、获得社会地位的认可和婚姻市场上的一定地位,诸如此类的便利让住房所有者拥有比租房居民更多的生活福利。这也表明,完全消除房屋所有者和承租人之间的福利差距是不可能的。这为"租售同权"改革定了一个基调:尽量减少基本公共服务因为购房者与买房者身份不同而人为造成的权利差距,让本应公平正义的公共服务分配不再根据个人财富进行歧视性分配。这能够提高人们租房的动力,改变人口流动的意愿和方向,对于促进中国劳动力的空间优化配置、改善不同群体之间的利益冲突、维持机会均等、实现共同富裕,具有重要的意义。

一、完善相关法律法规,改革户籍制度

基本公共服务"租售同权"改革的实现不能完全依赖市场。相对于房屋所有者,房屋租赁者在权利分配中处于劣势地位,他们很难将公共服务的获得从房产所有权中剥离;公共服务的非排他性和非竞争性也决定了市场不能解决流动人口的房屋租赁以及他们对公共资源的诉求。因此,公共服务"租售同权"改革离不开政府的行政手段。近几年来,越来越多的城市纷纷划定基本公共服务的范围,通过法令法规使之在承租人和房屋所有者之间无差异。这种渐进式"租售同权"的改革实践获得了社会好评,也为"租售同权"改革的进一步加深积累了经验。所带来的问题是,虽然地方标准能因地制宜,制定出适合当地经济发展速度和社会情景的"租售同权"改革,但标

准和规则参差不齐,且缺乏一个统一的、指导性的法律法规。因此需要中央政府本着保障公民基本权利的原则,高屋建瓴,改革桎梏"租售同权"的根本制度障碍。

首先,从立法层面确保权利的平等性。《中华人民共和国宪法》作为中国的"母法",在总纲领上树立了公民权利平等、公平公正的理念,《中华人民共和国宪法》对人权平等理念的贯彻和坚持是现代文明的重要标志。2017年,中国住建部在国新办召开的新闻发布会上提出将立法明确基本公共服务"租售同权",同年发布的《关于在人口净流入的大中城市加快发展住房租赁市场的通知》明确提出推行"租售同权"改革的试点。但是在宪法层面,我国仍然没有一部专门的法律条例将租房居民与买房居民关于基本公共服务的平等性写进去,也没有专门针对"租售同权"改革进行相关立法。因此,基本公共服务"租售同权"改革的实施需要政府从宪法的权利平等入手,将与"租售同权"有关的政策内容纳入法律制度,制定出台与之相适应的住房租赁保障制度,以保证承租人与房主享有同样的住房基本公共服务的权利。在中央层面,应加快整体立法,完善顶层设计,以法律的形式对承租人的权利和责任做出明确的规定,保证"租售同权"的实现,推动"租售并举"的发展,以法律的形式规范和引导市场的行为,鼓励社会各界积极参与政策制定,充分听取各方面意见建议,对租客的权利和责任做出明确的规定,包括租金、合同的订立、押金的收取、住房的标准等,逐步实现房屋承租人与所有人享有同等的基本公共服务权利,以期为房屋租赁中房屋承租人的平等、稳定的居住权利提供法律上的保障。在地方政府层面,根据当地财政收入、公共服务数量、人口流入等情况,为"租售同权"建立起配套的方案和措施。目前,在明确划定"租售同权"涉及的公共服务范围、保障承租人的具体权利、多渠道保障住房供应量和规范租房市场方面,中国大城市已经迈出了极具重要意义的探索之路,但这样还不够。例如,"租售同权"改革的程度应是多深,即多大程度、多大范围上承租人享有和房屋拥有者同等的公共服务分配,各个城市并没有一个明确的政策条文和实施细则。在具体行动上,一方面,为了避免在经济上占主导地位的居民利用其强大的话语权和支配权产生空间资源的不公平分配,地方政府可以运用宣传教育、居委会动员、制度保障等措施引导弱势群体合法地争取自己的利益,在资源分配的实际过程对弱势群体进行保护,保证各类不同的社会主体以平等的身份参与到城市空间的发展中。另一方面,大中城市可结合当地实际,在法律允许的范围内进行租赁市场试点,从点到线、以线到面逐步展开,既保障承租人与买房人享有相同的公共服务,也抑制各类租房的混乱现象,减少住房租赁市场中的不平等问题。

其次,改革户籍制度。以户籍为依据将教育资源、社会保险等公共服务的获得区分开,在一定的历史时期起到了一定的积极作用。但这与《中华人民共和国宪法》中的平等原则背道而驰,即同一个城市工作的居民不能因为其出生地而存在公共服务的歧视性分配。经济大发展背景下,人口流动、产业结构和房地产市场迅猛变化,使人口的流入与住房所有权脱离,是形成公共服务"租售不同权"的重要原因之一。它进一步制约了人口的空间优化配置、产业结构的调整和房地产市场的健康运行。通过改革户籍制度可以逐渐把公共服务的获取权从户口所在地剥离出去,减少外地人申请居住许可证的困难程度,拓宽地方政府承诺的、居住许可证承载的公共服务范围,明确租赁市场中各参与主体的权利和义务,实现基本公共服务"租售同权"。因此,户口制度改革从表面上看是为了实现迁徙自由,但更重要的目标是为了让居民在现实生活中享有同等的地位,让他们有平等的发展机会,共享经济发展的成果,实现共同富裕。

中国处于社会主义发展的初级阶段,公共资源仍比较稀缺,要想全面实现真正意义上的公共服务"租售同权",还不具备现实基础。比较可行的、初步的方案是强调公共资源分配的公平性及合理性,从根本法律上确认居民不应该根据出生地、有无住房而在基本权利上有任何歧视,打破目前户籍制度对社会福利的限制,逐步构建起公平公正的公共服务和社会保障体系。中央政府对顶层设计上的主体责任进行强化,在宏观上推进制度转型,对与户籍制度相关的公共服务进行统筹调控,以保证各个区域的户籍制度能够得到切实的改革。地方政府大力发展房屋租赁市场,明确承租人在子女入学、公积金提取、水电气收费等配套方案,给予房屋中介和承租方一定的税收优惠。

二、增加公共资源供给,发挥市场力量

目前,中国公共服务"租售不同权"一个重要的原因是公共资源供给不足,只能将公共服务的价格资本化到房价中,依靠是否买房来确定公共服务的获得权。因此,"租售同权"改革要想成功,一个重要的关键是增加公共资源的供给,这要求多元化供给主体共同发挥作用。由于公共服务消费的非排他性,政府是毫无疑问的公共服务供给主体。但是,另一方面,政府也需要转变理念,明确市场这个"看不见的手"在公共资源供给和分配中的巨大作用,通过法律政策及各种配套支持,鼓励社会主体加入公共服务的融资、设计和建设。

政府对经济活动进行征税,有提供公共服务的义务。政府是中国大部分公共服务的主要提供者,同时兼具发展经济的角色。对地方政府领导人的考核也主要以经济发展为主,这导致中国公共服务的供给水平落后于经济发展总水平,基础教育、医疗卫生、民生保障、信息化发展等方面的供给不足。2019年国家发改委等十八个部门联合印发了《加大力度推动社会领域公共服务补短板强弱项提质量,促进形成强大国内市场的行动方案》,2021年又颁布了《中华人民共和国国民经济和社会发展第十四个五年规划和2035年远景目标纲要》,两个文件都提到了中国公共资源供给不足这个问题。为此,国家需要在义务教育均衡发展、贫困地区县域医疗卫生服务、妇幼健康服务、医学应急救援和传染病等防治、基本养老服务、社会福利服务、公共就业创业服务、基本公共文化服务均等化、公共体育设施建设和开放、残疾人公共服务等方面发力。这需要政府加大相关财政投入,并通过购买公共服务、税收减免、财政补贴等方式扩大公共服务的供给。

在政府供给公共服务的力量有限的情形下,也可以由政府制定行业准入、管理规范和监管标准,鼓励市场参与,发挥民间资本的力量。例如,"租售同权"改革的目标之一是使承租人享有的子女义务教育的入学权和教学质量不因没有住房所有权而被差异对待。但是政府对教育的投入总体是有限的,且教育供给存在稀缺性与非均衡性,不同地区、不同学校的教育质量始终不均等。因此,政府可以适当利用市场机制由私人资本提供,如兴办民办小学解决一部分农民工随迁子女的教育问题,而国际学校又可满足富裕人群对高质量教育的需求,缓解他们对学区房的过度追求。另一方面,各级教育主管部门也要注意不同地区、不同学校之间的教育质量差异,在鼓励知识集聚和知识溢出效应的同时,弥补办学条件薄弱的地区,采用一些政策逐步缩小教育质量上的差距。例如采用名校帮扶弱校的方式,加强学校之间师资的互动交流,以强带弱;对于新学校或新校区的建设与办学,名校可以直接参与其中,实施教学与师资统一管理,实现名校代代更迭的目标,促进优质教育资源向基层下沉;利用网络教育平台,学校间通过共享网络教育资源,缓解各区域间教育资源分配不均的问题。总之,只有多举措并举,才能有效促进教育资源从差异化向均衡化发展,最终实现"租售同权"。

增加公共服务的供给不仅对"量"有要求,对"质"也有要求。例如,"租售同权"政策的实施对高质量的教育资源无法起到预期作用,其根源在于高质量教育资源缺乏。提高公共服务的质量有利于"租售同权"改革。应建立大数据驱动的基本公共服务管理体系,完善基本公共服务需求信息平台,完善政府购买公共服务全过程质量保障机制,建立公共服务创新、治理、统筹机制，推动公共服务质量的提高。需要注意的是，"租售同权"改革的对象是基本公共服务，"基本"不是代表其质量低。相反，基本公共服务是动态调整的，符合从低到高的马斯诺需求层次理论，它们的质量也要满足人们对公共服务的需求。国家发改委等21个部门联合发布的《国家基本公共服务标准（2021年版）》，提出了"国家标准原则上每五年进行集中统一调整"的动态原则，坚持"尽力而为"与"量力而行"的统一，确保基本公共服务质量的标准与中国共同富裕的进程保持一致。

在空间布局上，公共服务的供给要符合均衡性和合理性。基本公共服务均等化并不代表其空间布局上完全相同，而是要有合理的差异。"租售同权"制度能否有效实施，其关键在于公共资源能否在空间上得到均衡合理的分配。这需要通过资源流动、不断缩小地区间的差距等措施，切实提高经济薄弱地区的基本公共服务水平：在制度层面，逐步改革户籍制度，将公民的权利与出生地、居住地、有无住房"脱钩"，按照常住人口而不是户籍人口配置公共资源；在空间层面，通过空间规划、基础设施优化、网络平台等措施将公共服务在不同人群中共享，降低优质公共资源在买房者和租房者之间的差异。

在供需匹配上，公共服务的供给要注重结构的优化。随着社会经济的发展，公共服务的供给必须动态调整以适应居民的需求。但是中国基本公共服务的供给结构不合理，促进经济发展的公共服务供给较多，民生类和精神文化类的公共服务供给较少。这也是造成社会保障和教育资源"租售不同权"的原因之一。因此，公共服务的供给要针对不同的人群：对于弱势群体，加大就业指导、基本医疗卫生、住房保障等公共服务的供给；对于富裕人群，加大养老、陪护等方面的公共服务供给；对于非当地户籍的高技能常住人口，提供文化类基本公共服务，保障其子女受教育的权利，加大对其子女人力资本的投资。

三、合理划分财政事权，改革财政转移支付模式

公共财政要服从和服务于公共政策，公共政策的实施离不开公共财政的支持。在中国，地方财政承担了包括流动人口在内的当地人口的大部分公共服务，地方财政的使用和支配势必影响公共服务资源的供应、分配和基本公共服务"租售同权"的门槛。改革财政转移支付模式、合理划分财政事权，是"租售同权"改革能成功的关键。2006年的《中华人民共和国国民经济和社会发展第十一个五年规划纲要》首次指出，均等化基本公共服务要求财政体制改革、转移支付制度和行政体制的改革。2020年发布的《中共中

央关于制定国民经济和社会发展第十四个五年规划和二〇三五年远景目标的建议》也提出,要实现基本公共服务在不同人群之间的均等化,必须将财政转移支付制度的改革与区域发展协调起来,合理划分政府间事权,合理界定财政支出范围。这就需要对目前中央和地方的财政分配机制做出适当调整,分析转移支付制度中不当之处,改革不利的财政激励制度,使公共服务-人口流动机制愈加合理。

首先,合理划分财政事权与支出责任。地方政府对公共服务的供给往往根据当地户籍人口制订计划,而外来流动人口对公共服务的需求容易造成财政外部性,导致公共服务提供不足。因此合理的事权划分是地方政府财政激励的保障和公共服务供给的支撑,关系到基本公共服务"租售同权"的实施(甘行琼等,2015)。依据这种原则,全国人口流动所造成的社会公共资源的支出应该由中央支付并承担主要责任,将地方政府从现在承担的社会责任和公共服务的供给压力中解放出来,集中精力供给与本地密切相关的公共服务。一个典型的例子是流动人口的养老和医疗保险等社会保障,这又与户籍制度的改革密切相关。在财政资源的收入方面,要对地方可支配财力进行补充,以保证公共服务的提供,确保住房承租人与住房所有人享受到同样的基本公共服务。在财政资源的支出方面,通过建立科学的支出责任分担机制,解决"谁来补"的问题,对具有正外部性但由市场承担的、供给成本较高的公共服务,中央政府上收支出责任,统筹实行"卡随人走"政策;在流动人口的教育、医疗等软公共服务方面,应当明确中央与地方共同承担的比例,缩小地方政府逃避承担责任的空间,而交通和环境等硬性公共服务的支出则由地方政府负担。

其次,完善中央和地方政府的财政转移支付制度。从中长期的发展来看,国家需要加强公共财政制度的顶层设计,加速地方税制改革,使地方政府公共服务供给与流动人口的纳税贡献相匹配。这需要界定中央与地方的事权和财权,以建立起合理的财政转移支付制度,在此基础上,根据居住指标和租房指标,构建中央和地方各自的公共资源供给责任。中央对地方的财政转移可分为一般性转移支付和专项转移支付。一般性转移支付能在对各省外来人口流动估算的基础上预测公共服务的财政支出,而专项转移支付则重点关注人口流入或流出较大的地区,及时给予人口流入较大的地区以配套资金,同时兼顾人口流出地区的学前教育、新农保等。在省级以下,地方政府的财政收入很大程度上来源于投资带来的收入,为了减轻公共服务供给和"租售同权"的实施带来的压力,可以采用纵横交错的转移支付模式,促进县级地区间的财政协调,提高基层政府提供公共服务的积极性。

再次,加大财政投入与监督力度。积极推动地方政府职能的转变,引导考核目标由 GDP 的高速增长转向对均衡发展和可持续发展的关注、对弱势群体的人文关怀、社会满意度的提高等方面。因此,政府需要回应承租人对公共服务的需求,将其视为本城市的建设者而不是麻烦制造者,建立起公共服务"租售同权"的需求基础。同时,完善政府核算制度,加快建立财政信息公开机制,将财政支出等量化金融指标向包括承租人在内的所有常住人口披露,实行"自下而上"的问责制,加强人民群众对公共服务财政支持的监督,督促当地政府对公共服务"租售同权"适时做出相应调整。在促进住房租赁市场平稳健康的发展方面,使用阶段性降税、贷款贴息等方式,帮助房企降低建设开发成本,增加租赁房屋的供给;增加财政投入,促进公租房、经济适用房等基础保障性住房的良好建设和运营管理,打造适合中低收入人群的廉租房;实现土地使用的密集化和精细化,从根本上解决住房供给短缺的问题。

最后,利用公共财政调节人口流动。政府选择"租售同权"的公共服务的种类以及改革的进程,既能防止公共服务改革造成的人口无序流动和人力资源空间错配,又能充分吸纳当地经济发展所需的各种技能人口,改善人力资本结构,并促进房地产市场的健康发展。在经济发达、人口流入集中的地区,设计制度化、规范化、透明化的专项转移支付和公共服务供应政策,使居民在充分考虑到收入、房价和公共服务后,做出是否迁移至本地、租房还是买房的选择,以利于大城市"控制人口数量,提高人口素质"。在经济发展相对落后、人口迁出的地区,加大一般性转移支付力度,改善公共服务,并降低人才流入的户籍门槛,积极实施公共服务"租售同权"改革,便于地方政府吸纳当地发展急需的高素质人才。

参 考 文 献

Acocella, N., Di Bartolomeo, G., "Population location, commuting and local public goods: A political economy approach", *Mimeo*, 2018.

Agrawal, D. R., Hoyt, W. H., "Commuting and taxes: Theory, empirics and welfare implications", *The Economic Journal*, Vol.128, No.616, 2018, pp.2969–3007.

Ahlin, L., Andersson, M., Thulin, P., "Human capital sorting: The 'when' and 'who' of the sorting of educated workers to urban regions", *Journal of Regional Science*, Vol.58, No.3, 2018, pp. 581–610.

Albouy, D., Lue, B., "Driving to opportunity: Local rents, wages, commuting, and sub-metropolitan quality of life", *Journal of Urban Economics*, Vol.89, 2015, pp.74–92.

Albouy, D., "What are cities worth? land rents, local productivity, and the total value of amenities", *Review of Economics and Statistics*, Vol.98, 2016, pp.477–487.

Alonso, W., "Location and Land Use: Toward a General Theory of Land Rent", Cambridge: Harvard University Press, 1964.

Ananat, E. O., "The wrong side(s) of the tracks: The causal effects of racial segregation on urban poverty and inequality", *American Economic Journal: Applied Economics*, Vol.3, No.2, 2011, pp.34–66.

Andersson, F., Forslid, R., "Tax competition and economic geography", *Journal of Public Economic Theory*, Vol.5, No.2, 2003, pp.279–303.

Arntz, M., Brüll, E., Lipowski, C., "Do preferences for urban amenities differ by skill?", *Journal of Economic Geography*, Vol.23, No.3, 2023, pp. 541–576.

Assaad, R., Krafft, C., Rolando, D. J., "Evaluating the impact of housing market liberalization on the timing of marriage: Evidence from Egypt", *Population Studies*, Vol.75, No.3, 2021, pp.343–361.

Autor, D. H., "Why are there still so many jobs? The history and future of workplace automation", *Journal of Economic Perspectives*, Vol.29, No.3, 2015, pp.3–30.

Bacolod, M., Blum, B. S., Strange, W. C., "Skills in the city", *Journal of Urban Economics*, Vol.65, No.2, 2009, pp.136–153.

Baldwin, R. E., Okubo, T., "Heterogeneous firms, agglomeration and economic geography:

spatial selection and sorting", *Journal of Economic Geography*, Vol.6, No.3, 2006, pp.323 – 346.

Basu, A. M., "Fertility decline and increasing gender imbalance in India, including a possible South Indian turnaround", *Development and Change*, Vol.30, No.2, 2010, pp.237 – 263.

Baum-Snow, N., Hartley, D., "Causes and consequences of central neighborhood change, 1970 – 2010", *Research Symposium on Gentrification and Neighborhood Change*, 2016, pp.57 – 85.

Bayer, P., McMillan, R., Murphy, A., et al., "A dynamic model of demand for houses and neighborhoods", *Econometrica*, Vol.84, No.3, 2016, pp.893 – 942.

Bayer, P., McMillan, R., "Tiebout sorting and neighborhood stratification", *Journal of Public Economics*, Vol.96, No.11 – 12, 2012, pp.1129 – 1143.

Bayer, P., Timmins, C., "On the equilibrium properties of locational sorting models", *Journal of Urban Economics*, Vol.57, No.3, 2005, pp.462 – 477.

Becker, G. S., "A Theory of the allocation of time", *Economic Journal*, Vol.75, No.299, 1965, pp.493 – 517.

Behrens, K., Pokrovsky, D., Zhelobodko, E., "Market Size, Occupational self-selection, sorting, and income inequality", *Journal of Regional Science*, Vol.58, No.1, 2018, pp.38 – 62.

Bellettini, G., Kempf, H., "Why not in your backyard? On the location and size of a public facility", *Regional Science and Urban Economics*, Vol.43, No.1, 2013, pp.22 – 30.

Brady, R. R., "The spatial diffusion of regional housing prices across US States", *Regional Science and Urban Economics*, Vol.46, No.1, 2014, pp.150 – 166.

Brakman, S., Garretsen, H., Schramm, M., *New economic geography in Germany: testing the Helpman-Hanson model*. HWWA Discussion Paper, 2002.

Brueckner, J. K., Rosenthal, S. S., "Gentrification and neighborhood housing cycles: will America's future downtowns be rich?", *The Review of Economics and Statistics*, Vol.91, No.4, 2009, pp.725 – 743.

Brueckner, J. K., Thisse, J. F., Zenou, Y., "Why is central Paris rich and downtown Detroit poor?: An amenity-based theory", *European Economic Review*, Vol.43, No.1, 1999, pp.91 – 107.

Calabrese, S., Epple, D., Romer, T., et al., "Local public good provision: Voting, peer effects, and mobility", *Journal of Public Economics*, Vol.90, No.6 – 7, 2006, pp.959 – 981.

Caldwell, J. C., Reddy, P. H., Caldwell, P., "The causes of marriage change in South India", *Population Studies*, Vol.37, No.3, 1983, pp.343 – 361.

Cameron, G., Muellbauer, J., "The housing market and regional commuting and migration choices", *Scottish Journal of Political Economy*, Vol.45, 1998, pp.420-446.

Card, D., Mas, A., Rothstein, J., "Tipping and the dynamics of segregation", *The Quarterly Journal of Economics*, Vol.123, No.1, 2008, pp.177-218.

Cerina, F., Dienesch, E., Moro, A., et al., "Spatial polarization", *National Bureau of Economic Research*, 2020.

Cerina, F., Moro, A., Rendall, M., "The role of gender in employment polarization", *University of Zurich, Department of Economics, Working Paper*, 2017.

Chen, J., Hardin, III W., Hu, M., "Housing, wealth, income and consumption: China and homeownership heterogeneity", *Real Estate Economics*, Vol.48, No.2, 2020, pp.373-405.

Chetty, Raj, Nathaniel Hendren, Patrick Kline, and Emmanuel Saez., "Where is the land of opportunity? The geography of intergenerational mobility in the United States", *The Quarterly Journal of Economics*, Vol.129, No.4, 2014, pp.1553-1623.

Cho, S. Y., "A bride deficit and marriage migration in South Korea", *International Migration*, Vol.56, No.6, 2018, pp.100-119.

Chu, C. Y. C., Lin, J. C., Tsay, W. J., "Males' housing wealth and their marriage market advantage", *Journal of Population Economics*, Vol.33, No.3, 2020, pp.1005-1023.

Clark, W. A. V., Dieleman, F. M., *Households and housing: Choice and outcomes in the housing market*. New Brunswick, Center for Urban Policy Research, Rutgers University, 1996.

Cocco, J. F., "Portfolio choice in the presence of housing", *Review of Financial Studies*, Vol.18, No.2, 2005, pp.535-567.

Cohen, J. P., Ioannides, Y. M., Thanapisitikul, W., "Spatial effects and house price dynamics in the USA", *Journal of Housing Economics*, Vol.31, 2016, pp.1-13.

Combes, P. P., Duranton, G., Gobillon, L., et al., "The productivity advantages of large cities: Distinguishing agglomeration from firm selection", *Econometrica*, Vol.80, No.6, 2012, pp.2543-2594.

Couture, V., Handbury, J., "Urban revival in America", *Journal of Urban Economics*, Vol.119, 2020, Article 103267.

Davis, D. R., Dingel, J. I., "The comparative advantage of cities", *Journal of International Economics*, Vol.123, 2020, Article 103291.

Degen, K., Fischer, A. M., "Immigration and Swiss house prices", *Swiss Journal of Economics and Statistics*, Vol.153, No.1, 2017, pp.15-36.

Deniz, A., Özgür, E. M., "Mixed marriage and transnational marriage migration in the grip of political economy: Russian-Turkish case", *Turkish Studies*, Vol. 22, No. 3, 2021, pp.437-461.

Diamond, R., "The determinants and welfare implications of US workers' diverging location choices by skill: 1980-2000", *American Economic Review*, Vol.106, No.3, 2016, pp.479 – 524.

Dingel, J. I., Miscio, A., Davis, D. R., "Cities, lights, and skills in developing economies", *Journal of Urban Economics*, Vol.125, 2019, Article 103174.

Dokow, E., Luque, J., "Provision of local public goods in mixed income communities", *Journal of Housing Economics*, Vol.45, 2019, Article 101568.

Du, J., Wang, Y., Zhang, Y., "Sex imbalance, marital matching and intra-household Bargaining: Evidence from China", *China Economic Review*, Vol.35, 2015, pp.197 – 218.

Duranton, G., Puga, D., "Micro-foundations of urban agglomeration economies", *Handbook of Regional and Urban Economics*, Vol.4, 2004, pp.2063 – 2117.

Duranton, G., Puga, D., "Urban land use", *Handbook of Regional and Urban Economics*, Vol.5, 2015, pp.467 – 560.

Dyson, T., Moore, M., "On kinship structure, female autonomy, and demographic behavior in India", *Population and Development Review*, Vol.3, 1983, pp.35 – 60.

Edlund, L., Li, H., Yi, J., et al., "Sex ratios and crime: Evidence from China", *The Review of Economics and Statistics*, Vol.95, No.5, 2013, pp.1520 – 1534.

Eeckhout, J., Hedtrich, C., Pinheiro, R., "Automation, spatial sorting, and job polarization", Meeting Papers, Society for Economic Dynamics, 2019.

Eeckhout, J., Pinheiro, R., Schmidheiny, K., "Spatial sorting", *Journal of Political Economy*, Vol.122, No.3, 2014, pp.554 – 620.

Eeckhout, J., "Gibrat's law for (all) cities", *American Economic Review*, Vol.94, No.5, 2004, pp.1429 – 1451.

Epple, D., Peress, M., Sieg, H., "Identification and semiparametric estimation of equilibrium models of local jurisdictions", *American Economic Journal: Microeconomics*, Vol.2, No.4, 2010, pp.195 – 220.

Epple, D., Platt, G. J., "Equilibrium and local redistribution in an urban economy when households differ in both preferences and incomes", *Journal of Urban Economics*, Vol.43, No.1, 1998, pp.23 – 51.

Epple, D., Romano, R. E., "Competition between private and public schools, vouchers, and peer-group effects", *American Economic Review*, Vol.88, No.1, 1998, pp.33 – 62.

Epple, D., Romano, R. E., "Peer effects in education: A survey of the theory and evidence", *Handbook of Social Economics*, 2011, pp.1053 – 1163.

Epple, D., Sieg, H., "Estimating equilibrium models of local jurisdictions", *Journal of Political Economy*, Vol.107, 1999, pp.645 – 681.

Fang, H., Gu, Q., Xiong, W., et al., "Demystifying the Chinese housing boom", *NBER Macroeconomics Annual*, Vol.30, No.1, 2016, pp.105 – 166.

Favilukis, J., Mabille, P., Van Nieuwerburgh, S., "Affordable housing and city welfare", *The Review of Economic Studies*, Vol.90, No.1, 2023, pp.293 – 330.

Friedrichs, J., *Urban Segregation and the Welfare State*, Routledge, 2013, pp.168-190.

Fujita, M., "Optimal location of public facilities: area dominance approach", *Regional Science and Urban Economics*, Vol.16, No.2, 1986, pp.241-268.

Gagliardi, L., Iammarino, S., Rodríguez-Pose, A., *Offshoring and the geography of jobs in Great Britain*, CEPR Discussion Papers, 2015.

Gaigne, C., Koster, H. R. A., Moizeau, F., et al., "Income sorting across space: The role of amenities and commuting costs", *National Bureau of Economic Research*, 2019.

Gaigne, C., Koster, H., Moizeau, F., et al., "Amenities and the social structure of cities", *Higher School of Economics Research Paper*, 2017.

Garriga, C., Hedlund, A., Tang, Y., and et al., "Rural-urban migration, structural transformation, and housing markets in China", *National Bureau of Economic Research*, 2017.

Gautier, P. A., Teulings, C. N., "Search and the city", *Regional Science and Urban Economics*, Vol.39, No.3, 2009, pp.251-265.

Ge, J., "Endogenous rise and collapse of housing price: An agent-based model of the housing market", *Computers, Environment and Urban Systems*, Vol.62, 2017, pp.182-198.

Glaeser, E., Gottlieb, J., "The wealth of cities: Agglomeration economies and spatial equilibrium in the United States", *Journal of Economic Literature*, Vol.47, No.4, 2009, pp.983-1028.

Glaeser, E. L., Kahn, M. E., Rappaport, J., "Why do the poor live in cities? The role of public transportation", *Journal of Urban Economics*, Vol.63, No.1, 2008, pp.1-24.

Glaeser, E. L., Scheinkman, J. A., "Non-Market Interactions", *National Bureau of Economic Research*, 2000.

Glaeser, E. L., Resseger, M. G., "The complementarity between cities and skills", *Journal of Regional Science*, Vol.50, No.1, 2010, pp.221-244.

Glomm, G., "A model of growth and migration", *Canadian Journal of Economics*, Vol.25, No.4, 1992, pp.901-922.

Goos, M., Manning, A., Salomons, A., "Explaining job polarization: Routine-Biased technological change and offshoring", *American Economic Review*, Vol.104, No.8, 2014, pp.2509-2526.

Gottdiener, M., "Crisis theory and state-financed capital: the new conjuncture in the USA", *International Journal of Urban and Regional Research*, Vol.14, No.3, 1990, pp.383-403.

Gottdiener, M., "Space as a force of production: contribution to the debate on realism, capitalism and space", *International Journal of Urban and Regional Research*, Vol.11, No.3, 1987, pp.405-416.

Harloe, M., "Social justice and the city: the new 'Liberal Formulation'", *International

Journal of Urban and Regional Research, Vol.25, No.4, 2001, pp.889–897.

Hayes, K., "Local public good demands and demographic effects", *Applied Economics*, Vol.18, No.10, 1986, pp.1039–1046.

He, C., Wright, R., Zhu, Y., "Housing and liquidity", *Review of Economic Dynamics*, Vol.18, No.3, 2015, pp.435–455.

Helderman, A. C., "Once a homeowner, always a homeowner? An analysis of moves out of owner-occupation", *Journal of Housing and the Built Environment*, Vol.22, 2007, pp. 239–261.

Helpman, E. "Explaining the structure of foreign trade: Where do we stand?", *Weltwirtschaftliches Archiv*, Vol.134, No.4, 1998, pp.573–589.

Hohenberg, P. M., Lees, L. H. *The Making of Urban Europe, 1000–1994*, Cambridge: Harvard University Press, 1995.

Hoynes, H. W., McFadden, D. L., "The Impact of demographics on housing and non-housing wealth in the United States", in Michael D Hurd and Naohiro Yashiro, eds., *The Economic Effects of Aging in the United States and Japan*, Chicago: University of Chicago Press, 1997, pp.153–194.

Hsieh, C. T., Moretti, E., "Housing constraints and spatial misallocation", *American Economic Journal: Macroeconomics*, Vol.11, No.2, 2019, pp.1–39.

Hug, J., *Skills, Tasks and skill-biased technological change in cities*, University of Geneva, 2019.

Ingram, G. K., Carroll, A., "The spatial structure of Latin American cities", *Journal of Urban Economics*, Vol.9, No.2, 1981, pp.257–273.

Kapadia, K., "Marrying money: Changing preference and practice in Tamil marriage", *Contributions to Indian Sociology*, Vol.27, No.1, 1993, pp.25–51.

Kawaguchi, D., Lee, S., "Brides for sale: Cross-border marriages and female immigration", *Economic Inquiry*, Vol.55, No.2, 2017, pp.633–654.

Kemeny, T., Storper, M., "The changing shape of spatial income disparities in the United States", *Economic Geography*, Vol.100, No.1, 2024, pp.1–30.

Koster, H. R. A., Rouwendal, J., "Historic amenities and housing externalities: Evidence from the Netherlands", *The Economic Journal*, Vol.127, No.605, 2017, pp.396–420.

Krugman, P., "Increasing returns and economic geography", *Journal of Political Economy*, Vol.99, No.3, 1991, pp.483–499.

Kuminoff, N. V., Smith, V. K., Timmins, C., "The new economics of equilibrium sorting and policy evaluation using housing markets", *Journal of Economic Literature*, Vol.51, No.4, 2013, pp.1007–1062.

Le, B. H., "Cross-border marriages as a side door for paid and unpaid migrant workers: the case of marriage migration between China and Japan", *Critical Asian Studies*, Vol.49,

No.2, 2017, pp.226 - 243.

Lee, S., Lin, J., "Natural amenities, neighborhood dynamics, and persistence in the spatial distribution of income", *Working Papers*, *Federal Reserve Bank of Philadelphia*, 2015, pp.15 - 46.

LeRoy, S. F., Sonstelie, J., "Paradise lost and regained: Transportation innovation, income, and residential location", *Journal of Urban Economics*, Vol.13, No.1, 1983, pp.67 - 89.

Levine, J. R., Gershenson, C. "From political to material inequality: Race, immigration, and requests for public goods", *Sociological Forum*, Vol.29, No.3, 2014, pp.607 - 627.

Liu, S., Yang, X., "Human capital externalities or consumption spillovers? The effect of high-skill human capital across low-skill labor markets", *Regional Science and Urban Economics*, Vol.87, 2021, 103620.

Lu, Y., Wang, F., "From general discrimination to segmented inequality: Migration and inequality in urban China", *Social Science Research*, Vol.42, No.6, 2013, pp.1443 - 1456.

Lucas, Jr. R. E., "Life earnings and rural-urban migration", *Journal of Political Economy*, Vol.112, No.S1, 2004, pp.S29 - S59.

Madariaga, R., Martori, J. C., Oller, R., "Income, distance and amenities: An Empirical Analysis", *Empirical Economics*, Vol.47, No.3, 2014, pp.1129 - 1146.

Marcuse, P., "Analysis of urban trends, culture, policy, action", *City*, Vol.13, No.2 - 3, 2009, pp.185 - 197.

Massey, D. S., Rothwell, J., Domina, T., "The changing bases of segregation in the United States", *Annals of the American Academy of Political & Social Science*, Vol.626, No.1, 2009, pp.74 - 90.

Melo, P. C., Graham, D. J., Noland, R. B., "A meta-analysis of estimates of urban agglomeration economies", *Regional Science and Urban Economics*, Vol.39, No.3, 2009, pp.332 - 342.

Michaels, G., Van Reenen, J., "The shrinking middle", *Centrepiece*, Vol.15, No.2, 2010, pp.22 - 26.

Moos, M., Skaburskis, A., "The globalization of urban housing markets: Immigration and changing housing demand in Vancouver", *Urban Geography*, Vol.31, No.6, 2010, pp.724 - 749.

Murphy, A., Cameron, G., Muellbauer, J., *Housing market dynamics and regional migration in Britain*, Department of Economics Discussion Paper Series, Department of Economics, University of Oxford, 2006, No.275.

Mussa, A., Nwaogu, U. G., Pozo, S., "Immigration and housing: A spatial econometric analysis", *Journal of Housing Economics*, Vol.35, 2017, pp.13 - 25.

Oates, W. E., "The effects of property taxes and local public spending on property values: An empirical study of tax capitalization and the Tiebout hypothesis", *Journal of Political Economy*, Vol.77, No.6, 1969, pp.957 – 971.

Oddou, R., "The effect of spillovers and congestion on the endogenous formation of jurisdictions", *Journal of Public Economic Theory*, Vol.18, No.1, 2016, pp.67 – 83.

Oesch, D., Rodríguez-Menés, J., "Upgrading or polarization? Occupational change in Britain, Germany, Spain and Switzerland, 1990 – 2008", *Socio-Economic Review*, Vol.9, No.3, 2011, pp.503 – 531.

Ortalo-Magné, F., Rady, S., "Heterogeneity within communities: A stochastic model with tenure choice", *Journal of Urban Economics*, Vol.64, No.1, 2008, pp.1 – 17.

Peng, S. K., Wang, P., "Sorting by foot: 'Travel-for' local public goods and equilibrium stratification", *Canadian Journal of Economics*, Vol.38, No.4, 2005, pp.1224 – 1252.

Peters, M., Siow, A., "Competing premarital investments", *Journal of Political Economy*, Vol.110, No.3, 2002, pp.592 – 608.

Pickvance, C. G., "Marxist approaches to the study of urban politics: Divergences among some recent French studies", *International Journal of Urban and Regional Research*, Vol.1, 1977, pp.219 – 255.

Pissarides, C. A., McMaster, I., "Regional migration, wages and unemployment: empirical evidence and implications for policy", *Oxford Economic Papers*, Vol.42, No.4, 1990, pp.812 – 831.

Pizzi, E., "Does Labor Migration Improve Access to Public Goods in Source Communities? Evidence from Rural China", *Journal of Chinese Political Science*, Vol.23, No.4, 2018, pp.563 – 583.

Plantinga, A. J., Détang-Dessendre, C., Hunt, G. L., et al., "Housing prices and inter-urban migration", *Regional Science and Urban Economics*, Vol.43, No. 2, 2013, pp.296 – 306.

Muth, R, *Cities and Housing: the Spatial Pattern of Urban Residential Land Use*, Chicago: University of Chicago Press, 1969.

Rabe, B., Taylor, M., "Residential mobility, quality of neighbourhood and life course events", *Journal of the Royal Statistical Society: Series A (Statistics in Society)*, Vol.173, No.3, 2010, pp.531 – 555.

Reardon, S. F., Bischoff, K., "Income inequality and income segregation", *American Journal of Sociology*, Vol.116, No.4, 2011, pp.1092 – 1153.

Roback, J., "Wages, rents, and the quality of life", *Journal of Political Economy*, Vol.90, No.6, 1982, pp.1257 – 1278.

Robert-Nicoud, F., Fretz, S., Parchet, R., "Highways, market access, and spatial sorting", *National Bureau of Economic Research*, 2019.

Rosenthal, S. S., Strange, W. C., "Evidence on the nature and sources of agglomeration economies", *Handbook of Regional and Urban Economics*, Vol.4, 2004, pp.2119 – 2171.

Sá, F., "Immigration and house prices in the UK", *The Economic Journal*, Vol.125, No.587, 2015, pp.1393 – 1424.

Saiz, A., "Room in the kitchen for the melting pot: Immigration and rental prices", *Review of Economics and Statistics*, Vol.85, No.3, 2003, pp.502 – 521.

Sam, D. L., Berry, J. W., "Acculturation: When individuals and groups of different cultural backgrounds meet", *Perspectives on Psychological Science*, Vol.5, No.4, 2010, pp.472 – 481.

Schelling, T. C., "Dynamic models of segregation", *Journal of Mathematical Sociology*, Vol.1, No.2, 1971, pp.143 – 186.

Schouten, A., "Residential relocations and changes in vehicle ownership", *Transportation*, Vol.3, No.1, 2021, pp.1 – 25.

Schultz, T. W., *Economics of the Family: Marriage, Children and Human Capital: a conference report*, Chicago: University of Chicago Press, 1974.

Smith, T. E., Zenou, Y., "Spatial mismatch, search effort, and urban spatial structure", *Journal of Urban Economics*, Vol.54, No.1, 2003, pp.129 – 156.

South, S. J., Spitze, G., "Determinants of divorce over the marital life course", *American Sociological Review*, Vol.51, No.4, 1986, pp.583 – 590.

Srinivasan, S., Bedi, A. S., "Girl child protection scheme in Tamil Nadu: an appraisal", *Economic and Political Weekly*, Vol.44, No.48, 2009, pp.10 – 12.

Starrett, D. A., *Foundations in Public Economics*, New York: Cambridge University Press, 1988.

Su, L., *Cross-border Marriage Migration of Vietnamese Women to China*, Kansas State University, 2012.

Sunley, P., Martin, R., Gardiner, B., et al., "In search of the skilled city: skills and the occupational evolution of British cities", *Urban Studies*, Vol.57, No.1, 2020, pp.109 – 133.

Thisse, J. F., Wildasin, D. E., "Public facility location and urban spatial structure: equilibrium and welfare analysis", *Journal of Public Economics*, Vol.48, No.1, 1992, pp.83 – 118.

Tiebout, C. M., "A pure theory of local expenditures", *Journal of Political Economy*, Vol.64, No.5, 1956, pp.416 – 424.

Van der Vlist, A. J., Rietveld, P., Nijkamp, P., "Residential search and mobility in a housing market equilibrium model", *The Journal of Real Estate Finance and Economics*, Vol.24, No.3, 2002, pp.277 – 299.

Wagner, C., "Spatial justice and the city of São Paulo", Leuphana University Lüneburg, 2011.

Wang, P., Xie, D., "Housing dynamics: Theory behind empirics", *Working Paper*, 2014.

Wang, Y., "Skill complementarity in teams: Matching, sorting and agglomeration in China", *Manuscript*, University of California San Diego, 2020.

Wei, S. J., Zhang, X., "The competitive saving motive: Evidence from rising sex ratios and savings rates in China", *Journal of Political Economy*, Vol.119, No.3, 2011, pp.511 - 564.

Westhoff, F., "Existence of equilibria in economies with a local public good", *Journal of Economic Theory*, Vol.14, No.1, 1977, pp.84 - 112.

Wolch, J. R., Byrne, J., Newell, J. P., "Urban green space, public health, and environmental justice: The challenge of making cities 'just green enough'", *Landscape and Urban Planning*, Vol.125, 2014, pp.234 - 244.

Yinger, J., "Hedonic markets and sorting equilibria: Bid-function envelopes for public services and neighborhood amenities", *Journal of Urban Economics*, Vol.86, 2015, pp.9 - 25.

Zenou, Y., "Search in cities", *European Economic Review*, Vol.53, No.6, 2009, pp.607 - 624.

Zhang, C., An, G., Yu, X., "What drives China's house prices: marriage or money?", *China & World Economy*, Vol.20, No.4, 2012, pp.19 - 36.

Zhang, M., Partridge, M. D., Song, H., "Amenities and the geography of innovation: evidence from Chinese cities", *The Annals of Regional Science*, 2020, pp.1 - 41.

Zhang, W. B., "Economic growth with space and fiscal policies with housing and public goods", *Journal of Economic Studies*, Vol.38, No.4, 2011, pp.452 - 482.

Zhou, X. D., Wang, X. L., Li, L., et al., "The very high sex ratio in rural China: Impact on the psychosocial wellbeing of unmarried men", *Social Science & Medicine*, Vol.73, No.9, 2011, pp.1422 - 1427.

Zukin, S., "A decade of the new urban sociology", *Theory and Society*, Vol.9, No.4, 1980, pp.575 - 601.

边燕杰、刘勇利:《社会分层、住房产权与居住质量——对中国"五普"数据的分析》,《社会学研究》2005年第3期。

蔡禾、何艳玲:《集体消费与社会不平等——对当代资本主义都市社会的一种分析视角》,《学术研究》2004年第1期。

曹海军、孙允铖:《空间、权力与正义:新马克思主义城市政治理论评述》,《国外社会科学》2014年第1期。

曾东林、吴晓刚、陈伟:《移民的空间聚集与群体社会距离:来自上海的证据》,《社会》2021年第5期。

陈建华:《中国城市空间生产与空间正义问题的资本逻辑》,《学术月刊》2018 年第 7 期。

陈杰、郝前进:《快速城市化进程中的居住隔离——来自上海的实证研究》,《学术月刊》2014 年第 5 期。

陈杰、吴义东:《租购同权过程中住房权与公共服务获取权的可能冲突——为"住"租房还是为"权"租房》,《学术月刊》2019 年第 2 期。

陈钊、陆铭、陈静敏:《户籍与居住区分割:城市公共管理的新挑战》,《复旦学报(社会科学版)》2012 年第 5 期。

陈忠:《空间辩证法、空间正义与集体行动的逻辑》,《哲学动态》2010 年第 6 期。

邓宏乾、耿勇:《房地产税、土地财政是否有效增加了公共品供给——基于 1999—2011 年省际面板数据的实证分析》,《江汉论坛》2015 年第 3 期。

邓智团:《空间正义、社区赋权与城市更新范式的社会形塑》,《城市发展研究》2015 年第 8 期。

丁元竹:《实现基本公共服务均等化的实践和理论创新》,《人民论坛·学术前沿》2022 年第 5 期。

董艳玲、李华:《中国基本公共服务的均等化测度、来源分解与形成机理》,《数量经济技术经济研究》2022 年第 3 期。

段成荣、孙玉晶:《我国流动人口统计口径的历史变动》,《人口研究》2006 年第 4 期。

范剑勇、莫家伟、张吉鹏:《居住模式与中国城镇化——基于土地供给视角的经验研究》,《中国社会科学》2015 年第 4 期。

范剑勇:《产业集聚与地区间劳动生产率差异》,《经济研究》2006 年第 11 期。

冯皓、陆铭:《通过买房而择校:教育影响房价的经验证据与政策含义》,《世界经济》2010 年第 12 期。

冯鹏志:《时间正义与空间正义:一种新型的可持续发展伦理观——从约翰内斯堡可持续发展世界首脑会议看可持续发展伦理层面的重建》,《自然辩证法研究》2004 年第 1 期。

甘行琼、刘大帅、胡朋飞:《流动人口公共服务供给中的地方政府财政激励实证研究》,《财贸经济》2015 年第 10 期。

高波、陈健、邹琳华:《区域房价差异、劳动力流动与产业升级》,《经济研究》2012 年第 1 期。

高春花、孙希磊:《我国城市空间正义缺失的伦理视阈》,《学习与探索》2011 年第 3 期。

韩峰、李玉双:《产业集聚、公共服务供给与城市规模扩张》,《经济研究》2019 年第 11 期。

何兴强、杨锐锋:《房价收入比与家庭消费——基于房产财富效应的视角》,《经济研究》2019 年第 12 期。

江依妮:《外来人口聚集地区公共服务支出研究——以广东省为例》,《人口与经济》2013 年第 5 期。

赖德胜:《中国劳动力市场发展报告》,北京师范大学出版社 2014 年版。

黎嘉辉:《城市房价、公共品与流动人口留城意愿》,《财经研究》2019 年第 6 期。

李郇、洪国志、黄亮雄:《中国土地财政增长之谜——分税制改革、土地财政增长的策略性》,《经济学(季刊)》2013 年第 4 期。

李建华、袁超:《论城市空间正义》,《中州学刊》2014 年第 1 期。

李志刚、吴缚龙、薛德升:《"后社会主义城市"社会空间分异研究述评》,《人文地理》2006 年第 5 期。

梁文泉、陆铭:《城市人力资本的分化:探索不同技能劳动者的互补和空间集聚》,《经济社会体制比较》2015 年第 3 期。

梁文泉、陆铭:《后工业化时代的城市:城市规模影响服务业人力资本外部性的微观证据》,《经济研究》2016 年第 12 期。

林密:《马克思视域中的城乡不平衡发展及其超越——以〈资本论〉为中心的再考察》,《厦门大学学报(哲学社会科学版)》2020 年第 1 期。

刘大帅、甘行琼:《公共服务均等化的转移支付模式选择——基于人口流动的视角》,《中南财经政法大学学报》2013 年第 4 期。

刘浩、马琳、王雅雯、王思月:《公共服务视野下的城市空间正义问题——以山东省 Q 市为例》《人文地理》2020 年第 2 期。

刘尚希:《我国城镇化对财政体制的"五大挑战"及对策思路》,《地方财政研究》2012 年第 4 期。

刘学良、吴璟、邓永恒:《人口冲击、婚姻和住房市场》,《南开经济研究》2016 年第 1 期。

陆铭、李杰伟、韩立彬:《治理城市病:如何实现增长、宜居与和谐?》,《经济社会体制比较》2019 年第 1 期。

陆铭、欧海军、陈斌开:《理性还是泡沫:对城市化、移民和房价的经验研究》,《世界经济》2014 年第 1 期。

陆铭、张航、梁文泉:《偏向中西部的土地供应如何推升了东部的工资》,《中国社会科学》2015 年第 5 期。

陆铭:《城市、区域和国家发展——空间政治经济学的现在与未来》,《经济学(季刊)》2017 年第 4 期。

吕江林:《我国城市住房市场泡沫水平的度量》,《经济研究》2010 年第 6 期。

聂晨、薛嘉成:《性别视角下青年女性住房路径变迁及其影响因素研究》,《经济问题》2019 年第 9 期。

钱雪亚、宋文娟:《城市基本公共服务面向农民工开放度测量研究》,《统计研究》2020 年第 3 期。

冉珍梅、钟坚:《债务异质性视角下货币政策对家庭消费的影响——来自中国家庭追踪调查(CFPS)的经验证据》,《湘潭大学学报(哲学社会科学版)》2020 年第 2 期。

沈洁:《当代中国城市移民的居住区位与社会排斥——对上海的实证研究》,《城市发展研究》2016 年第 9 期。

苏振民、林炳耀:《城市居住空间分异控制:居住模式与公共政策》,《城市规划》2007 年第 2 期。

孙斌栋、吴雅菲：《上海居住空间分异的实证分析与城市规划应对策略》，《上海经济研究》2008 年第 12 期。

孙三百：《住房产权、公共服务与公众参与——基于制度化与非制度化视角的比较研究》，《经济研究》2018 年第 7 期。

孙秀林：《一个城市，两个世界：上海市外来人口居住隔离的社会分层》，《山东社会科学》2021 年第 8 期。

汤希、任志江：《"民工荒"与我国"刘易斯拐点"问题》，《西北农林科技大学学报（社会科学版）》2018 年第 2 期。

汤玉刚、刘亚南：《包容性公共服务为何导致居住群分：以定点学校政策为例》，《世界经济》2022 年第 11 期。

田旭：《隐性壁垒、城市融入与农业户籍流动人口落户》，《农业经济问题》2022 年第 12 期。

王海：《住房保障体系租赁补贴测算研究——基于部颁标准》，《中国房地产》2022 年第 1 期。

王汉生、杨圣敏：《大城市中少数民族流动人口聚居区的形成与演变——北京新疆村调查之二》，《西北民族研究》2008 年第 3 期。

魏强、庄友刚：《城市正义的历史生成与中国建构》，《理论与改革》2019 年第 4 期。

魏万青、高伟：《经济发展特征、住房不平等与生活机会》，《社会学研究》2020 年第 4 期。

温权：《政治经济学批判语境中都市马克思主义的三个经典论域》，《武汉大学学报（哲学社会科学版）》2020 年第 1 期。

夏怡然、陆铭：《城市间的"孟母三迁"——公共服务影响劳动力流向的经验研究》，《管理世界》2015 年第 10 期。

项飚：《社区何为——对北京流动人口聚居区的研究》，《社会学研究》1998 年第 6 期。

谢菲：《马克思恩格斯城市思想及其现代演变探析》，《马克思主义研究》2012 年第 9 期。

徐建炜、徐奇渊、何帆：《房价上涨背后的人口结构因素：国际经验与中国证据》，《世界经济》2012 年第 1 期。

闫帅：《从治理城市到城市治理：城市空间正义的政治学分析》，《华中科技大学学报（社会科学版）》2017 年第 4 期。

颜色、朱国钟：《"房奴效应"还是"财富效应"？——房价上涨对国民消费影响的一个理论分析》，《管理世界》2013 年第 3 期。

杨菊华：《近 20 年中国人性别观念的延续与变迁》，《山东社会科学》2017 年第 11 期。

杨菊华：《中国流动人口的社会融入研究》，《中国社会科学》2015 年第 2 期。

姚洋、章奇：《中国工业企业技术效率分析》，《经济研究》2001 年第 10 期。

叶菁菁、谢尚、余建宇等：《租售同权政策与住房租购市场联动》，《世界经济》2022 年第 3 期。

余吉祥、沈坤荣：《城市建设用地指标的配置逻辑及其对住房市场的影响》，《经济研究》

2019 年第 4 期。

余壮雄、杨扬:《大城市的生产率优势:集聚与选择》,《世界经济》2014 年第 10 期。

张翠:《马克思主义与都市马克思主义的空间正义观比较》,《山东社会科学》2018 年第 9 期。

张凤超:《资本逻辑与空间化秩序——新马克思主义空间理论解析》,《马克思主义研究》2010 年第 7 期。

张吉鹏、黄金、王军辉、黄勔:《城市落户门槛与劳动力回流》,《经济研究》2020 年第 7 期。

张吉鹏、卢冲:《户籍制度改革与城市落户门槛的量化分析》,《经济学(季刊)》2019 年第 4 期。

张莉、何晶、马润泓:《房价如何影响劳动力流动?》,《经济研究》2017 年第 8 期。

张松彪、曾世宏、袁旭宏:《农村居民谁更容易落户城镇:男性还是女性?——基于中国家庭动态跟踪调查数据的实证研究》,《农村经济》2019 年第 5 期。

张文宏、刘琳:《城市移民与本地居民的居住隔离及其对社会融合度评价的影响》,《江海学刊》2015 年第 6 期。

赵安平、罗植:《扩大民生支出会推高房价吗》,《北京金融评论》2012 年第 1 期。

赵扶扬:《地价高估、公共投资与资源错配》,《经济研究》2022 年第 3 期。

赵农、刘小鲁:《区位性因素与公共品的最优供给》,《经济研究》2008 年第 10 期。

赵文哲、刘思嘉,史宇鹏:《干得好不如嫁得好?——房价变动与居民婚姻观念研究》,《金融研究》2019 年第 9 期。

赵燕菁:《土地财政:历史、逻辑与抉择》,《城市发展研究》2014 年第 1 期。

钟奕纯、冯健:《城市迁移人口居住空间分异——对深圳市的实证研究》,《地理科学进展》2017 年第 1 期。

周京奎、吴晓燕:《公共投资对房地产市场的价格溢出效应研究——基于中国 30 省市数据的检验》,《世界经济文汇》2009 年第 1 期。

周颖刚、蒙莉娜、卢琪:《高房价挤出了谁?——基于中国流动人口的微观视角》,《经济研究》2019 年第 9 期。

庄友刚:《马克思的城市思想及其当代意义——兼论当代马克思主义城市观的建构》,《东岳论丛》2019 年第 4 期。